U0944981

全国交通高级技工学校通用教材

Gonglu Shigong Yu Yanghu Jixie

公路施工与养护机械

(公路施工与养护专业用)

刘雅洲　主编
姚为民　主审

人民交通出版社

内容提要

本书主要介绍公路施工与养护机械的基本知识，内容包括：公路施工与养护机械的发展概况，工程机械发动机与底盘，工程机械电器设备与液压传动知识，公路工程施工机械的一般结构、工作原理与使用技术，工程机械管理等。

本书是全国交通高级技工学校公路施工与养护专业教学用书，也可供有关人员学习参考，或作为高级工、技师、高级技师培训的选用教材。

图书在版编目（CIP）数据

公路施工与养护机械／刘雅洲主编.—北京：人民交通出版社，2005.11

ISBN 978-7-114-05823-3（重印 2009.5）

Ⅰ.公… Ⅱ.刘… Ⅲ.①道路工程－工程机械 ②公路养护－养路机械 Ⅳ.①U415.5 ②U418.3

中国版本图书馆 CIP 数据核字（2005）第 124902 号

全国交通高级技工学校通用教材

书　　名：公路施工与养护机械（公路工程机械使用与维修专业用）
著 作 者：刘雅洲
责任编辑：钱悦良
出版发行：人民交通出版社股份有限公司
地　　址：（100011）北京市朝阳区安定门外外馆斜街 3 号
网　　址：http://www.ccpress.com.cn
销售电话：（010）59757973
总 经 销：人民交通出版社股份有限公司发行部
经　　销：各地新华书店
印　　刷：北京市密东印刷有限公司
开　　本：787×1092　1/16
印　　张：12.25
字　　数：300 千
版　　次：2005 年 11 月　第 1 版
印　　次：2015 年 7 月　第 6 次印刷
书　　号：ISBN 978-7-114-05823-3
印　　数：12001－14000 册
定　　价：21.00 元

前言

FOREWORD

为了适应交通新的跨越式发展，积极推进一体化教学改革，进一步加快高级技工学校公路类专业教材建设，交通职业教育教学指导委员会公路类(技工)学科委员会和交通技工教育研究会公路专业委员会组织制定了高级技工学校公路施工与养护和公路工程机械使用与维修两个专业的教学计划与教学大纲，并依此确定了教学改革和教材改革的模式。2004年3月启动教材的编写工作，2005年7月交稿。

本套教材用于培养公路类专业高级技工和技师，具有以下特点：

1. 教材内容与高级工等级标准、考核标准相衔接，适应现代化施工与养护的基本要求，教材全部采用最新的标准和规范，符合先进性、科学性和实用性的要求。

2. 教材编写满足理实一体化和模块式的教学方式，以操作技能为主，体现职业教育特色，使学生具备较高的实用技能。

3. 教材与作业、题库配套。各课程均编写了"习题集和答案"，汇成题库和题解，供学生做作业和练习，也可供命题参考。

本套教材由柯爱琴担任责任编委。

《公路施工与养护机械》是全国交通高级技工学校公路施工与养护专业通用教材之一，内容包括：公路施工与养护机械的发展概况，工程机械发动机与底盘，工程机械电器设备与液压传动知识，公路工程施工机械的一般结构、工作原理与使用技术，工程机械管理的基本知识。

参加本书编写工作的有：河南南阳公路技工学校刘雅洲(编写绪论，单元三的课题二，单元四、五、六)，青海交通职业技术学院罗国玺(编写单元二，单元三的课题三)，河南省交通技工学校冯宝山(编写单元一，单元三的课题一)。全书由刘雅洲担任主编，浙江公路机械技工学校姚为民担任主审。

本套教材在编写过程中，得到了全国16个省市的高级技工学校领导的大力支持和帮助，共有60余名公路类专业教师参与了教材的编审工作，在此表示感谢。

由于我们的业务水平和教学经验有限，书中有不妥之处，恳切希望使用本书的教师和读者批评指正。

交通职业教育教学指导委员会公路类(技工)学科委员会

交通技工教育研究会公路专业委员会

二〇〇五年八月

目录 CONTENTS

绪　论

为了减轻施工与养护工人的劳动强度,提高公路施工与养护的质量和技术水平,机械化施工作业越来越广泛,大量先进科学的公路施工与养护机械已经普遍被推广应用到施工生产实际中。

一、公路施工与养护机械在公路与桥涵施工中的地位和作用

随着国民经济的可持续发展,对公路的质量要求越来越高,尤其是高等级公路的施工与养护,必须有现代化的施工工艺和手段,因此,对机械化程度的要求必将越来越高。

近年来,随着招投标法的颁布实施,在公路工程施工与养护招投标活动中,对投标单位的资质要求越来越严格,其中主要是对施工与养护机械等技术装备进行严格的把关。公路施工与养护机械不能满足施工需要的承包商是不可能中标的。公路施工与养护机械化程度的高低是一个施工单位综合实力的反映。

公路施工与养护机械在公路与桥涵施工中具有主导和基础地位,现代公路建设与养护离开公路施工与养护机械,寸步难行。公路施工与养护机械在施工中的主要作用,概括起来有以下几点:

(1)公路施工与养护机械是确保工程质量,加快工程进度,改进施工工艺与方法的重要保障。

(2)公路施工与养护机械化是确保工程周期的必要条件。施工周期的长短与采用的施工工艺和方法密切相关。在公路施工与养护中,施工周期的长短取决于工程量,科学、规范地使用施工机械,会加快工程建设的进度,缩短施工周期。

(3)采用机械化施工不仅能够提高工作效率,减轻工人劳动强度,而且能直接降低施工成本,提高经济效益。

二、国内外公路施工与养护机械发展概况

1. 国外施工与养护机械的发展

国外公路施工机械的出现比较早,早在1860年,英国就首先发明了自行式压路机,因当时内燃机尚未问世,采用的是蒸汽机。1919年,美国首先制造出自行式内燃机压路机,之后,各种公路施工机械相继问世。国外公路施工机械的发展始终处于领先地位,20世纪90年代以后,国外公路施工机械的发展越来越快,生产技术水平也越来越高,机电液一体化新技术、新工艺应用于公路施工机械中,目前国外公路施工机械已经向智能化方向发展。

进入20世纪80年代中期,随着国外新建公路的速度趋于平缓,公路养护工作已经提到重要位置。为适应养护工作的需要,国外发达国家将大量的资本和开发力量投向养护机械的研制生产,从而使养护机械得到了迅速发展。养护机械已经从单功能机向多功能机方向发展,如

国外目前生产的多功能养护车，一机即可以完成交通设施保洁、公路绿化、路面除雪等养护作业工作。

2. 国内施工与养护机械的发展

在20世纪60年代以前，我国的公路施工与养护主要是靠人工进行的，大量的施工、养护劳动是“人海战术”。当时，公路施工与养护机械机型少，技术含量比较低。

我国公路施工与养护机械的研制和大量生产起步于20世纪60年代，到了80年代后才有了较快的发展，特别是“七五”、“八五”、“九五”三个五年计划的发展，公路施工与养护机械才有了相当的基础和实力。

自从改革开放以来，我国公路建设取得了突飞猛进的发展，到2002年底，全国公路总里程已经达到175.8万km，高速公路从无到有，已达到2.52万km。随着公路建设的迅速发展，我国公路施工与养护机械也取得了长足发展。目前我国的公路施工与养护机械已经初具规模，基本能够生产国内公路施工与养护所需的大部分机械设备。特别是改革开放以后，随着对外技术交流的广泛开展，我国公路施工与养护机械生产技术已有了很大提高，有些技术水平已达到国外20世纪90年代的水平。

我国公路施工与养护机械的发展虽然取得了很大成绩，但与国外的同行相比，仍然存在很大的差距。

3. 国内外高等级公路养护机械的发展趋势

公路建设，特别是高速公路的建设，不仅数量增长快，技术标准不断提高，而且交通量日益增加，车速加快，载重量加大，对公路养护的要求越来越高，因此养护机械也必须不断改进和发展。养护机械与筑路机械一起，将发展成为品种型号齐全、技术先进、产量大、生产率高的重要工程机械行业；公路养护的所有作业项目，将全面实现机械化操作。纵观国内、外养护机械发展情况，主要呈现如下趋势：

(1)广泛采用先进技术。机、电、液一体化高新科技成果不断应用到养护机械上。电脑和高灵敏传感器等现代高新技术在养护机械的各种装置和机具的操纵、计量、控制、报警、排障和作业智能化等方面得到推广应用。红外线、激光等先进技术也逐步应用在养护机械上。这些高新技术的应用将使养护机械更加可靠、多功能和高度自动化。

(2)不断开发新产品。为了适应公路养护作业项目多、工序繁杂、工艺要求严的需要，在激烈的市场竞争下，各国生产厂家都致力于开发新产品，随着养护工艺的发展，不断推出新类型的养护机械。养护机械正朝着产品多样化、系列化、成套化、一机多能综合化、大型与小型两极化方向发展。

三、公路施工与养护机械的分类

目前公路施工与养护机械种类越来越多，为了便于管理和使用，我们通常把公路施工与养护机械按不同方式进行区分。

1. 按行走方式

公路施工与养护机械绝大部分是自行式机械，一般由三部分组成：基础车（即行走装置）、工作装置和操纵控制机构，如图0-0-1、图0-0-2所示。其中，基础车是公路施工与养护机械的行走装置，是实现各类作业、地点转移的主体部分，工作装置和操纵控制机构都要安装在它上

面。因此，按行走方式不同一般分为两大类：

1）履带式公路施工与养护机械

履带式公路施工与养护机械主要应用于基础泥泞、沼泽等恶劣环境中以及作用力较大机械，主要机型包括：履带式推土机、履带式挖掘机（图0-0-1）、履带式铲运机等。

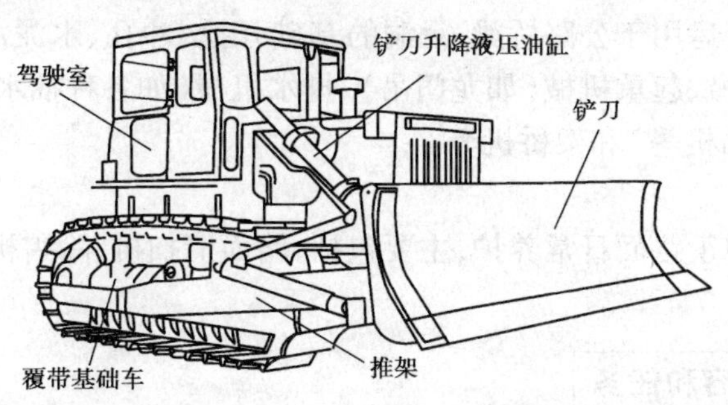

图0-0-1　履带液压操纵式推土机总体

2）轮胎式公路施工与养护机械

轮胎式公路施工与养护机械适用于在一般道路上行走，地点转移、作业比较灵活，主要机型包括：轮胎装载机、轮胎压路机、轮胎式平地机（图0-0-2）等。

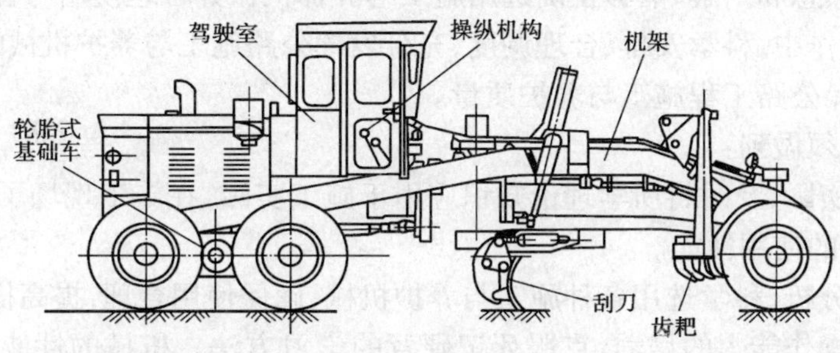

图0-0-2　PY160型液压操纵式平地机总体组成图

2. 按用途和使用范围

公路施工与养护机械按照用途和使用范围一般可分为5类：土石方施工机械，压实机械，路面机械，桥涵工程机械和养护机械。

1）土石方施工机械

土石方机械是以土石方施工为主的工程机械。该类机械的作业对象主要是土质结构和松散物料。主要包括：推土机、铲运机、平地机、装载机、挖掘机械和破碎筛分机械等。

2）压实机械

压实机械主要用于公路、铁路、市政、水坝、机场等基础施工的压实作业。主要包括：静压压路机、振动压路机、振荡压路机、冲击式压路机、轮胎压路机、平板夯、冲击夯和蛙式夯实机等。

3）路面机械

路面机械是公路施工与养护的专用机械。该类机械主要是完成路面材料的拌制和铺筑。主要包括：沥青路面机械（沥青混合料拌和机、摊铺机、沥青洒布车、沥青熔化及加热机械、沥青运输车、乳化沥青机械、改性沥青机械等)、水泥路面机械(水泥混凝土搅拌机械、水泥混凝土摊铺机、拉毛机、切缝机、养生机)以及路面施工与养护检测仪器(如压实度、平整度、抗滑能力、几何形状等检测仪器)。

4)桥涵工程机械

桥涵工程机械主要运用于公路桥梁、涵洞的基础开挖、冲孔、水泥混凝土灌注等施工与养护。主要包括:桩工机械、起重机械(如龙门吊)、排水机械(如各种抽水机)、空压机、钻挖孔机械(如冲击钻机、回旋钻机等)和架桥机等。

5)养护机械

养护机械主要适用于路面日常养护,主要包括:路面清扫机、除雪机、沥青路面综合养护车以及路面洗刨机等。

四、本课程的内容和任务

本课程是公路施工与养护专业的一门专业技术课,其内容主要包括公路施工与养护机械的基本构造与工作原理、公路工程施工机械、公路养护机械和桥涵施工机械的选用与合理使用、维护以及公路施工与养护机械管理的基本知识。

通过本课程的教学,使公路施工与养护专业的学生能够对常用公路施工与养护机械的一般构造、工作原理熟悉和了解,能够正确选用施工与养护机械并合理使用与管理,同时,在组织公路施工与养护工作中,科学安排、合理调度,充分发挥公路施工与养护机械的作用,提高机械化施工的效率,确保公路工程施工与养护质量。

学习本课程必须做到:

(1)理论联系实际,及时将所学理论知识应用于施工实际,在施工现场了解和掌握各种公路施工与养护机械的使用性能。

(2)善于总结分析,科学选用各种施工与养护机械,确保使用合理,提高机械化施工效率。

(3)注重动手操作能力的培养,克服死记硬背的学习方法。机械的性能与原理只有在直接动手操作后才能加深认识。

技能实训1 初步认识公路施工与养护机械

实训目的	实训设施	实训方法	实训工艺步骤	技术要求及注意事项
使学生感性认识公路施工与养护机械及其分类,初步了解公路施工与养护机械在施工中的地位	选择一个施工工地,确保该工地现场履带式和轮胎式公路施工与养护机械各有一台以上,最好这些机械正在施工作业	现场参观讲解	1)组织学生到施工现场; 2)分组参观; 3)让机械设备负责人介绍设备的厂牌型号、使用性能以及在施工中的作用等; 4)回校总结,让学生交流参观感受	1)向学生介绍清楚公路施工与养护机械的类别; 2)往返施工工地的途中要注意交通安全; 3)要求学生在施工现场注意人身安全

单元一　工程机械发动机与底盘

【知识目标】

1. 发动机的基本知识；
2. 发动机的基本构造与一般工作原理；
3. 工程机械底盘的基本构造；
4. 工程机械底盘运行材料的基本知识。

【能力目标】

1. 能够区分各类发动机；
2. 能够对发动机各总成进行一般拆装；
3. 能够根据不同底盘选用相应的运行材料。

课题一　发动机的基本知识

发动机是将某一种形式的能量变为机械能的一种机器。现代工程机械用发动机多为活塞往复式内燃机，简称活塞式内燃机。它是将燃料在气缸内燃烧产生热能，并将热能转化为机械能对外输入。

现代发动机的燃料有柴油、汽油、液化石油气、煤气等。根据使用的广泛性，本课题主要讲述燃用柴油发动机（简称柴油机）和燃用汽油发动机（简称汽油机）。

一、发动机的分类及型号编制规则

1. 发动机的分类

发动机的结构形式很多，其分类如图 1-1-1 所示。

2. 发动机名称和型号编制规则

为了便于发动机的生产管理和使用，我国于 1982 年对发动机名称和型号编制方法重新审定，颁布了国家标准 GB 725—82。该标准的主要内容如下：

（1）发动机产品名称均按所采用的燃料命名，例如柴油机、汽油机等。

（2）发动机型号由阿拉伯数码和汉语拼音字母组成。

（3）发动机型号由下列四部分组成：

①首部：为产品系列符号和（或）换代标志符号，由制造厂根据需要自选相应字母表示，但

需主管部委或由主管部委标准化机构核准。

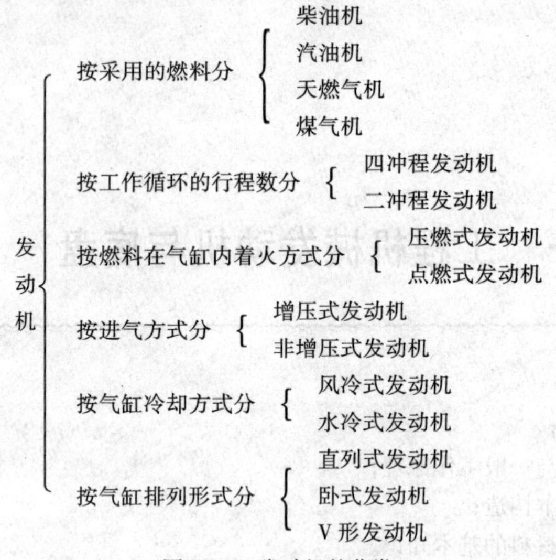

图 1-1-1　发动机的分类

②中部:由缸数符号、冲程符号、气缸排列形式符号和缸径符号组成。

③后部:结构特征和用途特征符号,以字母表示。

④尾部:区分符号。同一系列产品因改进等原因需要区分时,由制造厂选用适当符号表示。

发动机型号排列顺序所代表的意义规定,如图 1-1-2 所示。

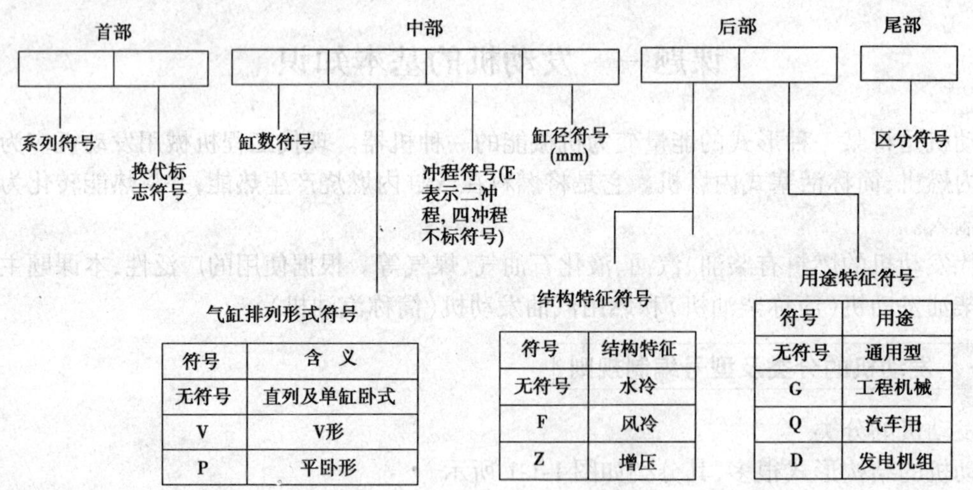

符号	含　义
无符号	直列及单缸卧式
V	V形
P	平卧形

符号	结构特征
无符号	水冷
F	风冷
Z	增压

符号	用途
无符号	通用型
G	工程机械
Q	汽车用
D	发电机组

图 1-1-2　发动机型号排列示意图

型号编制示例:

6135ZG——表示六缸、直列、四冲程、缸径 135mm,水冷、增压、工程机械用。

YZ6105——表示玉柴厂生产、六缸、直列、四冲程、缸径 105 mm,水冷、通用型。

12V135ZG——表示十二缸、V 型、四冲程、缸径 135 mm,水冷、增压、工程机械用。

CA6102Q——表示一汽厂生产、六缸、直列、四冲程、缸径 102 mm,水冷、汽车用。

EQ6100Q—1——表示东风厂生产、六缸、直列、四冲程、缸径 100 mm,水冷、汽车用、第一次改型。

4120F 柴油机——表示四缸、直列、四冲程、缸径 120mm,风冷、通用型。

二、发动机的常用术语

发动机的常用术语主要包括以下几方面,如图 1-1-3 所示。

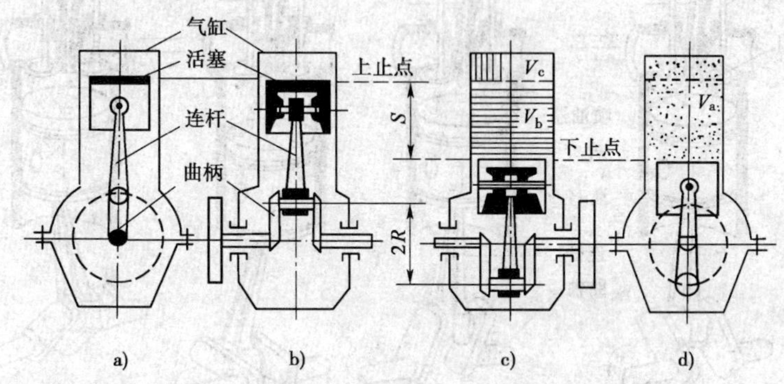

图 1-1-3　发动机常用术语示意图

(1)上止点:活塞顶离曲轴回转中心最远处,通常指活塞顶上行到的最高位置。

(2)下止点:活塞顶离曲轴回转中心最近处,通常指活塞下行到的最低位置。

(3)活塞行程(S):指上、下两止点之间的距离(mm)。

(4)曲柄半径(R):指与连杆下端(即连杆大头)相连的曲柄销中心到曲轴回转中心的距离(mm)。从图 1-1-3 可以看出,$S = 2R$。曲轴每转一圈,活塞移动两个行程。

(5)气缸工作容积(V_h):指活塞从上止点到下止点所扫过的容积,也称为气缸排量。

$$V_h = \frac{\pi D^2}{4 \times 10^6} S$$

式中:D——气缸直径,mm。

(6)发动机工作容积(V_1):发动机所有气缸工作容积之和,也称为发动机排量。设发动机的气缸数为 i,则:$V_1 = V_h i$。

(7)燃烧室容积(V_c):活塞在上止点时,活塞上方的空间称为燃烧室,它的容积称为燃烧室容积。

(8)气缸总容积(V_a):活塞在下止点时,活塞上方的容积称为气缸总容积,它等于气缸工作容积与燃烧室容积之和,即 $V_a = V_h + V_c$。

(9)压缩比(ε):指气缸总容积与燃烧室容积的比值,即 $\varepsilon = V_a/V_c = 1 + V_h/V_c$。

它表示活塞由下止点运动到上止点时,气缸内气体被压缩的程度。压缩比越大,压缩终了时气缸内的气体压力和温度就越高。一般柴油机的压缩比为 15 ~ 22,汽油机的压缩比为 6 ~ 10。

(10)发动机的工作循环:是气缸内进行的每一次将燃料燃烧的热能转化为机械能的一系列连续过程(进气、压缩、作功和排气)。

(11)冲程:指活塞从一个止点运动到另一止点的动作或过程。

三、发动机的工作原理

1. 四冲程柴油机的工作原理

四冲程柴油机是由进气、压缩、作功和排气四个行程完成的一个工作循环,如图 1-1-4 所示。

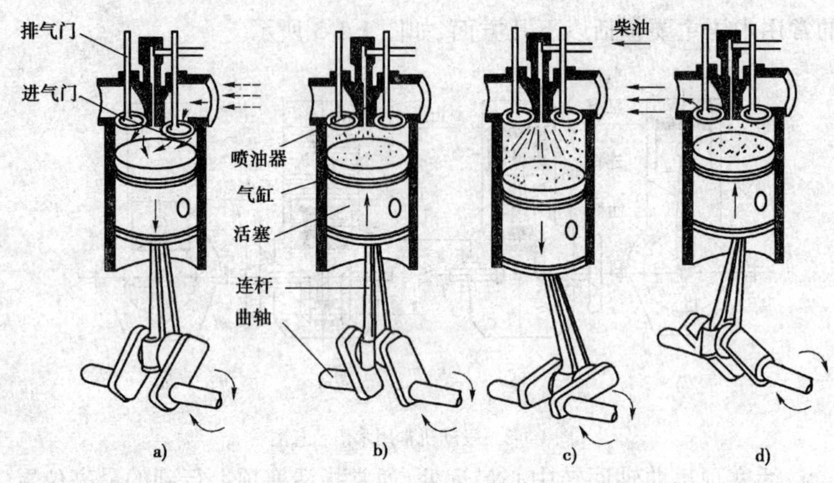

图 1-1-4　单缸四冲程柴油机工作原理示意

1) 进气行程

是活塞由曲轴带动,从上止点向下止点运动的过程。此时,进气门开启,排气门关闭,如图 1-1-4a) 所示。由于活塞下移,活塞上腔容积增大,形成一定的真空度。在真空吸力的作用下,被滤清的纯净空气,经进气门被吸入气缸。至活塞运动到下止点时,进气门关闭,停止进气,进气行程结束。

进气行程结束时,由于进气过程中进气管、进气门等有进气阻力,气缸内压力低于大气压力,一般为 0.08 ~ 0.09MPa。由于气缸壁、活塞等高温机件及残留高温废气的加热,气体温度为 320 ~ 350K。

2) 压缩行程

指进气行程结束时,活塞在曲轴的带动下,从下止点向上止点运动的过程,如图 1-1-4b) 所示。此时,进、排气门均关闭。随着活塞上移,活塞上腔容积不断减小,气缸内的空气被压缩,至活塞到达上止点时,压缩行程结束。在压缩行程过程中,气体压力和温度同时升高。由于柴油机压缩比较大,在压缩终了的温度和压力均较高,压力可达 3 ~ 5MPa,温度可达 800 ~ 1000K。

3) 作功行程

指压缩行程末,喷油泵将高压柴油经喷油器呈雾状喷入气缸内的高温空气中,柴油迅速汽化并与空气形成可燃混合气的过程。因为此时气缸内的温度远远高于柴油的自燃温度(柴油的自燃温度为 500K 左右),柴油自行着火燃烧,且在以后的一段时间内,喷油和燃烧同时进行(即一边喷油,一边燃烧)。气缸内的温度、压力急剧升高,推动活塞下行作功,如图 1-1-4c) 所示。

此行程中,开始阶段气缸内气体压力和温度急剧上升,瞬时压力可达 5 ~ 10MPa,瞬时温度可达 1800 ~ 2200K。随着活塞的下移,压力和温度下降。作功行程终了时,气缸压力为 0.2 ~

0.4MPa，温度为1200～1500K。

4）排气行程

是在作功行程终了时，排气门被打开，活塞在曲轴的带动下由下止点向上止点运动的过程，如图1-1-4d）所示。废气在自身的剩余压力和活塞的驱赶作用下，自排气门排出气缸，至活塞运动到上止点时，排气门关闭，排气行程结束。

排气终了时，由于燃烧室容积的存在，气缸内还在少量的废气，气体压力也因排气门和排气道等有阻力而高于大气压力。此时，气缸内压力为0.015～0.125MPa，温度为800～1000K。

排气行程结束后，进气门再次开启，又开始了下一个工作循环。如此周而复始，发动机就自行运转。

2. 四冲程汽油机的工作原理

四冲程汽油机和四冲程柴油机工作原理一样，每个工作循环也是由进气、压缩、作功和排气四个冲程所组成，但汽油机和柴油机性质不同，汽油机在可燃混合气的形成 、着火方式等方面与柴油机有较大的区别。下面主要介绍与柴油机工作原理不同之处。

1）进气行程

进气行程不同于柴油机的方面是：进入气缸的不是纯空气，而是混合气。在真空吸力的作用下，被滤清的空气与化油器供给的汽油形成混合气，经过气门被吸入气缸。由于进气阻力比柴油机大，上一冲程残留的废气温度比较高等原因，进气终了的压力和温度与柴油机稍有不同，压力为0.075～0.09MPa，温度为370～440K。

2）压缩行程

压缩行程不同于柴油机的方面是：被压缩的是混合气。在压缩过程中，混合气得到进一步混合。由于汽油机的压缩比较柴油机小，所以压缩终了时，缸内的压力和温度均低于柴油机。汽油机压缩终了时，气缸内的压力为0.6～1.5MPa，温度为600～800K，这已远高于汽油的点燃温度（汽油的点燃温度约为263K），因而很容易被点燃。

3）作功行程

压缩行程末，火花塞产生电火花，点燃气缸内的可燃混合气，并迅速着火燃烧，气体产生高温、高压。在气体压力的作用下，推动活塞由上止点向下止点运动，直至活塞到达下止点时，作功行程结束。

在此行程中，瞬时压力可达3～5MPa，瞬时温度可达2200～2800K。该行程终了时，压力为0.3～0.5MPa，温度为1500～1700K。

4）排气行程

排气行程与柴油机的排气行程基本相同。排气行程终了，气缸压力为0.105～0.125MPa，温度为900～1200K。

由上述单缸四冲程柴油机和单缸四冲程汽油机的工作原理可知：

两种发动机工作循环的基本内容相似，其共同特点是：①每个工作循环曲轴转两圈（720°），每一行程曲轴转半圈（180°）。进气行程是进气门开启、排气门关闭，排气行程是排气门开启、进气门关闭，其余两个行程进、排气门均关闭。②四个行程中，只有作功行程产生动力，其他三个行程是为作功行程做准备的辅助行程，虽然作功行程是主要行程，但其他三个行程也是必不可少的。③发动机运转的第一个循环，必须有外力使曲轴旋转完成进气、压缩行程,当混合气着火进入作功行程后,依靠曲轴和飞轮贮存的能量,发动机便可自行完成以后的行程进行运转。

3. 多缸发动机的工作

从上述各单缸发动机工作原理可知,只有作功行程产生动力,其他三个行程都要消耗动力。为了维持运动,单缸发动机必须有一个贮备能量较大的飞轮。即使如此,发动机运转仍然是不平稳的,作功行程快,其他行程慢。另外,单缸发动机还有其他缺点,使其在工程机械上的应用受到限制。

工程机械上实际使用的是多缸发动机,它由若干个相同的单缸排列在一个机体上共用一根曲轴输出动力。现代工程机械上用得较多的是四缸、六缸、八缸、十二缸等四冲程柴油发动机。

多缸发动机是在曲轴转角720°内,各缸都像单缸发动机一样完成一个工作循环。为了使发动机运转平稳,除少数发动机因结构限制外,各缸作功间隔角大多均等。如四冲程六缸发动机作功间隔角 $\varphi = 720°/6 = 120°$,即曲轴每转120°就有一个缸作功,各缸作功行程略有搭接,这样发动机运转较单缸平稳得多。另外,由于各缸的作功行程为其他缸的准备行程提供动力,所以储存能量的飞轮也较单缸发动机要小得多。

多缸发动机工作功行程发生的顺序称为发动机的工作顺序或点火顺序,一般与发动机的结构有关,如直列四冲程六缸发动机的点火顺序为1-5-3-6-2-4。发动机缸数越多,发动机运转得就越平稳,发动机功率也就越大。

课题二　发动机的构造

一、发动机的构造

发动机的总体结构由机体、曲轴连杆机构、配气机构、燃油供给系统、点火系统、润滑系统、冷却系统和起动系统组成。柴油机的着火方式为压燃式,不设点火系统。汽油机的着火方式为点燃式,因此,必须设点火系统。

1. 机体

发动机的机体主要包括气缸盖、气缸体、曲轴箱。机体是发动机各机构、各系统的装配基件,如图1-2-1和图1-2-2所示。

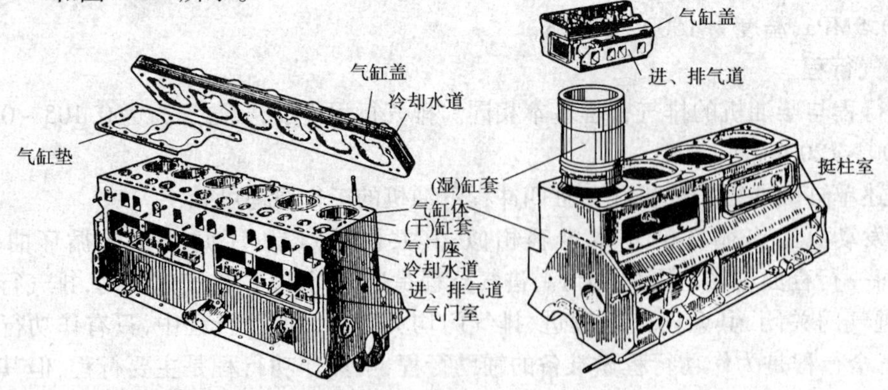

图1-2-1　机体总成

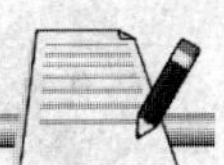

2. 曲柄连杆机构

曲柄连杆机构是实现工作循环,完成能量转换的主要机构,它的具体功用是:一方面将燃料燃烧的热能转换为机械能,另一方面将活塞在气缸内的往复直线运动转换为曲轴的旋转运动而输出动力。所以既是能量转换机构,又是运动方式转换机构。

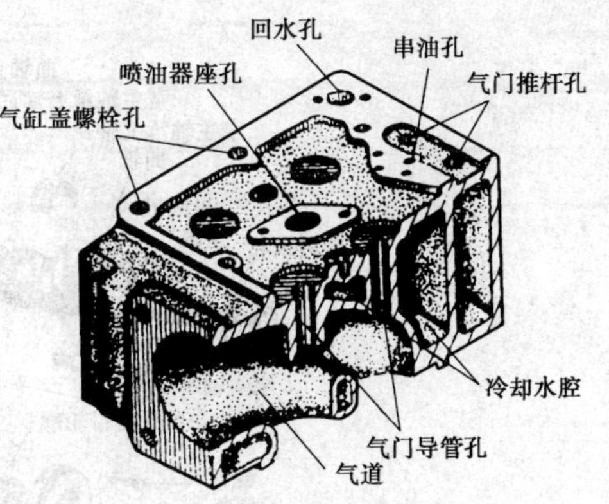

图 1-2-2　四行程柴油机气缸盖结构

曲柄连杆机构由活塞组、连杆组、曲轴飞轮组组成。

(1)活塞组与连杆组。活塞组包括活塞、活塞环、活塞销和挡圈等零件,连杆组包括连杆、连杆螺栓、连杆轴瓦等零件。活塞组和连杆组的装配关系如图 1-2-3 所示。

活塞组的功用是:使活塞与气缸套、气缸盖构成气缸容积和燃烧室;活塞直接承受燃气压力并将其压力传给连杆;活塞的气环起到密封气缸的作用,防止燃烧室中的气体漏入曲轴箱和曲轴箱中的机油窜入燃烧室。连杆组的功用是连接活塞与曲轴,实现直线往复运动与旋转运动的转换并传递动力。

(2)曲轴飞轮组。曲轴飞轮组主要由曲轴和飞轮及不同作用的零件和附件组成,如图 1-2-4所示。零件和附件的种类和数量取决于发动机的结构和性能要求。

曲轴飞轮组的功用是:将连杆传来的气体作用力转换成转矩,从而输出动力,并储存能量以克服非作功行程的阻力,使发动机转动平衡;与起动机齿轮啮合起动发动机。

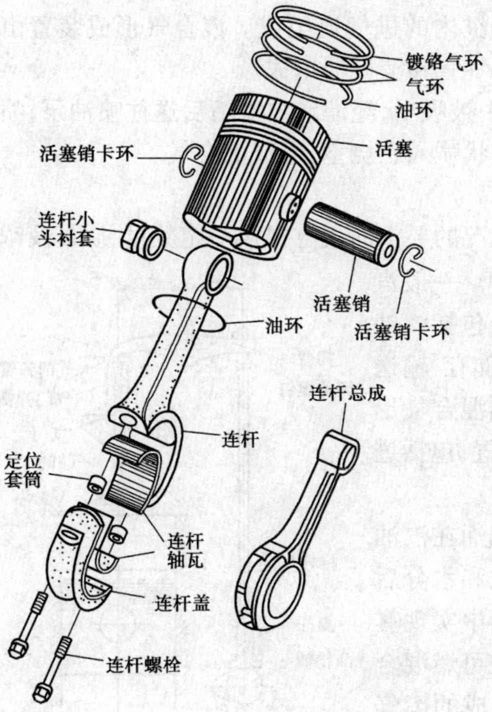

曲轴的形状和各曲柄的相对位置,取决于缸数、气缸排列方式和着火次序。

3. 配气机构

配气机构的功用是按照发动机工作次序和各缸工作循环的要求,定时打开和关闭各气缸的进、排气门,使新鲜空气(柴油机)或可燃混合气(汽油机)吸进气缸,并将废气排出气缸,在压缩和作功行程中保证气缸的密封。发动机的配气机构一般由气门组和气门传动组组成。根据气门安装位置的不同,配气机构通常可分为顶置气门式和侧置气门式两种。

(1)顶置气门式配气机构。顶置气门式配气机构的进、排气门倒装在气缸盖上,如图 1-2-5 所示。顶置气门式发动机由于进气弯道少,进气阻力小,燃烧室结构紧凑,充气良好,因此具有较高的动力性和经济性。故现代发动机广泛采用顶置气门式配气结构。

图 1-2-3　6135 型柴油机活塞连杆组

(2)侧置气门式配气机构的进、排气门都顺装在气缸体的一侧,结构简单,但进气弯道多,进气阻力大,目前已趋于淘汰。

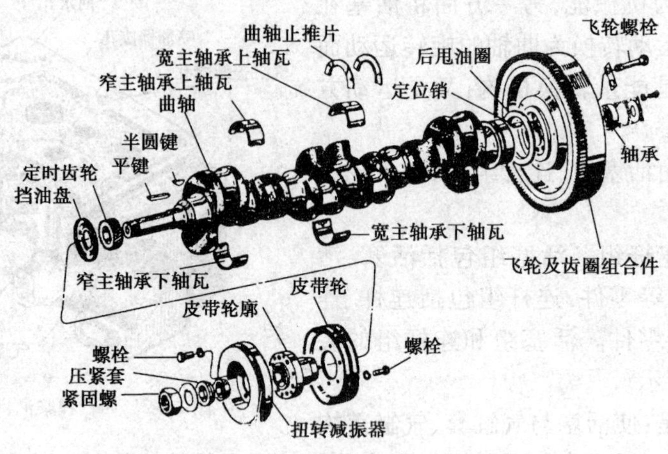

图 1-2-4　6120 型柴油机曲轴飞轮组

4. 柴油机燃料供给系

柴油机燃料供给系的作用是储存、滤清柴油,并按柴油机不同工况要求,以规定的工作顺序,定时、定量、定压并以一定的喷油质量将柴油喷入燃烧室,使其与空气迅速混合并燃烧,将燃烧后的废气排入大气。柴油机燃料供给系由柴油供给、空气供给、混合气形成及废气排出四部分组成。柴油供给装置由柴油箱、输油泵、柴油滤清器、喷油泵、喷油器、低压油管、高压油管等组成。空气供给装置由空气滤清器、进气管和气缸内的进气道组成。混合气形成装置由燃烧室组成。废气排出装置由气缸盖内的排气道、排气管和消声器组成。

供油过程:在输油泵的作用下,柴油从柴油箱中被吸出,经滤清器滤清后送往喷油泵,喷油泵使低压油变成高压油,经高压油管和喷油器呈雾状喷入燃烧室,形成混合气。

5. 汽油机燃料供给系

汽油机燃料供给系的功用是根据发动机不同工况的要求向气缸提供一定数量、质量及浓度的可燃混合气,并将燃烧后形成的废气排到大气中。一般汽油机燃料供给系由下列装置组成。汽油供给装置:包括汽油箱、汽油滤清器、汽油泵和输油管,用以完成汽油的储存、输送及滤清任务。空气供给装置:即空气滤清器。可燃混合气形成装置:即化油器。可燃混合气供给及废气排出装置:包括进气歧管、排气歧管和消声器。

汽油机燃料供给系的工作过程:汽油箱中的汽油在汽油泵的作用下被吸出,经汽油滤清器滤去其中的杂质和水分后进入汽油泵,然后被泵入化油器中。汽油在化油器中实现雾化、蒸发并与来自空气滤清器的清洁空气混合形成可燃混合气,经进气管分配到各个气缸,可燃混合气燃烧生成的废气经排气管及消声器被排到大气中。

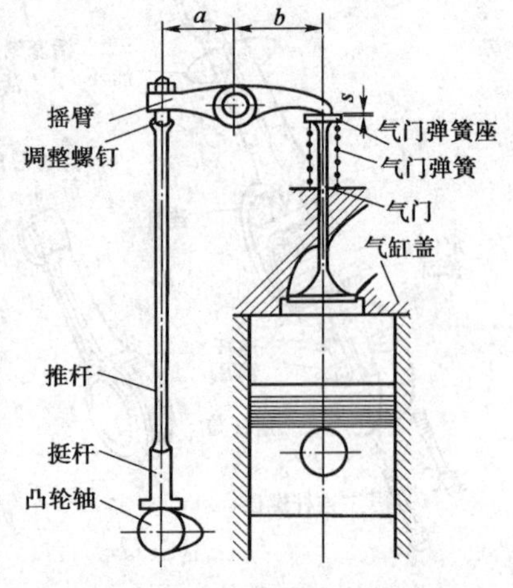

图 1-2-5　顶置气门式配气机构结构简图

6. 润滑系

润滑系统的功用是将机油不断供给各零件的摩擦表面，减少零件的摩擦和磨损。流动的机油还可以清除摩擦表面上的磨屑和杂质，并冷却摩擦表面。此外，气缸壁和活塞环上的油膜能提高气缸的密封性。

发动机的润滑采用压力润滑为主、飞溅润滑为辅的综合润滑方式，它的润滑系统主要由机油泵、机油滤清器、机油散热器、机油温度表和机油压力表等组成。

7. 冷却系

冷却系的功用是将发动机工作中的高温热量散发出去，以保证它在 80～90℃ 的温度范围内正常工作。

发动机的冷却方法有风冷和水冷两种。风冷却系是利用风扇向铸有散热片的气和缸盖吹风，使热量散发到大气中，通常只用于功率小、气缸数少的发动机。水冷却系是通过水泵强制冷却水在气缸体和气缸盖的水套和散热器中循环流动，带走高温机件的热量并散发到大气中去。施工机械用的发动机广泛采用水冷却系。水冷却系结构及循环循环情况如图 1-2-6 所示。

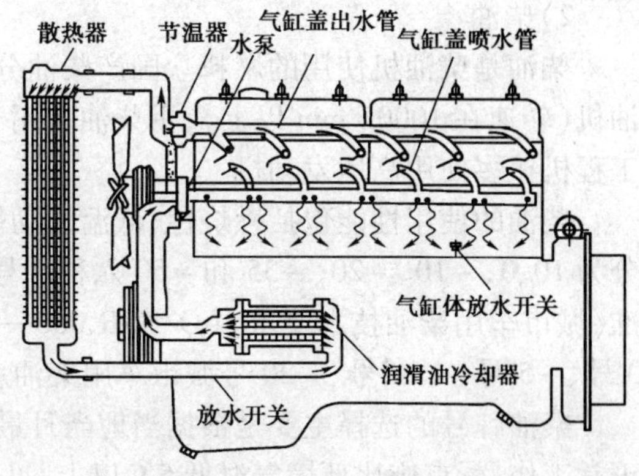

图 1-2-6　水冷却系冷却水循环简图

装在气缸盖出水口处的节温器的作用是随发动机冷却系水温变化自动控制通过散热器的冷却水流量，以调节冷却系的冷却强度，用以控制冷却水的大、小循环路线。

8. 起动系

起动系的功用是使发动机由静止状态迅速地进入到工作状态。

发动机起动的方法很多，常见的有人力起动（手摇、绳拉）、电动机起动、汽油起动机起动、压缩空气起动以及气动马达起动等。公路施工机械用发动机多采用电动机和汽油起动机起动，起动用电动机广泛采用串励低压直流电动机。汽油发动机起动电动机蓄电池的电压多为 12V，柴油起动电动机蓄电池的电压一般为 24V。多缸大功率的柴油机起动一般采用汽油起动机起动。

9. 汽油机点火系

点火系的功用是按照气缸的点火顺序定时地在火花塞两电极间产生足够能量的电火花，点燃被压缩的可燃混合气。汽油机的点火系分蓄电池点火系和磁电机点火系两类。蓄电池点火系大多用于多缸汽油机上，磁电机点火系一般用于单缸或两缸汽油机上。

二、发动机的运行材料

发动机的运行材料主要包括燃油、润滑油和冷却液三种。

1. 燃油

发动机燃料有汽油和柴油，工程机械较多使用柴油。

1）汽油

车用汽油主要作为汽油机的燃料。车用汽油的主要性能指标用抗爆性、蒸发性、安定性、腐蚀性等表示。汽油的牌号以辛烷值确定，辛烷值越高汽油的抗爆性就越好。目前，我国实施了《车用无铅汽油标准》(GB 17930—1999)，代替了 GB 484—1993 含铅汽油。车用无铅汽油按辛烷值分为 70 号、90 号、93 号和 95 号等。

选择汽油主要根据发动机使用说明书的要求，以正常运行条件下发动机不发生爆燃为前提，选用适当牌号的车用汽油。

需要指出的是，传统强调的按压缩比的大小选择汽油的关系已越来越模糊，因为影响发动机爆燃的因素除压缩比外，还有其他因素，且当今发动机结构正在不断趋于完善，在电控燃油喷射发动机上，消除了爆震，同时发动机的功率得以更充分地发挥。

2)柴油

柴油是柴油机使用的燃料。国产柴油分为轻柴油和重柴油两大类。轻柴油多用于高速柴油机(转速在 1000r/min 以上)；重柴油多用于中、低速柴油机(转速在 1000r/min 以下)。建筑工程机械多使用高速发动机。

柴油的使用性能包括燃烧性、低温流动性、安定性、洁净度、蒸发性和腐蚀性。柴油按凝点分为 10、0、-10、-20、-35 和 -50 六种牌号。2000 年，中国石化集团发布了城市柴油企业标准《城市车用柴油技术要求》(Q/SHR 006—2000)，该标准按凝点分为六个牌号：10 号、5 号、0 号、-5 号、-10 号、-20 号城市车用柴油。如 -10 号柴油表示其凝点不高于 -10℃。

柴油牌号的选择主要是根据当地当月最低气温进行选择。为保证在最低气温下柴油机能正常工作，凝点应比环境气温低 5℃以上，见表 1-2-1。

柴油牌号与适用气温、地区对照表 表 1-2-1

柴油牌号	凝点(℃)	适用气温	适用地区及季节
10 号	10	15℃以上	适合全国夏季使用
0 号	0	5℃以上	适合全国 4～9 月份使用，长江以南地区冬季使用
-10 号	-10	-8℃以上	适合长城以南地区冬季使用
-20 号	-20	-18℃以上	适合长城以北地区冬季和长城以南使用、黄河以北冬季使用
-35 号	-35		东北和西北严寒地区冬季使用

2. 润滑油

润滑油的主要功用是：润滑、冷却、密封、清洁和防锈。其使用性能包括润滑性、清净分散性、粘度及粘温性、低温流动性、抗氧化性、抗腐蚀性和抗泡沫性。

发动机润滑油，又称机油，有汽油机机油和柴油机机油两种。我国采用美国 SAEJ 300 JUN 87 粘度等级分法，将冬用机油分为 0W、5W、10W、15W、20W 和 25W 六个级别；夏季及春秋季用机油分为 20、30、40、50、60 五个级别。为使机油既有良好的低温启动性能，又有适于高温条件下工作的粘度，在上述级别的基础上，又产生一系列多级油，即一个牌号的机油具有两个粘度级别，如 5W/20、20W/40 等等，能在一个地区范围内冬夏通用。按使用性能分类，汽油机油分 SC、SD、SE、SF、SG、SH 六个级别，柴油机油分 CC、CD、CE、CF-4 四个级别。

发动机油主要依据发动机的结构特点、使用条件、气候条件等选择润滑油的使用性能级别和粘度级别。使用性能级别的选择应严格按照使用说明书的规定及发动机工作条件选用合适的发动机油品种。粘度级别的选择应依据气温、工况和发动机的技术状况：重载低速和高温下应选择粘度较大的发动机油；轻载高速应选择粘度较小的发动机油；新发动机应选择粘度较小

的发动机油；磨损严重的发动机应选择粘度较大的发动机油。发动机粘度级别的选择可参考表1-2-2。

SAE粘度级号适用的温度　　表1-2-2

粘度等级	使用温度(℃)	粘度等级	使用温度(℃)
5W	-30～-10	5W/30	-30～30
10W	-25～-5	10W/30	-25～30
20	-10～30	10W/40	-25～40
30	0～30	15W/40	-20～40
40	10～50	20W/40	-15～40

3.冷却液

冷式发动机可以用清洁的水作为冷却液，但水的冰点较高，在0℃就要结冰，若冬季冷却结冰，只要体积膨胀9%，就可以使缸体、散热器等破损。冷却水在工作中还易生成水垢，影响传热效果，加之水在100℃时便沸腾。因此，用水作为冷却液已不适应现代发动机的要求。目前，国内外广泛采用乙二醇水基型发动机冷却液。我国乙二醇型冷却液按冰点分为-25号、-30号、-35号、-40号、-45号、-50号六个牌号。

发动机冷却液选择的原则是：发动机冷却液的冰点至少要低于环境最低气温5℃，以确保在特殊情况下冷却液不结冰。如是浓缩液，应按产品说明书规定的比例加入蒸馏水或离子水。发动机冷却液产品质量的选择应以发动机制造厂家推荐为准。

技能实训2　发动机的拆装

实训目的	实训设施	实训方法	实训工艺步骤	技术要求及注意事项
1)通过实训使学生掌握发动机的常用术语、工作原理以及结构组成，了解发动机各部分的作用； 2)通过实训使学生掌握发动机运行材料的选用及更换方法	6135或4135柴油发动机总成(附件齐全)1台；四缸或六缸汽油发动机总成(附件齐全)1台；柴油、汽油、发动机机油若干	1)学生分成柴油发动机和汽油发动机两组； 2)以实习教师操作、讲解为主，学生操作为附	1)在机车上放净发动机机油，吊下发动机并进行外部清洁； 2)拆除外部附件； 3)发动机解体； 4)清洗各部零件，检验分类； 5)装配发动机，并进行必要的调整； 6)按要求选用并加注发动机运行材料，并进行发动机台架试验	要求学生在施工现场注意人身安全

课题三　工程机械底盘

通常把具有自身行走能力的工程机械除动力装置、工作装置、操纵室及辅助设备之外的全部结构和机构通称为工程机械底盘。工程机械底盘的作用是支撑整机并使机械能以所需速度和牵引力沿规定方向行驶。因此,底盘的结构和性能直接影响自行式工程机械的性能。

工程机械底盘包括传动系统、行驶系统、转向系统和制动系统四部分。工程机械底盘可分为履带式工程机械底盘和轮式工程机械底盘。

一、传动系

1. 传动系的功用、组成与布置

工程机械传动系的基本功用是将发动机的动力传给驱动轮,并根据需要改变机械的行驶状态,如起步、行驶、变速及倒车等。还可将发动机的动力传给工作装置,使其完成各种动作和作业。工程机械传动系的组成和布置形式各异,主要取决于发动机的类型和性能,行驶系的结构以及机械的总体结构形式。

1)履带式机械动力传动系统的组成与布置

履带式机械传动系统主要由主离合器、联轴节、变速器、主传动器、转向离合器、制动器、最终传动机构和驱动轮组成,如图 1-3-1 所示。

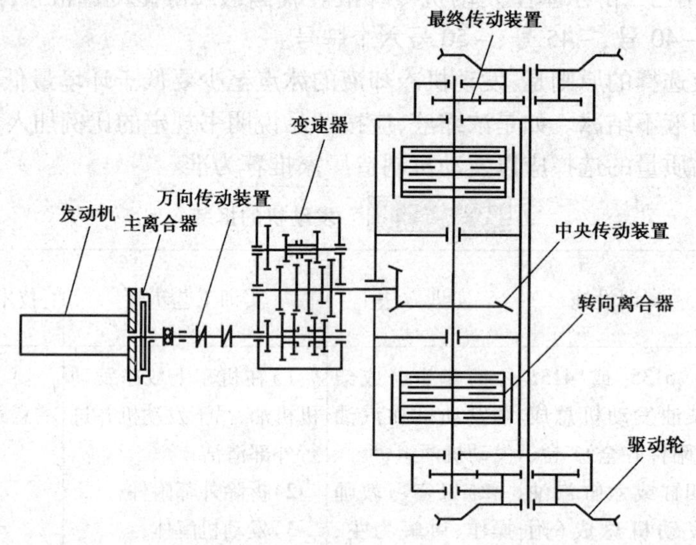

图 1-3-1　履带筑路机械传动系的基本组成

动力传动路线为:发动机输出的转矩→主离合器→变速器→主传动器→左右转向离合器→轮边减速器→左右驱动链轮→驱动履带使推土机行驶。

2)轮式机械动力传动系统的组成与布置

轮式机械动力传动系统主要由液力变矩器、变速器传动轴、前后驱动桥、轮边减速器和驱动轮胎等组成,如图 1-3-2 所示。

动力传动路线为:发动机输出的转矩→液力变矩器→动力换档变速器→传动轴→前、后驱动桥→轮边减速器→驱动轮胎使装载机行驶。

2. 主离合器

主离合器的功用是:临时切断动力,便于换档;使基础车辆平稳起步;使发动机在起动时与外部载荷脱离;防止传动系统其他零件过载;利用其半接合状态使机械微动。对主离合器工作

的基本要求是:必须可靠地传递转矩;分离迅速彻底,接合平衡柔顺;能较快地传散摩擦热量;超载时通过打滑保护传动系统其他零件;操纵时应轻便灵活。

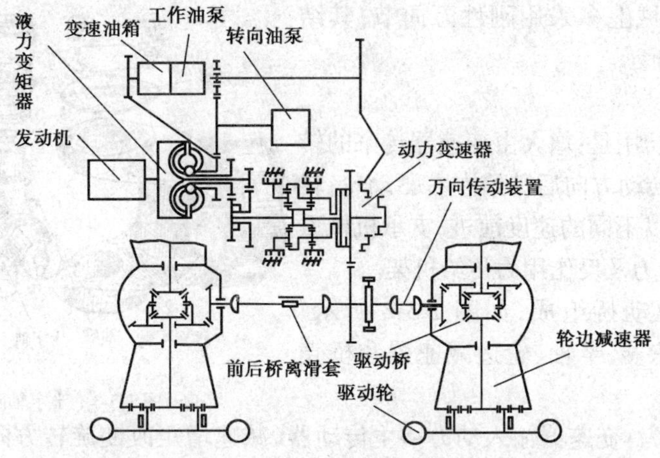

图 1-3-2　ZL50 型轮式装载传动系示意

离合器按传递转矩的方式分为摩擦式、液力式、电磁式和综合式四种。工程机械上应用最多的是摩擦片式主离合器,它利用摩擦片被压紧后表面上产生的摩擦力将转矩从主动件传到从动件上。摩擦片式主离合器一般由主动部分、从动部分、分离和压紧机构及液压助力器组成。摩擦片式主离合器按摩擦片的数目分单片、双片和多片式几种结构;按分离和压紧机构的型式分经常接合式和非经常接合式两种;按摩擦片的工作条件又分为干式和湿式两种。

3. 变速器

变速器的主要功用:变速变矩,即变换档位以改变传动系的传动比,使在不改变发动机转矩和转速的情况下改变施工机械的牵引力和运行速度;实现空档,以利于发动机起动和在不熄火的情况下长时间停车;实现倒档,以改变机械的运行方向;实现动力输出,以驱动施工机械的各种作业装置和设备。

变速器按传动比改变的特点不同可分为无级式和有级式两大类。无级式变速器大多为液力式,即液力变矩器。有级式变速器常用的为齿轮式变速器。按换档的操纵方式可分为机械换档(手动)式和动力换档式两种。按齿轮传动形式分为定轴式和行星齿轮式两种。施工机械上较多的采用液力变矩器配动力换档的定轴式变速器或行星齿轮式变速器。

定轴式齿轮变速器一般由齿轮变速机构和换档操纵机构两部分组成。具体构造因排档数目、齿轮组合及结构形式的不同各异,但其工作原理是相同的。变速器工作时,利用齿数不同的齿轮啮合传动,来改变其传动比,从而达到变速和变矩的目的,这就是变速器工作的基本原理。

4. 传动轴和万向节

传动轴和万向节的功用是将变速箱输出轴的动力传递给驱动桥,并能自动适应上述连接的两部件间相对位置的变化。

为了增加传动轴的刚度,减轻重量,传动轴采用空心轴;为避免传动轴因高速旋转而产生离心力,引起剧烈振动,要求传动轴质量分布均匀。传动轴与万向节为花键配合,使传动轴的总长度可以伸缩变化,以便适应机械行驶过程中相连两部件间相对距离的变化。

由于弹性悬挂的驱动桥在机械行驶中会因车桥负荷的变化而改变其与车架的相对位置，因此驱动桥输入轴与变速箱输出轴的中心轴线之间的夹角会不断地变化，这样就必须安装万向节。轮式工程机械上多采用刚性万向节，其结构组成如图 1-3-3 所示。

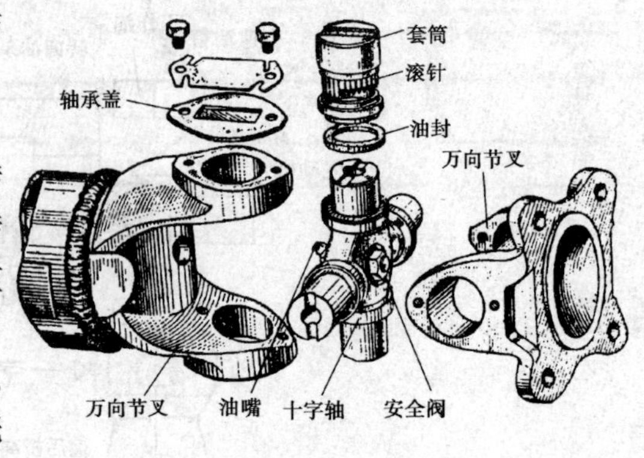

图 1-3-3　十字轴刚性万向节

5. 驱动桥

驱动桥的主要功用是：增大由变速器传来的转矩，降低转速，改变转动方向后传给左右驱动轮；转向时使左右驱动轮以不同的速度前进，支承机械重量，并将驱动轮推动力及反作用力传给机架。

轮式机械的驱动桥组成，如图 1-3-2 所示。它由主传动器、差速器、半轴、轮边减速器和桥壳组成。

动力传动路线为：变速器输入动力→主传动器（减速增矩改变旋转方向）→差速器→左右半轴→轮边减速器→驱动轮。

履带式机械的驱动桥组成，如图 1-3-1 所示。它由主传动器、转向离合器、转向制动器、轮边减速器和桥壳组成。

传动路线为：变速器传来的动力→主传动器→左右转向离合器→轮边减速器→驱动链轮→推土机行驶。

1）主传动器

主传动器的功用是降低转速、增大转矩、改变旋转方向。一般主传动器都是齿轮式，其中又有单级和双级之分，单级式主传动器由两个经常啮合的锥形齿轮组成；双级式主传动器的第一级为锥形齿轮，第二级为圆柱齿轮。双级式主传动器的传动比较单级式大，因此多用于轮式机械上。

2）差速器

差速器的作用是向两半轴传递转矩，并允许两半轴以不同的转速旋转。差速器安装在轮式机械的左右驱动轮两根半轴之间。差速器有普通行星齿轮式、强制锁住式、牙嵌自由轮式和滑块凸轮高摩擦式等几种，其中普通行星齿轮式差速器应用最广。

3）轮边减速器

轮边减速器又称为最终传动，它的作用是将主动传动器传来的动力再一次降低转速，增大转矩后传给驱动轮。因此，可以减小主传动器的传动比，缩小后桥壳的体积，提高机械的离地间隙，从而改善了通过性，故在几乎所有的工程机械上都装有轮边减速器。

轮边减速器一般可分为单级、双级圆柱齿轮式和行星齿轮式三种。大型施工机械多采用双级式和行星齿轮式。

4）转向离合器和制动器

转向离合器和制动器左右各一个，分装在后桥左右两个转向离合器室内。由于转向离合器传递的转矩比主离合器大得多，而且由于受后桥壳尺寸的限制不可能将直径做得过大，因而一般均采用多片摩擦离合器。履带推土机所用的转向离合器有干式和湿式两种。

转向离合器的功用是：当两侧转向离合器均接合时，机械直线行驶；分开某一侧转向离合

器时，动力只经由被接合一侧的转向离合器驱动该侧履带，这时机械转向行驶；若将被分离的一侧转向离合器的从动鼓制动器制动，则机械可在原地做急转弯动作。制作器的作用是在斜坡上刹住履带机械，以及使机械行驶中做急转弯动作。左、右制动器分别安装在左、右转向离合器的从动鼓上，各自独立工作。

二、行驶系

工程机械行驶系的基本功用是：将整个机械构成一体，并支承整机重量；将传动系统传来的转矩化为车辆行驶的牵引力；承受和传递路面作用于车轮上的各种反力及力矩，吸收振动，缓和冲击，保证机械正常行驶和进行各种作业。

工程机械的行驶系一般分为轮胎式和履带式两大类。由于它们的行驶方式不同，故其结构也不同。

1. 轮胎式机械行驶系

轮胎式机械行驶系通常由车架、悬架、车桥、车轮等组成。

1）车架

车架是整车的基础。当机械在不平的道路上行驶时，车架会产生扭转变形和纵向平面内的弯曲变形。对车架的基本要求是：车架应有足够的强度和刚度；车架的重量要轻，要有良好的结构工艺性，并便于加工制造；车架应使机械有良好的行驶和工作稳定性，并且车架结构应使机械的重心位置尽量低。

目前，轮式工程机械的车架结构形式有两种：整体式车架和铰接式车架。

（1）整体式车架

整体式车架一般由两根纵梁和若干根横梁用铆接或焊接的方法连接而成的刚性梁架。纵梁的断面一般为槽形。各横梁的形状不一样，这是为了便于安装与其位置相当的部件。前后横梁的后端装有拖带车的挂钩，车架的前端或后端装有保险杠。

（2）铰接式车架

车架由彼此用铰接的前后两半段组成。前车架和后车架用垂直铰销连接起来，在垂直铰销两侧用两个转向液压油缸连接前后车架，当一个液压油缸进油而另一个液压油缸回油时车架便相对偏转，从而实现转向。这种机械的转向系统简单可靠，而且转弯半径小。

铰接式车架按铰接点的结构型式可分为销套式、球铰式和滚锥轴式三种。球铰式具有一定的自动调心作用，在大型装载机上多采用这种型式；滚锥轴承式使车架偏转更为灵活轻便，但结构较复杂，目前应用不多。

2）悬架

悬架是车架和车桥连接装置的总称。悬架的作用是将路面作用于车轮上的力以及这些力所造成的力矩传给车架，缓和和吸收车轮受到的冲击和振动，保证机械行驶平稳。

轮式工程机械的悬架分刚性悬架和弹性悬架两种。刚性悬架将车架与车桥刚性连接，只适于行驶速度较低的铲土运输机械。弹性悬架将车架与车桥弹性连接，为速度较高的运输车辆所采用。

3）车轮和轮胎

轮式工程机械的车轮由轮毂、轮辋以及两个部件之间的连接零件所组成。车轮可分为盘式和辐式两种，盘式车轮在工程机械上应用较广。轮胎安装在轮辋上，直接与地面接触。轮胎根据其结构型式不同，分为实心轮胎和充气轮胎两种。实心轮胎只用于混凝土等坚硬平整路面低速行驶的机械，轮式工程机械主要应用充气轮胎。

充气轮胎的规格用轮胎名义尺寸 D(英寸)和轮胎的断面宽度 B(英寸)表示。高压胎的表示方法为 $D \times B$，低压胎的表示方法为 $B-d$。例如 34×7 表示轮胎外径为 34in，断面宽度为 7in 的高压轮胎；18.00 − 24 表示断面宽度为 18in，轮辋直径为 24in 的低压胎。

2. 履带式机械行驶系

履带式机械行驶系由机架、行走装置和悬架组成。

1）机架

机架是全机的骨架，用来安装所有的总成和部件使机械成为一个整体。履带机械的机架通常有全梁式、半梁式和无梁式三种，半梁式机架广泛应用于履带式施工机械上。

2）行走装置

履带行走装置由“四轮一带”即驱动轮、支重轮、托轮、引导轮、履带和履带张紧装置等组成，如图 1-3-4 所示。其作用是支承机体，张紧并引导履带的运动方向，保证机械正常行驶。驱动轮、引导轮、支重轮和托轮分别安装在台车架上，由几十块履带板铰接而成的环行链轨绕在这些轮子上。当推土机行驶时，履带便在驱动轮带动下在引导轮和驱动轮之间循环转动，引导轮把履带铺在地上，支重轮在履带上滚动，后面的驱动轮再把履带卷起来并向前推送，不断循环形成一条无限长的轨道。

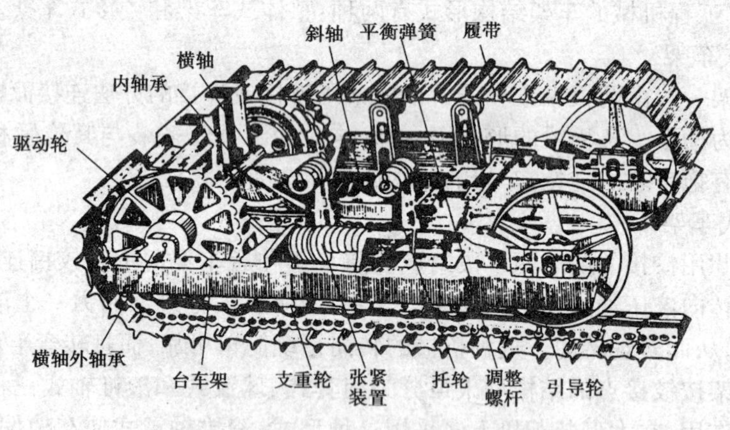

图 1-3-4　推土机的行走装置与半刚性悬架

履带的作用是将机械的质量传给地面并使机械有足够的驱动力。驱动轮则起卷绕履带的作用，以保证机械的行驶。支重轮用来将机械质量传给履带，它在履带节或履带板滚道上滚动，以夹持履带不使它滑脱，并在转向时迫使履带在地面上横向滑移。托轮用来托住上部的轮带，防止履带下垂过大以减少履带运动时的跳动现象，并防止履带侧向摇摆。引导轮及张紧装置的作用是支撑和引导履带的正确运动，使履带保持一定的张紧度并缓和地面的冲击力以减少履带在运动中的振跳现象，防止履带脱落。

3）悬架

悬架是用来连接机架和台车架的，其功用是将机体重量通过悬架传到台车上，同时还兼有

缓冲作用,可以减轻行走装置产生的冲击震动传到传动系统。悬架有刚性、半刚性和弹性三种。施工机械由于行驶速度低,目前多采用半刚性和刚性悬架两种。

刚性悬架多用于挖掘机、起重机等作业时一般不运行的机械,因为这类机械作业时要求有较好的稳定性。半刚性悬架被广泛用在推土机上(图 1-3-4),一般机架的前部采用悬架弹簧将其两端搁置在两侧的台车架上,机架的后部通过后轴与台车架后端成刚性铰接。

三、转向系

转向系是用来操纵工程机械行驶方向的机构,根据行驶方向和作业需要,它能稳定地保持机械直线行驶或灵活地改变行驶方向。

工程机械转向系可分为轮式机械转向系和履带式机械转向系。

1. 轮式机械转向系

1)转向系的分类

轮式机械转向是通过转向轮(通常是前轮)在水平面内偏转一定的角度来实现的。轮式机械转向系可分为偏转车轮转向和铰接转向两大类。而偏转车轮转向又分为偏转前轮式、偏转后轮式和全轮转向式三种。偏转车轮转向多用在整体式车架,铰接转向多用于铰接式车架。后者的转向半径小,能原地转向,故机动性好,但因车架铰接,整体刚性差,保持直线行驶能力差,转向时稳定性较低。

按操纵方式也可将转向系分为机械式、液压助力式和全液压式三种。

2)转向系的组成及工作原理

轮式机械采用的转向类型不同,其组成也不同。这里介绍两种典型的转向系统。

(1)偏转车轮机械式转向系

图 1-3-5 所示为偏前车轮机械式转向系的结构示意图。转动转向盘,通过转向器将力放大,由传动杆件传递到某一梯形臂使一侧车轮偏转,同时通过横拉杆带动另一梯形臂使另一侧车轮偏转,机械即可转向。

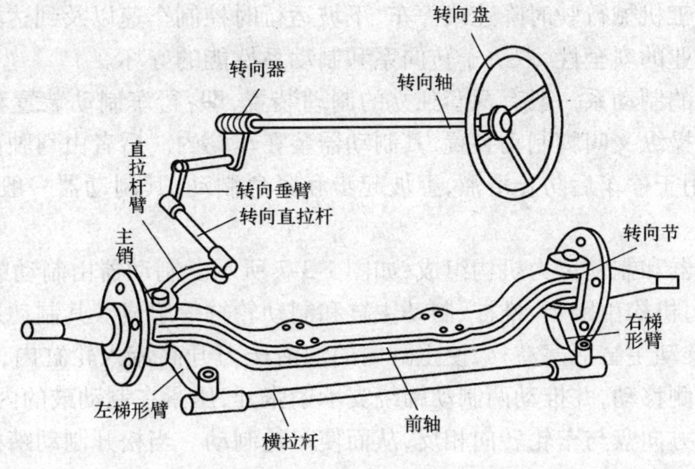

图 1-3-5　偏转前车轮机械式转向系结构示意

(2)铰接转向系

图 1-3-6 所示为铰接转向系的结构示意图。铰接转向系由转向器和动力转向系统组成。

动力转向系统为一液压系统,它主要由转向油缸、转向阀、油泵和油箱等组成。

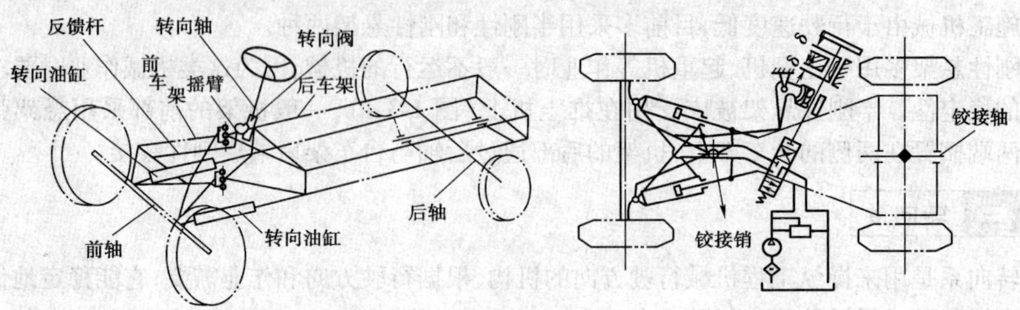

图 1-3-6　铰接转向系结构示意图

转动方向盘,由转向器将力传至转向阀,转向阀使油泵转向油缸的一腔,油箱与转向油缸的另一腔接通。在液压油的作用下,一个转向油缸伸长,另一个转向油缸缩短,使前车架绕铰接销相对转动实现转向。

2. 履带机械转向系

履带机械的转向方式与轮式机械不同,它是靠转向离合器的分离与接合来改变两侧驱动轮上的驱动力矩来实现转向的。履带机械的转向系由转向机构和操纵机构两部分组成。转向机构有离合器式、行星齿轮式和双差速器式三种,其中离合器应用广泛。操纵机构可分为机械操纵和液压操纵两种。大功率的施工机械一般采用液压操纵。

转向机构安装在后桥内主传动器与轮边减速器之间,当机械直线行驶时,左右两套转向装置均等地向左右两侧的驱动轮传递转矩。当机械向一侧转弯时,减小这一侧驱动轮的驱动力矩,可以转大弯;切断驱动力矩可以转较小的弯。切断驱动力矩后,再加以制动可以转更小的弯,甚至原地转弯。

四、制动系

制动系用于施工机械行驶时降速或停车,下坡运行时控制车速以及到达场地时稳定停车。施工机械行驶和作业的安全性,取决于转向系和制动系性能的好坏。

轮式施工机械的制动系一般有两套独立的制动装置,即:行车制动装置和驻车制动装置,前者由驾驶员用脚操纵又叫脚制动装置,其制动器装在车轮内。后者由驾驶员用手操纵,又叫手制动装置,主要用于停车后防止滑溜,上坡起步和紧急制动,其制动器一般装在变速器或分动器之后。

制动系由制动器和制动传力机构组成,如图 1-3-7 所示。制动器由制动鼓、带摩擦衬片的制动蹄等组成;传力机构由踏板、推杆、制动主缸和制动轮缸等组成。其制动过程为:踩下制动踏板时,通过推杆推动主缸活塞右移,使主缸内的油液压力升高流入轮缸内,两个轮缸活塞在油压的作用下向两侧移动,并推动两制动蹄绕支承销张开,压紧在制动鼓的内圆面上而产生摩擦制动力矩 M_A,其方向盘与车轮转向相反,从而使车轮制动。当松开制动踏板时,复位弹簧将两制动蹄及两轮缸活塞拉回原位并将制动油液压回主缸的油箱内,于是制动力消失,制动被解除。

履带机械的带式制动器,如图 1-3-8 所示的推土机脚制动器。该制动器安装在左右转向

离合器从动鼓的外圆表面上，主要由制动踏板、外拉杆、内拉杆、双臂杠杆、支架和制动带等部分组成。其制动过程为：当转向离合器分离后，踩下制动踏板，作用力通过外拉杆、内拉杆使双臂杠杆向前摆动，于是下端的支承销带着制动带的下端绕支承销向上摆动，使制动带抱紧转向离合器的从动鼓，于是推土机的驱动轮就迅速停止转动。

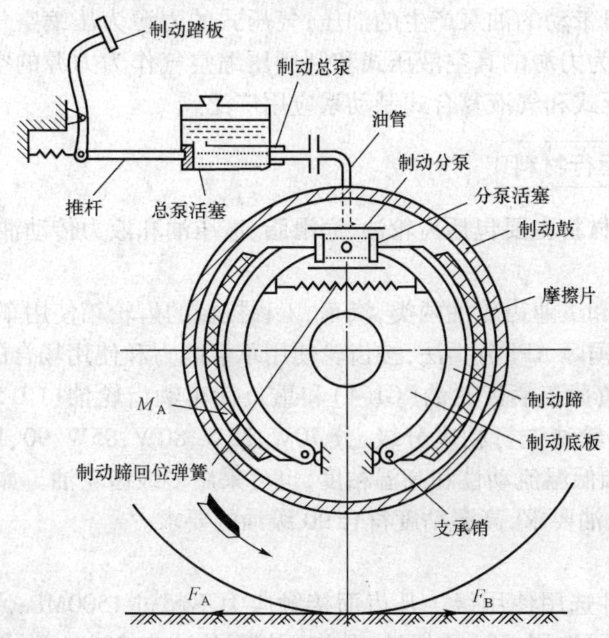

图 1-3-7　制动系工作原理示意图（简单液压式）

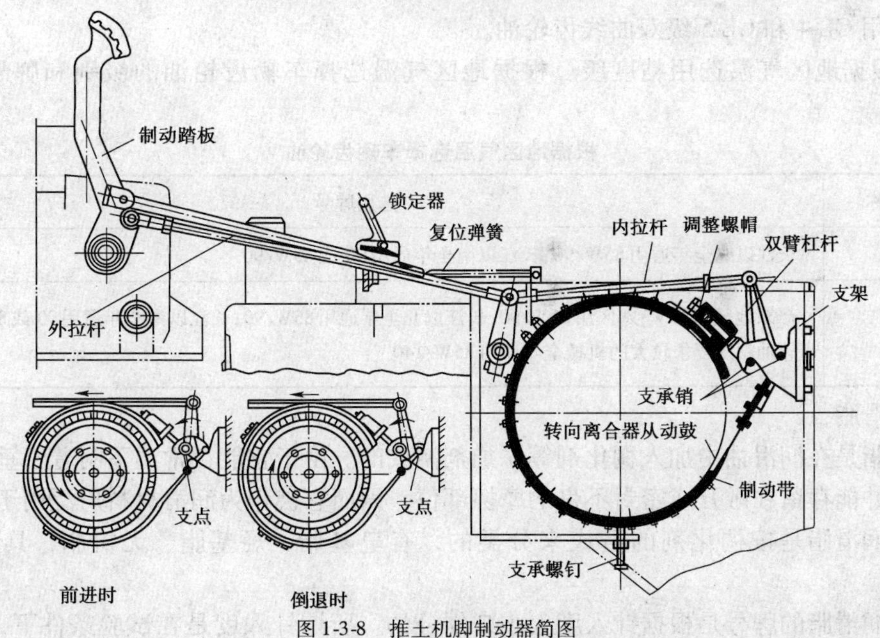

图 1-3-8　推土机脚制动器简图

双臂杠杆下端的两个支承销铰接在支架上、下槽口内，机械前进时，从动鼓逆时针方向转动，制动器以前支承销为支点；机械后退时，从动鼓顺地针方向转动，制动带则以后支承销为支点。这样,不论机械前进或后退,都能借助摩擦力的作用促使制动带拉紧,使制动操作比较省力。

制动力机构根据制动力源的不同,分为机械式、液压式、气压式和气液复合式等几种。机械式采用一套杠杆系统,一般用于驻车制动;液压式有简单液压式和全液压式两种,前者力源是人力,后者是利用发动机带动的油泵产生的油压;气压式的力源为压缩空气,气液复合式有利用发动机进气管真空度为力源的真空液压式和利用压缩空气作为力源的空气液压式两种。现代轮式施工机械上,气压式和气液复合式制动系应用广泛。

五、工程机械底盘运行材料

工程机械底盘的运行材料主要包括齿轮油、润滑脂、液压油和液力传动油、制动液等。

1. 齿轮油

齿轮油有车辆齿轮油和工业齿轮油两类,汽车、工程机械的齿轮箱使用车辆齿轮油。

我国车辆齿轮油参照国际 API 分类法,按齿轮使用承载能力和使用场合的不同,划分为普通车辆齿轮油(GL-3)、中负荷车辆齿轮油(GL-4)和重负荷车辆齿轮油(GL-5)三类。我国采用 SAEJ306 标准对车辆齿轮油进行粘度分级,分 70W、75W、80W、85W、90、140、250 七种(W 表示冬季用油)。为了兼顾低温流动性和高温粘度,也可采用多级齿轮油。如 80W/90 表示低温流动性符合 80W 粘度级油要求,高温粘度符合 90 级油的要求。

车轮齿轮油的选用:

(1)根据齿轮工作条件选用使用级。凡齿面接触应力不超过 1500MPa,齿面滑动速度在 1.5 ~8 m/s 范围内的齿轮可选用 GL-4 级油;凡齿面接触应力在 2000MPa 以上,滑动速度超过 10m/s,最高温度达到 120℃ ~130℃时,应选用 GL-5 级油;对于准双曲面锥齿轮和双曲线锥齿轮应选用 GL-4 和 GL-5 级双曲线齿轮油。

(2)根据地区气温选用粘度级。根据地区气温选择车辆齿轮油的级别和牌号,详见表 1-3-1。

根据地区气温选择车辆齿轮油 表 1-3-1

油品名称	选用牌号
GL-3	长江以北全年通用 85W/90;长江以南全年通用 90 或 85W/90
GL-4 GL-5	严寒地区用 75W;寒区用 85W/90;长江以北全年通用 85W/90;长江以南全年通用 90 或 85W/90。对齿轮油粘度要求较大的机械全年通用 85W/140

2. 润滑脂

润滑脂是在润滑油中加入稠化剂等添加剂制成的。由于它能在常温下附着于垂直表面而不流失,并能存留在敞开或密封不良的摩擦部位,因而它被作为润滑材料广泛用于机械的许多部位。润滑脂是按稠化剂的组成来分类的,有皂基脂、烃基脂、无机脂,具体名称见表 1-3-2。

我国润滑脂的牌号是根据针入度大小来划分的。所谓针入度是在试验条件下,标准圆锥体在 5s 内沉入润滑脂的深度,单位为 1/10mm。针入度越大,则稠度越小。我国润滑脂的主要性能和适用范围详见表 1-3-2。

润滑脂的主要性能及适用范围　　表 1-3-2

油品	牌号	针入度(1/10mm)	滴点(℃)不低于	主要性能	适用范围
钙基润滑脂	ZG-1	310~340	75	耐水性强，耐热性差	适用于温度<70℃，转速<3000r/min的工况，其中ZG-1、ZG-2号用于轻负荷；ZG-3号用于中负荷；ZG-4、ZG-5号用于低转速重负荷；ZG-2H、ZG-3H号适用于轻、中负荷
	ZG-2	265~295	80		
	ZG-3	220~250	85		
	ZG-4	175~205	90		
	ZG-5	130~160	95		
	ZG-2H	270~330	75		
	ZG-3H	220~290	85		
复合钙基润滑脂	ZFG-1	310~340	180	耐高温、耐低温，可在-40℃下工作，有较好的耐水性	适用于高温150~200℃及潮湿条件下工作，在南方盛夏潮湿季节里，更为适宜，用于轮壳及水泵、轴承等处
	ZFG-2	265~295	200		
	ZFG-3	220~250	220		
	ZFG-4	175~205	240		
石墨钙基润滑脂	ZG-S		80	抗磨抗压性好，耐热性差，抗水性好	适用于高负荷、低转速粗糙机械，如汽车钢板弹簧、铰车齿轮和钢丝绳、起重回转齿盘等
钠基润滑脂	ZN-2	265~295	140	耐热性好 耐水性差	适用于不高于135℃的中、重负荷摩擦部位，但不宜用于高速、低负荷部位及有水部位
	ZN-3	220~250	140		
	ZN-4	175~205	150		
合成钠基润滑脂	ZH-1H	225~275	130	耐热性好 安定性好 耐水性差	合成钠基润滑脂性能及适用范围与钠基润滑脂相同 高温钠基润滑脂适用于温度在200℃以下
	ZH-2H	175~225	150		
高温钠基润滑脂	—	170~225	200		
钙钠基润滑脂	ZGH-1	250~290	120	抗水性优于钠基 耐热性优于钙基	适用于一般潮湿环境下工作，但不适宜低温工作，如水泵轴承、轮壳轴承、传动中间轴承、离合器轴承等
	ZGH-2	200~240	135		
锂基润滑脂	ZL-1H	310~340	170	耐热、耐水、耐磨、耐用，使用温度广，性能优异	性能优于上述各种润滑脂，可用于3000r/min的高速磨头，温度范围可在-60~120℃内使用
	ZL-2H	265~295	175		
	ZL-3H	220~250	180		
	ZL-4H	175~205	185		
	ZL-5H	130~160	190		
二硫化钼润滑脂	—	—	—	耐热、耐磨、耐低温，抗水、稳定，安定性好，性能优越	适用于重负荷、高转速，可在-60~400℃温度范围内使用

3. 液压油

液压油是机械液压装置的专用工作油,它既起传递能量的功用,还起到对有关部件的润滑作用。我国采用 ISO6743/4 的规定对液压油分类,矿油型液压油有 HH、HL、HM、HG、HV、HS五种,其中工程机械常用的为 HM、HV 和 HS 三种。我国对液压油的粘度分级采用 ISO 标准,按 40℃运动粘度分为 N15、N22、N32、N46、N68、N100、N150 七个牌号。

对液压油的基本要求是应具有抗压抗磨性、抗泡沫性和析气性、合适的粘度与粘温性能、抗氧化安定性和抗乳化性。在液压系统中,由于液压泵的转速最高、工作压力最大、温度最高,其工作条件最为苛刻,所以,在选用液压油时,都是以液压泵要求为依据的。一般来说,系统工作压力和温度高者应选用粘度较高的液压油,反之,则选用粘度低的液压油。液压油的选择参照表 1-3-3。

按液压泵选用液压油参考表 表 1-3-3

泵型		粘度(50℃, mm^2/s)		适用的液压油	
		5~40℃[①]	40~80℃[①]	5~40℃[①]	40~80℃[①]
叶片泵	7MPa	19~29	25~44	32 号,46 号 HL 油	46 号,68 号 HL 油
	7MPa	31~42	35~55	46 号,68 号 HM 油	68 号,100 号 HM 油
螺杆泵[②]		19~29	25~49	32 号,46 号 HL 油或 HM 油	46 号,68 号 HL 或 HM 油
齿轮泵[②]		19~42	59~98	32 号,46 号 68 号 HL 油或 HM 油	100 号 HL 或 HM 油
径向柱塞泵		19~29	38~135	32 号,46 号 HL 油或 HM 油	68 号,100 号 HL 油或 HM 油
轴向柱塞泵[②]		26~42	42~93	32 号,46 号,68 号 HL 油或 HM 油	68 号,100 号 HL 油或 HM 油

注:①温度系指液压系统工作温度;
②高压时选用 HM 油。

对于工作持续时间较长,具有高压、低速、大转矩和大流量等特点的施工机械,夏季工作温度可达 80℃,则应选用粘度牌号较高的液压油;对于室外露天寒区或严寒地区作业的施工机械,应选用 HV 或 HS 高粘度指数低温液压油,以保证系统的低温性能,并使系统冬、夏用油一致,以免更换频繁。地下作业或水下作业的液压设备,工作压力和温度较低时选用 HL 或 HM 油,当压力达到 14MPa、工作温度为 80~100℃时,选用 HM 油。

对正在使用的液压油应定期取样化验,在正常使用条件下,每两个月取样一次;工作频繁、环境恶劣时,每月取样一次。若不具备分析条件,应按机械说明书规定周期换油。在更换液压油时,其换油步骤为:

(1)首先更换液压油箱中的液压油,将油箱中的液压油放掉,并拆卸总油管、严格清洗滤油器。可先用颗粒等级不超过 18/15 的化学清洗剂清洗液压油箱,待晾干后,取用颗粒等级不超过 18/15 的新液压油冲洗,在放尽冲洗油后再加入新液压油。

(2)起动发动机,以低速运转,使液压泵开始动作,分别控制操纵各机构,用新油将系统各回路的旧油逐一排出,排出的旧油不得流入液压油箱,直至总回油管中的新油流出后停止液压泵转动。在各回路换油时,应注意不断向液压油箱中补充新液压油,以防液压泵吸空。

(3)回油管与油箱连接,最后将各元件置于工作初始状态,往油箱中补充液压油至规定位置。

(4)不同品种、不同牌号的液压油不得混合使用。

4. 液力传动油

国外液力传动油采用美国 ASTM 和 API 提出的分类方法，有 PTF-1、PTF-2、PTF-3 三种，国产液力传动油主要有6号和8号两种。6号油相当于 PTF-2 类油，主要用于重负荷汽车、越野车以及工程机械的液力变矩器和液力耦合器等液力传动系统，8号油相当于 PTF-1 类油，主要用于轿车、轻型载重汽车的液力传动系统。

5. 制动液

制动液也称刹车油，是汽车及工程机械液压制动系统传递压力的工作介质。《机动车制动液使用技术条件》(GB 10830—1998)以 JG 作为机动车制动液使用技术条件规格的代号，按使用技术条件将制动液分为 JG3、JG4、JG5 等3级。GB 10830—1998 强调制动液应是非矿物型的，现代机动车制动液使用主要是合成型制动液。合成型制动液是以有机溶剂中的醇、醚和脂为基础，再加入添加剂调制而成，是世界上目前广泛使用的制动液。我国颁布了《HZY2、HZY3、HZY4 合成制动液》(GB 12981—91)，该标准系列的代号由汉语拼音字母和阿拉伯数字两部分组成，把合成制动液定为 HZY2、HZY3、HZY4 三种，级别分别与 JG3、JG4、JG5 对应。

制动液的选择应坚持两条原则：一是使用合成型制动液；二是质量等级以 FMVSS NO. 116 DOT 标准为准。

技能实训3　工程机械底盘

实训目的	实训设施	实训方法	实训工艺步骤	技术要求及注意事项
1)通过实训使学生掌握工程机械底盘的结构组成，了解其各部分的作用； 2)通过实训使学生掌握工程机械底盘运行材料的选用及更换方法	轮式工程机械或工程机械底盘1台，履带式工程机械或工程机械底盘1台，工程机械底盘各总成各1个，工程机械底盘运行材料若干	1)学生按机械类型分两大组或按总成分若干小组； 2)以实习教师操作、讲解为主，学生操作为辅	1)在机车上分别放净工程机械底盘各运行材料； 2)分别拆下传动系、行驶系、转向系、制动系各总成，并清洁； 3)分解各主要总成，并清洗； 4)分别装复各主要总成； 5)按要求选用并加注工程机械底盘各运行材料	要求学生在施工现场注意人身安全

单元二 电器设备与液压传动

【知识目标】

1. 公路养护与施工机械电器设备的特点与组成；
2. 蓄电池构造；
3. 发电机、起动机等电器设备的基本知识；
4. 液压传动的原理及组成；
5. 各种液压泵的工作原理；
6. 液压缸的基本知识；
7. 各类液压元件作用与原理；
8. 液压回路的基本知识。

【能力目标】

1. 能够识别工程机械的各类电器设备；
2. 能够正确选用工程机械的蓄电池；
3. 能够对工程机械蓄电池进行充电；
4. 能够正确使用起动机；
5. 能够区分各类液压泵；
6. 能够区分和选用液压控制元件；
7. 能够看懂一般的液压回路。

课题一 工程机械电器设备

一、公路施工与养护机械电器设备的特点和组成

1. 特点

公路施工与养护机械种类繁多，但其电器设备都有如下共同特点：

(1)低压直流：施工与养护机械大多采用柴油机为动力，多采用12V和24V电源。由于蓄电池充放电均为直流电，所以施工与养护机械电系为直流系统。

(2)单线并联：电源到用电设备只用一根导线连接，而用发动机、底盘等金属机件作为另一根公共回路线的连接方式称单线制。为了在使用中，当某一支路用电设备损坏时，不影响其

他支路用电设备的正常工作，机械上所有用电设备都是并联于电源的。

（3）负极搭铁：采用单线制时蓄电池的一个电极需接在车架上，俗称"搭铁"。蓄电池的负极接车架就称之为负极搭铁，反之则为正极搭铁。我国标准规定统一采用负极搭铁。

2. 组成

按其功能可分为电源和用电设备两大部分。

1）电源部分

（1）蓄电池　起动发动机时，蓄电池是机械上供给起动机电流的唯一电源。

（2）发电机及调节器　当发电机达到一定转速，其电压高于蓄电池电压时，发电机向全机用电设备供电（除起动机外），并向蓄电池充电。为了使电器都能稳定工作，三相交流发电机必须设置电压调节器，以使电压维持在某一允许的相对稳定的范围内。

2）用电设备部分

包括起动装置、照明及信号设备、仪表及显示系统、辅助电器设备等。

（1）起动装置　它由蓄电池供电，将电能转变为机械能带动发动机转动。完成起动任务后立即停止工作。

（2）照明及信号设备　各种照明灯、信号灯以及电喇叭。

（3）仪表及显示系统　包括各种机械式或电子式的燃油表、机油压力表、水温表、电流表及各种显示装置。

（4）电器设备　包括电动刮水器、辅助起动装置等。

二、电器设备主要部件的结构及工作原理

1. 蓄电池

1）概述

（1）蓄电池与机械其他电器的连接如图 2-1-1 所示。

（2）蓄电池的分类：

①根据电解液不同，可分为酸性蓄电池和碱性蓄电池。

②根据用途不同，铅酸蓄电池可分为汽车用、拖拉机用、电信用、航标用、固定用铅酸蓄电池等。

③根据加工工艺不同，汽车用铅蓄电池还分为普通型、干荷电型、湿荷电型和免维护型。

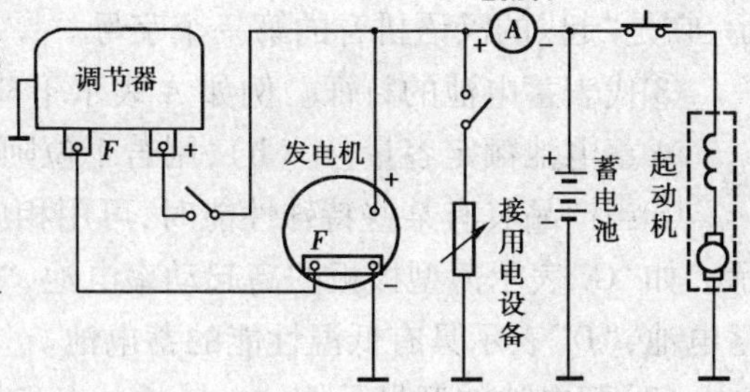

图 2-1-1　蓄电池与负载的连接

（3）蓄电池的用途：

首先起动发动机时，蓄电池在极短的时间（5～10s）内，向起动机提供强大的电流（一般高达 200～600A）；其次在发电机产生故障不能供电时，向用电设备供电；第三当发电机电压高于蓄电池电压时，储存多余电能等。

2）蓄电池的构造与型号

（1）蓄电池的构造

如图 2-1-2 所示为 6V 铅蓄电池结构图。它有三个单个电池组成。每个单格内装有电解液和正负极板组，其标称电压为 2V。三个电池串联起来，构成 6V 铅蓄电池总成。国产普通铅

蓄电池，由极板、隔板、电解液、外壳等组成。

①极板　极板是蓄电池的基本部件，分为正极板和负极板。由它来完成蓄电池的充、放电过程。为了增大蓄电池的容量，常将数片正极板焊接在同一横板上构成正极板组；数片负极板焊接在另一横板上构成负极板组。在横板上安装有接线柱，正极板线柱上涂有红色标志，并铸有“+”号；负极板接线柱不涂色，但铸有“-”号。

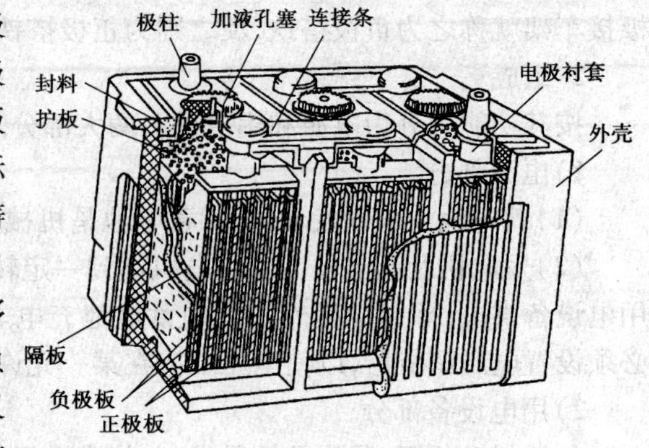

图 2-1-2　蓄电池结构

②隔板　隔板是插在正、负极板中间的多孔形绝缘板，它将正、负极隔开，以防止正、负极板互相接触而短路。同时，带微孔的隔板又能使电解液透过，以便于极板上的活性物质发生化学反应。

③电解液　蓄电池的电解液是用高纯度的硫酸和蒸馏水按规定比例配制而成的。

④外壳　外壳是用来盛装电解液、极板组和隔板的，外形为长立方体，内部分隔成互不相通的几个单格电池槽。

(2)蓄电池的型号

据机械工业部部颁标准《起动型铅蓄电池标准》(JB 2599—85)的规定，其型号由四部分组成，内容及排列格式如下：

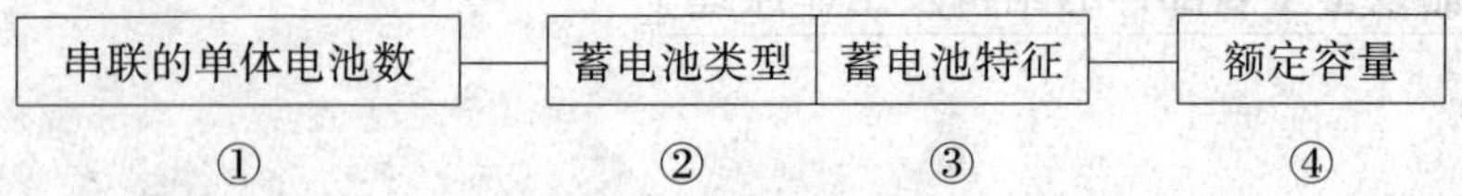

①串联的单格电池数。用一位阿拉伯数字表示。

②按主要用途划分的蓄电池类型，用一位汉语拼音字母表示。如起动型蓄电池用“Q”表示，它是“起”的汉语拼音的第一个字母。

③代表蓄电池的特征。例如 A 表示干荷电式；W 表示免维护式；F 表示防酸式等。

④蓄电池额定容量(A·h)，用若干位阿拉伯数字表示，“A·h”可省略。

⑤当产品具有某些特殊性能时，可用相应的代号加在产品型号的末端，用汉语拼音字母表示。如“G”表示薄型极板的高起动率电池，“S”表示采用工程塑料外壳、电池盖及热封工艺的蓄电池，“D”表示具有低温性能的蓄电池。

(3)蓄电池的型号示例

①6－QA－100　表示由 6 个单格串联组成，额定电压为 12V，额定容量为 100A·h 的干荷电式起动型蓄电池。

②6－QA－105G　表示由 6 个单格串联，额定电压为 12V，额定容量为 105A·h 的起动用干荷电高起动率蓄电池。

③6－QAW－100　表示由 6 个单格串联组成，额定电压为 12V，额定容量为 100A·h 的起动用干荷电免维护蓄电池。

3)蓄电池的工作原理

(1)电势的建立　蓄电池极板浸入电解液中,正极板的活性物质少量溶于电解液中,与硫酸作用产生铅离子并附在正极板上,使正极板和负极板之间产生静止电动势(即单个蓄电池电压),约为2.1V。

(2)放电过程　蓄电池将化学能转化为电能并向外界供电的过程。

(3)充电过程　外加电源通过蓄电池化学反应将电能转化为化学能储存在蓄电池的过程。

4)蓄电池的充电方法

充电是蓄电池在使用过程中的一个重要环节。对于新启用的蓄电池或新修复的蓄电池,在使用前必须进行初次充电,使用中的蓄电池也要进行补充充电。在存放期中,每3个月也要进行一次放电—充电循环处理,以保持蓄电池的容量,延长其使用寿命。

(1)蓄电池的充电种类

①初次充电　对新蓄电池或更换了极板后的蓄电池,在使用前的初次充电。初次充电对蓄电池性能和使用寿命影响较大。若初次充电未充足,则蓄电池的容量长期偏低,寿命显著缩短;若初次充电过量,隔板和极板将受到严重影响,其寿命也会大大降低。

初次充电的特点是充电电流小,充电时间长(一般为70~90h)。初次充电步骤如下:

第一步:加注电解液。新蓄电池在出厂时没有加注电解液,电解液是由使用者加注的。要按蓄电池制造厂的规定,加注一定密度的电解液(一般密度为1.25~1.285g/cm^3)。电解液加入前的温度不应超过30℃,然后静放6~8h,再将液面调整到极板以上15㎜,此时电解液温度要低于35℃方可进行充电。

第二步:初充电过程。将蓄电池接入充电机,注意极性,正对正,负对负,当单个电池端电压达到2.3~2.4V时,再次按初次充电第二阶段的电流值(一般为第一阶段的电流值的一半)继续进行充电,直至达到充电电压和电解液密度在2~3h内不再上升,并有大量气泡放出为止。整个初次充电时间约为60h左右。

初次充电的注意事项:

充电过程中应经常测量电解液温度,若温度上升到40℃,应将电流值减半;若温度上升到45℃,应立即停止充电,并进行人工冷却,待下降至35℃以下时才可继续充电。

初次充电结束时,应测量电解液密度和液面高度,若不符合规定,应用蒸馏水或密度为1.40g/cm^{3}的电解液进行调整,调整后应再充电2h。

初次充电后,为确保蓄电池技术状况良好,不能直接去使用,而应静放1~2h后,再进行一次放电实验,以检查蓄电池的输出容量。

②补充充电　在使用中,若发现蓄电池电力不足,不能使起动机有力运转,或蓄电池连续使用三个月时,应进行补充充电。过程和方法与初次充电相同。

(2)充电方法

①定电流充电法　在充电过程中,使充电电流保持恒定的充电方法称为定电流充电法,简称定流充电。采用定流充电时,被充电的蓄电池不论是6V还是12V,均可串联在一起进行充电。

②定电压充电法　在充电过程中,充电电压始终保持不变的充电方法称为定电压充电法,简称定压充电。采用此种方式,要求各支路蓄电池的额定电压必须相等,容量也要一致。

充电电压的选择一般按单格电池约需2.5V选择，即6V蓄电池充电电压为7.5V，12V蓄电池充电电压为15V。

5）其他蓄电池简介

（1）无需维护铅蓄电池　无需维护铅蓄电池也叫MF蓄电池，它是在传统的酸性蓄电池基础上发展起来的新型蓄电池，在使用过程中不需补加蒸馏水。所谓无需维护，主要就是指在使用中不需加蒸馏水，其使用性能较一般蓄电池优越。其结构与材料方面有以下特点：

①在加液孔盖的内部设置了一个氧化铝过滤器，它既可以使氢气和氧气顺利逸出，又可以阻止水蒸气和硫酸气体通过，这样就减少了电解液的消耗。

②正极板被装在袋式微孔塑料隔板中，这样避免了活性物质的脱落，因而可以取消壳体的凸棱，降低极板组的高度，使极板上部的容积增大。壳体高度增加后，就可以使极板上部的容积增大33%，增加电解液的贮存量，延长补充电解液的期限。

③在材料方面，MF蓄电池的栅架采用低锑或无锑合金，从而减少了自行放电的损失。

（2）干式荷电蓄电池　干式荷电蓄电池也是在传统的酸性蓄电池基础上发展起来的。它的极板在完全呈干燥状态下能够长期（一般为两年）保存其化学反应过程中所得到的电量。这类电池在注入电解液后，静放20~30min即可投入使用。另外，干式荷电蓄电池的实际容量只要达到额定容量的70%就能保持起动性能，这些就是它的突出优点。

2.交流发电机

交流发电机是机械的另一电源，主要任务是机械在工作时对除起动机以外的所有用电设备供电，并向蓄电池充电。目前国内外生产的交流发电机的结构基本相同，都是由三相同步交流发电机和二极管整流器两大部分构成。

1）三相同步交流发电机构造

三相同步交流发电机的作用是产生交流电。如图2-1-3所示为交流发电机的组件图。它主要由转子、定子、前后端盖、风扇及皮带轮组成。

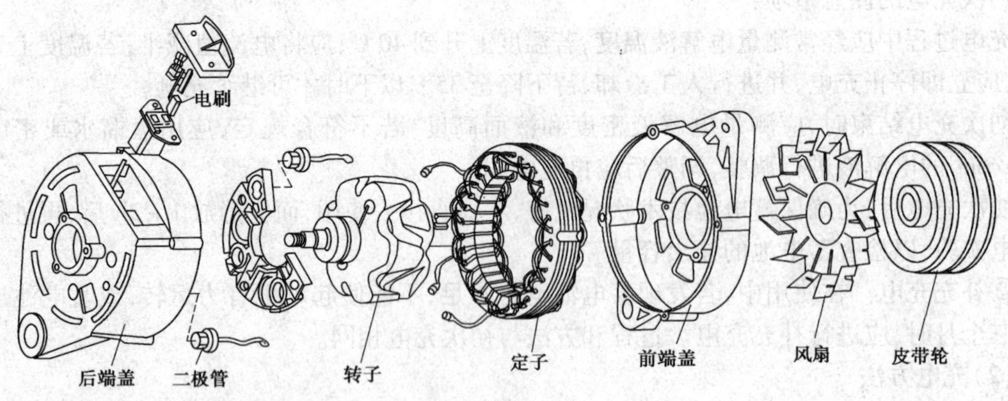

图2-1-3　交流发电机

2）交流发电机工作原理

把通电线圈所产生的磁场在定子线圈中旋转，使其磁力线切割定子线圈，线圈中感应出交流电，再通过硅二极管组成的整流器改变为直流电。

3) 调节器

(1) 调节器的作用

调节器的作用就是调节发电机输出电压，是其数值在发动机转速变化时使电压控制在一定范围内。

(2) 调节器的类型与电路中的连接

柴油机使用的调节器的型式主要有触点式调节器、带继电器的调节器、电子式调节器等。在电路中的连接如图 2-1-4 所示。

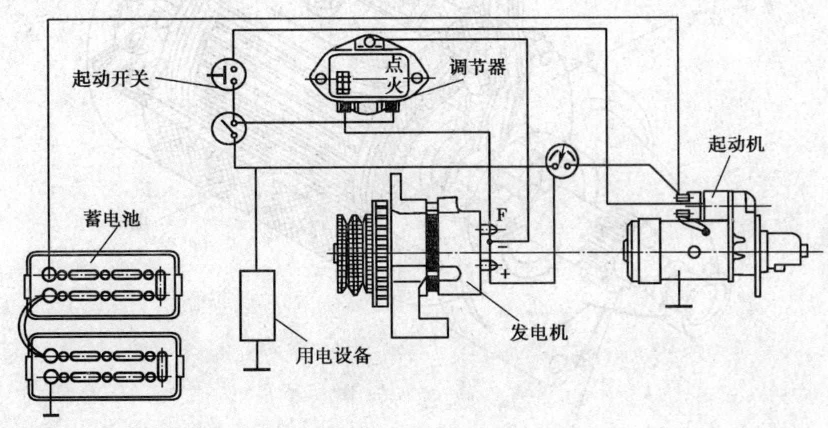

图 2-1-4　供电系统简图

4) 交流发电机的规格型号

根据《汽车电气设备产品型号编制方法》(QC/T 73—93) 的规定，交流发电机的规格型号如下所示：

1	2	3	4	5

第 1 部分为产品代号　交流发电机产品代号有 JF、JFZ、JFB 和 JFW 四种，分别表示交流发电机、整体式交流发电机、带泵交流发电机和无刷交流发电机。

第 2 部分为电压等级代号。用 1 位阿拉伯数字表示，1 表示 12V；2 表示 24V。

第 3 部分为电流等级代号。用 1 位阿拉伯数字表示，其含义见表 2-1-1。

电 流 等 级 代 号　　表 2-1-1

电流等级代号	1	2	3	4	5	6	7	8	9
电流(A)	≤19	20 ~ 29	30 ~ 39	40 ~ 49	50 ~ 59	60 ~ 69	70 ~ 79	80 ~ 89	≥90

第 4 部分为设计序号。按产品设计先后顺序，以 1 ~ 2 位数字组成。

第 5 部分为变形代号。交流发电机以调整臂位置作为变形代号。从驱动端看，调整臂在中间不加标记，在右和左边时，用 Y、Z 表示。

例如：JF152　表示交流发电机，12V，I≥50 ~ 59A，第二次设计。

JFZ1913Z　表示整体式交流发电机，12V，I≥90A，第 13 次设计，调整臂在左边。

3. 起动机

起动机的作用就是起动发动机，发动机起动之后，起动机就应立即停止工作。

1)组成

起动机结构如图 2-1-5 所示。

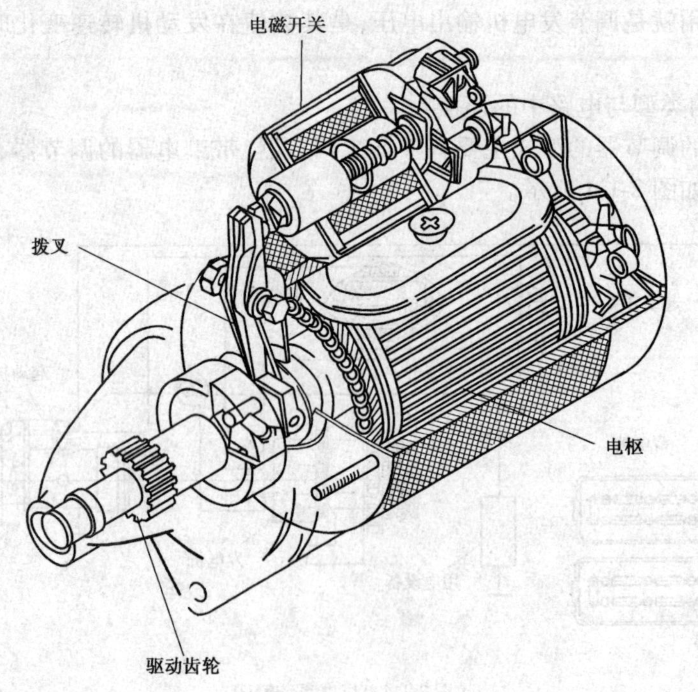

图 2-1-5　起动机

2)起动机的分类

(1)按操纵机构可分为直接操纵式起动机和电磁操纵式起动机两种,后者应用广泛。

(2)按传动机构的啮合方式可分为惯性啮合式、强制啮合式、电枢移动式、齿轮移动式和减速式起动机。

3)起动机的型号

根据中华人民共和国行业标准《汽车电气设备产品型号编制办法》(QC/T 73—93)规定,起动机的型号如下:

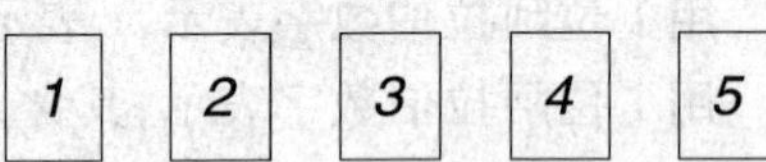

第 1 部分为产品代号:QD、QDJ、QDY 分别表示起动机、减速起动机和永久起动机。

第 2 部分为电压等级代号:1 表示 12V;2 表示 24V;3 表示 6V。

第 3 部分为功率等级代号,例如 1 表示 0 ~1kW;2 表示 1 ~2kW,依此类推。

第 4 部分为设计序号。

第 5 部分为变形代号。

例如:QD124 表示额定电压为 12V,功率为 1 ~2kW,第 4 次设计的起动机。

4)起动机的使用

起动机的正确使用方法:

(1)起动机每次起动时间不超过 5s,再次起动时应停止 2min,使蓄电池得以恢复。

(2)在冬季或低温情况下起动时,应采取保温措施,再使用起动机起动。

(3)发动机起动后,必须立即切断起动机控制电路,使起动机停止工作。

技能实训4　硅整流交流发电机的拆装与检验

实训目的	实训设施	实训方法	实训工艺步骤	技术要求及注意事项
1)通过实训使学生了解发电机的结构组成; 2)通过实训使学生了解发电机各组成件的检查方法	1)每班按每小组4~5人分若干组; 2)发电机若干台; 3)数字式万用表、百分表、扳手、螺丝刀、手钳等拆装及检验工具若干	实物拆装	1)解体与清洗　首先将发电机表面清洗干净,旋下两端盖之间的拉紧螺栓,取出外装式电刷盒;然后,拆下后端盖轴承小护盖,用挤压或轻击的方法,分离定子、转子、后端盖,取出后轴承;用同样的方法将前端盖从转子轴上取出,拿出前轴承;最后依次解体各总成,除绝缘部件外,所有部件视需要清洗; 2)转子检查 ①用万用表测量线、检查激磁绕组的短路或断路; ②激磁绕组和滑环搭铁检验; ③转子摆差检验; 3)定子检查　用万用表检查定子绕组是否短路和断路; 4)检查整流二极管　在检查硅二极管时,应首先将定子线圈的引线与二极管连线拆开,然后测量每个二极管的正反向电阻,正向电阻约为8~10欧姆,反向电阻为无穷大为好; 5)检查电刷和电刷架　电刷长度不得小于10毫米,否则更换	1)装配:按拆卸的相反顺序装复原样; 2)要求学生注意人身安全,避免零部件砸伤手脚

技能实训5　电磁控制起动机的拆装与检验

实训目的	实训设施	实训方法	实训工艺步骤	技术要求及注意事项
1)通过拆装了解起动机的结构与组成; 2)了解各组成件的检查方法; 3)会进行起动机的维护作业	1)每班按每小组4~5人分若干组; 2)起动机若干台; 3)数字式万用表、百分表、扳手、螺丝刀、手钳等拆装及检验工具若干	实物拆装	1)解体与清洗　将起动机外部清洗干净,拆去防尘箍;用铁丝钩起电刷弹簧将电刷取出,拧出组装螺栓,使前端盖起动机外壳电枢分离开;最后拆下中间轴承板、拨叉和离合器; 2)机械零件的检验　全部零件应完好无损; 3)电刷及刷架的检验　电刷的接触面积应大于60%,电刷高度不得小于7~10mm;用220V试灯检验绝缘刷架时,试灯应不亮;电刷在刷架内应上下移动灵活; 4)电枢的检验　电枢绕组线头与换向片应卡焊牢固,同时要检测绕组是否搭铁、短路; 5)磁场绕组的检验　各个绕组的连接头应接触良好,用220V试灯检测绝缘是否良好; 6)传动机构检验　拨叉应无变形、断裂松旷等现象; 7)控制装置的检验　接触盘和触头应无烧蚀,弹簧完好压力正常。接触盘和接柱应用万用表测量有无搭铁现象。电磁开关的线圈应用万用表测量是否有断路、短路、搭铁	装复:先将离合器和拨叉与后盖装号,再装中间轴承板。然后把电枢轴插入后端盖内,套上外壳和前端盖,穿入拉紧螺栓并拧紧;最后再装入电刷,套上防尘箍,待试验后再紧固; 要求学生注意人身安全,避免零部件砸伤手脚

课题二　液压传动的基本知识

液体传动是以液体(油液)作为工作介质来传递能量和进行控制的一种传动方式。根据传动过程中所用能量形式的不同,液体传动可分为两大类:利用液体的动能变换来传递能量的传动方式称液力传动(或称动液传动),如自动变速器中常用的液力变矩器等;依靠封闭容积中液体的压力能变换来传递能量和进行控制的一种传动方式称液压传动(或称静液传动),如现代汽车常用的液压制动系统、工程机械的液压操作系统等,是本课题介绍的主要内容。

一、液压传动的工作原理及组成

1. 液压传动的原理

在生产中,工人常常通过一种小巧的工具——液压千斤顶,用一只手的力量就能将若干吨重的物体顶起。如图 2-2-1 所示为液压千斤顶工作原理图。

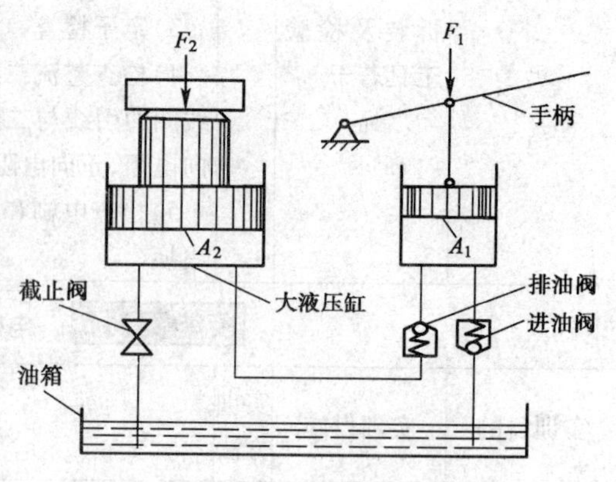

图 2-2-1　液压千斤顶工作原理图

液压千斤顶由两个大小不同的液压缸、活塞以及进排油阀等组成。当手柄向上提起时,小活塞上移,小液压缸下腔密封容积变大,形成局部真空,于是油箱内的油液在大气压力作用下,打开进油阀进入小液压缸下腔。当下压手柄时,小活塞向下移动,下腔密封容积减小,油液受到挤压,压力增大,进油阀关闭,排油阀打开,油液经管道进入大液压缸内,推动大活塞上移。这样反复提压手柄,就能源源不断地把油箱内的油液压入到大液压缸内,使大活塞下腔的密封容积不断变大,从而推动大活塞上升,重物逐渐被顶起。如果手柄停止动作,大液压缸下腔油液压力将排油单向阀关闭,大活塞连同重物一起被自锁停止在举升位置。当需要放下重物时,打开截止阀,大液压缸内的油液在重物的作用下经截止阀回到油箱,大活塞下降复位。改变截止阀的开度大小,就可以控制重物下降的快慢。在这里,小液压缸的作用是通过不断地完成吸油和压油的过程,将机械能转换为油液的压力能。它实际上是一只手动液压泵。而大液压缸的作用是将油液的压力能转换为顶升重物的机械能。进油阀和排油阀只允许油液向一个方向流动,被称为单向阀。截止阀可以控制液压缸排油的流量,它是一种简单的节流阀。油液则是用来传递能量的物质,称为工作介质。它们之间的协调动作就能将人手的力量传到物体上,并完成了举起物体的传动过程。

液压千斤顶的工作原理是:以油液为工作介质,依靠密封容积的变化来传递运动,依靠油液内部的压力来传递动力。液压传动装置实质上是一种能量转换装置,它先将机械能转换为便于输送的液压能,然后又将液压能转换为机械能,以实现传动与控制的功能。

2. 液压传动系统的组成

一般液压系统大致由以下四部分组成:

(1)动力部分:液压泵又叫油泵。其作用是向液压系统提供压力油,是系统的动力源。

(2)执行机构:液压缸或液压马达。其作用是在压力油的推动下,完成对外作功,满足使用要求。

(3)控制元件:各种控制阀类。其作用是控制和调节油液的压力、流量及流动方向,以满足执行元件对力、速度和运动方向的要求。

(4)辅助部分:各种油管、油箱、滤油器、蓄能器、压力表、密封圈等。其作用是连接、输油、储油、过滤、储存压力能、测量、密封等,以保证液压系统正常工作。

(5)工作介质:一般用的是矿物油。它是传递能量的媒介。

3. 液压传动的特点

液压传动与机械传动、电气传动和气压传动相比,有以下特点:

(1)与机械传动相比,传递同样载荷,液压传动体积小,重量轻。

(2)能对速度、转矩、行程做到无级控制和调节。

(3)传动平稳、工作可靠,机械振动及撞击小,便于实现工作机构频繁换向。

(4)液压元件的自润性好,能实现系统的过载保护与保压,使用寿命长。

(5)结构简单,布局灵活,易实现远距离操纵和控制。

(6)液压元件易实现系列化、通用化、标准化,便于设计制造和推广使用。

(7)油液的粘度受温度变化的影响较大,在高精度的传动中,难以确保运动速度的恒定,在低温和高温下使用都有一定的困难。

(8)在液压元件的相对运动表面不可避免地会有液压油的泄漏,以及元件的变形,使液压传动的传动比不如机械传动精确。

(9)为了防止泄漏,对液压元件的加工和配合精度要求高,成本较高。

(10)由于粘性,油液在管内流动时有压力损失,且随着管长和流速的增加而增加,不宜用于远距离的传动。

(11)液压系统出现故障时,不易检查和排除。

4. 液压传动的基本概念

1)液体压力

每单位面积上所受的作用力(或液体的反作用力),力学上称为压力强度,在液压传动中简称为压力。密封容器里的液体,当一处受到压力作用时,这个压力将通过液体传到容器任何部位,并且压力值相等。

2)液体的流速和流量

(1)流速　是指单位时间内油液在管道中流过的距离。用符号 v 表示,常用的单位是米/秒(m/s)。

(2)流量　是指单位时间内流过液压元件或管道某一截面的液体的体积。用符号 Q 表示,常用单位是米^3/秒(m^3/s)。

当液压缸面积一定时,液压缸(或活塞)的运动速度(油液的平均流速)只取决于进入液压缸的流量。若要改变运动速度,只要改变流入液压缸中的流量即可。

由于液体是不可压缩的,在压力作用下,液体中间也不可能有空隙,所以液体流经连通管道每一截面的流量应相等,因而进入管道一端和从管道另一端流出的液体的流量应相等,这就是液体流动连续性原理。

液体在无分支管道中流动时,通过不同截面的平均流速与其截面积大小成反比,即管径细的地方流速大,管径粗的地方流速小。

综合上述,液压传动是依靠密封容积的变化来传递运动的,而密封容积的变化所引起流量的变化要符合等量原则,所以液流连续性原理是液压传动的基本原理之一。

3)压力损失和泄漏

油液在液压系统中流动,如果中间经过较长的直管、弯管、接头及各种各样的阀孔,或者截面突然改变时,由于流动液体各质点之间,液体与管壁及阀体之间互相碰撞与摩擦的结果,对液体流动会产生阻力,这种阻力称为液阻。由于存在液阻,系统会产生能量损失,主要表现为压力损失。压力损失可分为两种:一种叫沿程损失,是油液在截面积相同的直管中流动时所造成的压力损失。另一种叫局部损失,是油液流过管道截面积突然改变或者管道弯曲等局部位置时所造成的损失。在液压传动中,由于各种液压元件的结构、形状、布局等原因油管的形式比较复杂,所以后一种压力损失是主要的,上述是属于正常和不可避免的损失。

在正常情况下,从液压元件的密封间隙漏过少量油液的现象叫泄漏。泄漏分为内泄漏和外泄漏。内泄漏是指元件内部高、低压腔间的泄漏。外泄漏是指系统内部的油液泄漏到系统外部。所有的泄漏都是油液从高压处向低压处流动造成的,泄漏必然会引起能量损失,主要表现为流量损失。

二、液压泵

液压泵是液压系统的动力元件。它是将原动机(电动机或内燃机)输入的机械能转变为油液压力能输出,为执行元件提供压力油。液压泵是依靠密闭工作容积的变化实现吸、压油液的一种将机械能转换为液体压力能的能量转换装置。

1. 齿轮泵

齿轮泵一般用于低压轻载系统,常用的为外啮合式齿轮泵,其工作原理如图 2-2-2 所示。一对宽度与泵体大致相等、齿数相同而互相啮合的渐开线齿轮装在泵体内,齿轮两端面靠端盖密封,轮齿由泵体圆弧形表面密封,在齿轮的各个齿间形成了密封的工作容积。泵的内腔被啮合的轮齿分成左右互不相通的两腔,分别与端盖上的吸油口和压油口相通。

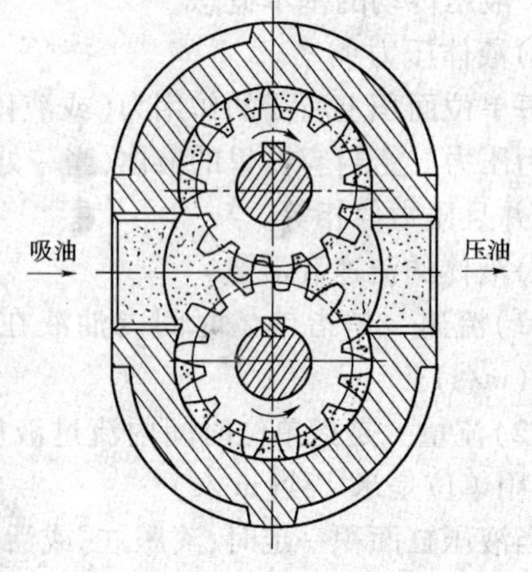

图 2-2-2　齿轮泵工作原理

当电动机(或其他动力)驱动主动齿轮旋转时,两齿轮转动方向如图 2-2-2 所示。这时吸油腔的轮齿逐渐脱离啮合,由齿间所形成的密封容积逐渐增大,形成局部真空,于是形成吸油。并随着齿轮的旋转被带到压油腔,而压油腔轮齿逐渐进入啮合,密封容积逐渐减小,油液压力升高,从出油口压出泵外,输入到液压系统中去。

2. 柱塞泵

柱塞泵是利用柱塞在有柱塞孔的缸体内作往复运动,使密封容积发生变化而实现吸油和

压油的一种液压泵。按柱塞排列方向不同,可分为径向柱塞泵和轴向柱塞泵。本课题仅介绍径向柱塞泵。

径向柱塞泵是柱塞在转子中呈径向分布的一种泵。它的结构与工作原理如图 2-2-3 所示。该泵主要由转子、定子、柱塞和配油轴等组成。转子与定子之间有一偏心距 e。在转子上径向分布着许多柱塞孔,孔中装有柱塞,转子转动时,柱塞在离心力作用下头部与定子内表面紧紧接触,但由于有偏心距 e 的存在,所以柱塞在随转子转动的同时,又在柱塞孔内作径向往复运动,于是便产生了容积变化。当转子绕轴按图示方向旋转时,上半周内各柱塞向外伸出,底部的密封容积逐渐增大,产生吸油。而下半周柱塞向里滑动,各柱塞密封容积逐渐减小,产生压油。

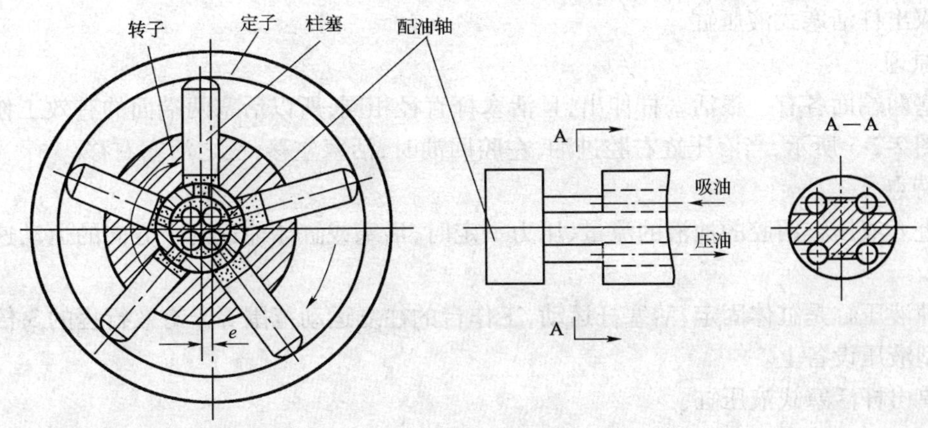

图 2-2-3　径向柱塞泵的结构原理

径向柱塞泵的配油轴是固定不动的,配油轴的内部设有进油孔道和出油孔道,分别在柱塞吸油和压油时与柱塞孔底部相通,使柱塞能从油箱内吸油又能将油液排入液压系统中去。

转子不断地旋转,柱塞就不断地进行吸排油工作循环。若移动定子改变偏心距 e 时,便可改变排量;改变偏心方向后就可以改变吸排油方向,还可成为双向变量径向柱塞泵。

3. 叶片泵

叶片泵按工作方式的不同可分为单作用叶片泵和双作用叶片泵两种。本课题仅介绍单作用式叶片泵。

单作用式叶片泵的结构主要由转子、定子、叶片及开有配油槽的端盖等组成,工作原理如图 2-2-4 所示。转子由电动机带动,转子上开有均布的径向槽,大小相同的叶片装在转子的径向狭槽中,并可在槽中滑动。转子与定子之间有一偏心距 e,转子及定子的两侧,各有配油盘配合。当转子转动时,叶片在离心力的作用(有时还在叶片根部通进压力油)下,使叶片紧靠在定子内壁上。这样在定子、转子、叶片和配油盘之间形成了若干个密封容积。当转子逆时针旋转时,叶片转至右半圆会逐渐向外伸出,形成吸油;在左半圆叶片被定子内壁逐

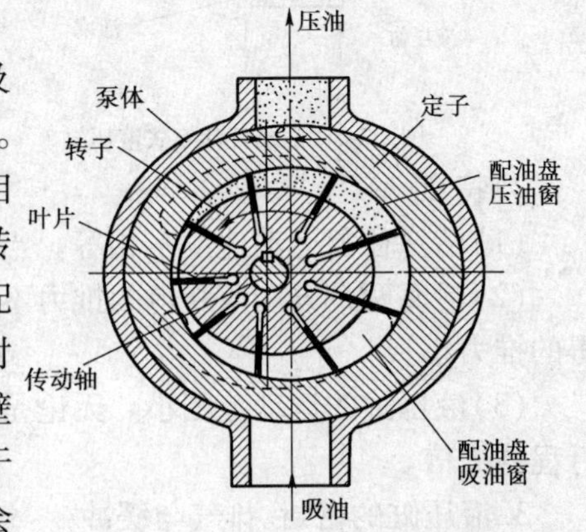

图 2-2-4　单作用式叶片泵工作原理组成

渐压进槽内，各密封容积不断减小，形成压油。转子每转一周，各密封(工作)容积完成一次吸油和压油的过程，故称为单作用式叶片泵。

三、液压缸

液压缸是液压系统中的执行元件，它是将液压能转变成机械能的转换装置。一般用于直线往复运动，部分用于周期性的摆动。液压缸有多种结构形式，最常用的有两种：活塞式液压缸和柱塞式液压缸。作为执行元件，不管它的结构和形式如何，它的任务只有一个，即向外传递力和运动。液压缸按在压力油作用下产生的运动方向数可分为双作用式和单作用式两种。本课题以活塞式液压缸为例，介绍其工作原理、性能、特点及密封与缓冲方法。

1. 双出杆活塞式液压缸

1)原理

活塞两端面各有一根活塞杆伸出，且活塞杆直径相同，所以活塞两端面的有效工作面积相等。如图 2-2-5 所示，当液压缸右腔进油，左腔回油时，活塞左移，反之活塞右移。

2)特点

当进入液压缸两腔的油液的流量、压力一定时，活塞或缸体往返两个方向的运动速度和推力相等。

这种液压缸是缸体固定，活塞杆运动，工作台的往复运动范围等于有效行程的 3 倍。一般用于小型液压设备上。

2. 单出杆活塞式液压缸

1)原理

一般缸体是固定不动的，由于单出杆活塞缸仅一端有活塞杆，所以活塞无杆腔内油液作用的有效面积比有杆腔油液作用的有效作用面积大。如图 2-2-6 所示右腔通压力油，活塞向左运动；左腔通压力油，活塞向右运动。

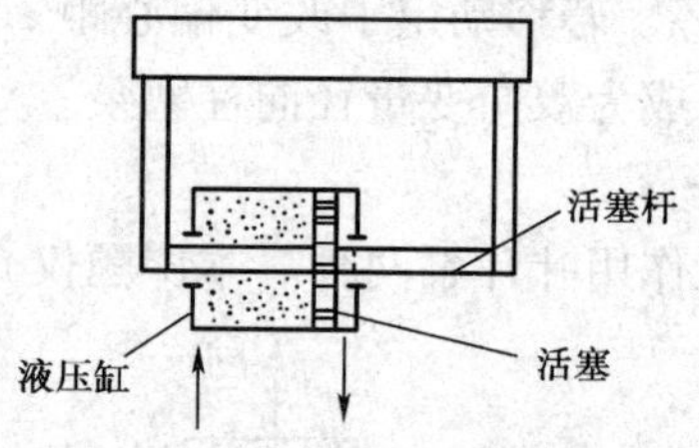

图 2-2-5　双出杆活塞式液压缸

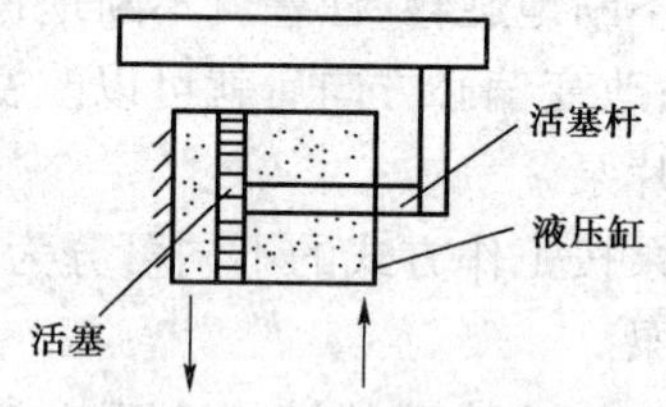

图 2-2-6　单出杆活塞式液压缸

2)特点

(1)活塞往复运动速度不相等。当两腔有效工作面积相差越大，速度差别就越大。

(2)活塞两个方向所获得的推力不相等。慢速运动时，活塞获得的推力大；快速运动时获得的推力小。

(3)液压缸的运动范围小。无论是缸体固定还是活塞固定，液压缸的运动范围都是工作行程的 2 倍。

3. 液压缸的密封、排气与缓冲

可靠的密封方法与有效的缓冲结构，是保证液压缸正常工作的重要措施。

1）液压缸的密封方法

（1）间隙密封　它不用密封圈，依靠活塞与缸壁间很小的配合间隙来密封。活塞上开有几个环形小槽，环形小槽一方面可以减小活塞与缸壁的接触面积，使泄漏液流的阻力增大，泄漏量便会减小，从而增强密封能力；另一方面，由于环形槽中的油压作用，使活塞处于中心位置，减少由于侧压力所造成的运动表面之间的摩擦。这种密封的摩擦力小，但密封性能差，加工精度要求较高，只适用于尺寸较小，压力较低，运动速度较高的场合，以及用在控制元件中滑阀的动密封。

（2）密封圈密封　密封圈密封是液压系统中应用最广泛的一种密封方法。如图 2-2-7 所示，密封圈是用耐油橡胶压制而成的，近年来也有用尼龙或其他材料制成，以提高耐磨性。其端面常做成 O 形、Y 形和 V 形，其中 O 形密封圈结构简单、制造容易、密封可靠、摩擦力较小、适用压力范围较广，它既可以作为运动件之间的动密封，又可作为固定件之间的静密封，因此应用最为普遍。

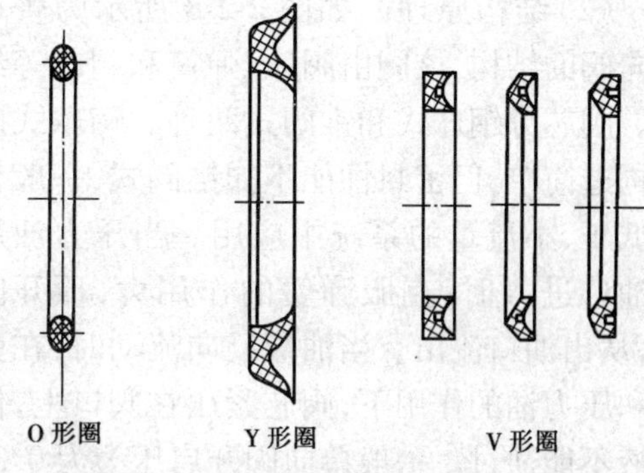

图 2-2-7　密封圈

2）液压缸的排气

液压系统中渗入空气后，会影响运动的平稳性，引起活塞低速运动时的爬行和换向精度下降等，甚至在工作时，会产生运动部件突然冲击现象。为了便于排除积留在液压缸内的空气，对运动平稳性要求较高的液压缸常在两端安装排气塞。工作前拧开排气塞，使活塞全行程空载往返数次，空气即可通过排气塞排出，然后再拧紧排气塞，即可工作。

3）液压缸的缓冲

当液压缸带动质量较大的工作部件，以较快的速度运动时，由于惯性力大，当行程终了时活塞与缸盖可能发生撞击并造成液压冲击和振动，甚至引起破坏性故障。为此，大型、高速或高精度的液压缸必须采取缓冲结构。常用的缓冲结构可由活塞凸台（圆锥或带槽的圆柱）和缸盖凹槽（内圆柱面）所构成，当活塞移近缸盖时，凸台逐渐进入凹槽，将凹槽中的油液经凸台与凹槽之间的缝隙挤出。此时凹槽中的油液由于受挤产生压力，压力作用在凸台上就像弹簧作用在凸台上一样，增大了活塞阻力，降低了活塞运动速度，避免撞击端盖。

四、液压控制元件

液压系统中，需要各种不同的控制元件——液压控制阀来控制和调节液流方向、压力及流量，以满足执行元件对运动方向、输出的力或力矩、运动速度、动作顺序，以及限制和调节液压系统的工作压力，防止过载等要求。从而保证机械的各项动作准确、协调地进行。控制元件种类繁多，按其用途和工作特点的不同，主要可分为方向控制阀、压力控制阀和流量控制阀三大类。按安装连接方式的不同，常用阀件有管式和板式两种结构。

各种控制元件之所以称为阀，是因为它们有着共性。从结构上来说：几乎都由阀体、阀芯和调整或操纵机构三部分组成；从作用原理上来说：都是通过改变油液的通路或液阻来进行工作的。对阀的基本要求是：动作灵敏、准确可靠、工作平稳、结构合理、密封性好。

1.方向控制阀

控制油液流动方向的阀称为方向控制阀,简称方向阀。在液压系统中方向控制阀用于控制油液的通、断及流动方向,以满足回路的需要,实现执行机构的启动、停止和改变运动方向。常用方向阀可分为单向阀和换向阀两种类型。其中单向阀是液压传动系统中使用最多的一种控制元件。

1)普通单向阀

(1)作用　控制油液只允许向一个方向流动,而不能反向流动。

(2)结构原理　如图 2-2-8 所示为普通单向阀的结构,该阀由阀体、弹簧和阀芯等组成。阀芯分钢球式和锥阀式两种。钢球式阀芯构造简单,但密封性能不如锥阀式,一般只在低压、小流量的系统中应用。当压力油从进油口进入时,克服弹簧的作用力,顶开阀芯,从出油口流出。当油液反向流动时,在弹簧和压力油的作用下,阀芯紧压在阀口上,使油液不能通过。一般单向阀开启压力为 $0.35\times10^5\sim0.5\times10^5$Pa。

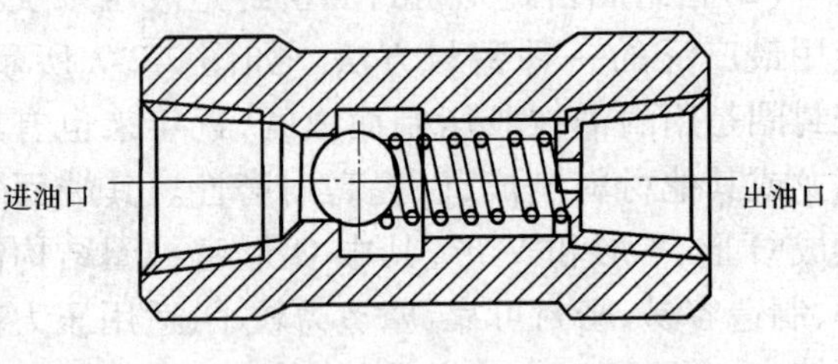

图 2-2-8　单向阀

2)换向阀

(1)作用　利用阀芯和阀体间相对位置的改变,来控制油液流动方向,接通或关闭油路,从而改变液压系统的工作状态。

(2)结构原理　如图 2-2-9 所示为二位四通换向阀的工作原理。滑阀芯有左端和右端两个位置,其圆柱面上开有两个宽槽,形成三个台肩,左端与电磁铁芯接触,右端有压缩弹簧的作用。阀体的阀芯孔上开有五个环形槽,每槽各有一个油口分别于四个油道相通。其中 P 为进油口与液压泵的压力油相通;O 为回油口与油箱相通;A、B 为通往液动机的工作油口。

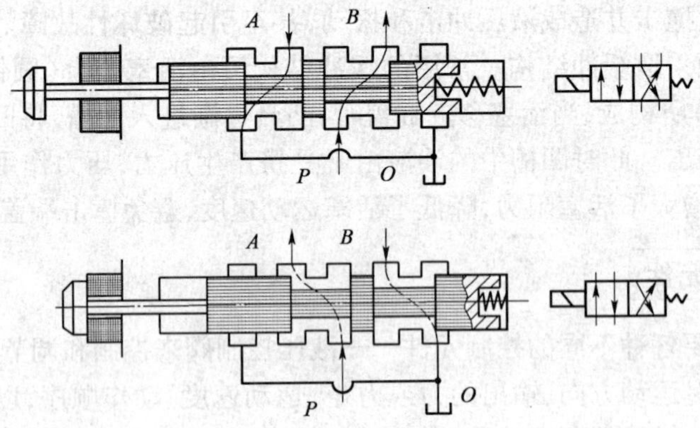

图 2-2-9　换向阀的工作原理

电磁铁在线圈不通电时处于放松状态(常态,电磁铁不起作用),滑阀芯在弹簧推动下处于左端位置。这时,进油 $P\to B$,回油 $A\to O$,使活塞向一方移动。

电磁铁在线圈通电时处于吸合状态,滑阀芯在电磁力推动下,压缩弹簧后处于右端位置。这时,进油 $P\to A$,回油 $B\to O$,使活塞向反方向移动。

由此可见，电磁铁的吸合与放松，就滑阀芯作轴向移动，改变阀芯与阀体的台肩配合位置，因而切断油路，达到换向目的。这是一切电磁换向阀共同的工作原理。

2. 压力控制阀

在液压系统中，需要根据负载的大小来调节工作压力。用来控制系统压力高低的元件称压力控制阀，简称压力阀。常用的压力阀有溢流阀、减压阀、顺序阀等。

1）溢流阀

（1）溢流阀的作用有两个方面：第一可以使液压系统保持恒定的压力，起稳压溢流作用；第二可以用来防止系统过载，起安全保护作用（又称安全阀）。一般接在液压泵出口的油路上，根据结构不同可分为直动式和先导式两类。

（2）溢流阀（直动式）的工作原理如图 2-2-10 所示。它由滑阀、弹簧、调压螺钉和阀体等组成。阀芯上端受到一个可由调压螺钉调节的弹簧力 $F_{簧}$ 作用，下端受到系统压力 p 所产生的液压推力 $F_P = pA$ 作用（A 为阀芯有效作用面积）。当外界负荷较小，$F_P < F_{簧}$ 时，阀芯被推至下端，阀口关闭，油液不能回油箱。当外界负荷增大，$F_P > F_{簧}$时，阀芯上移，阀口打开，部分油液经进油口 P、开口 δ 及出油口 O 流回油箱。阀芯上移一定距离后，若达 $F_P = F_{簧}$ 时，阀芯便在某一位置上不动。由于阀芯有效作用面积 A 是固定的，于是系统压力 p 的大小就决定于弹簧力 $F_{簧}$，改变它的大小即可以调节系统的压力。

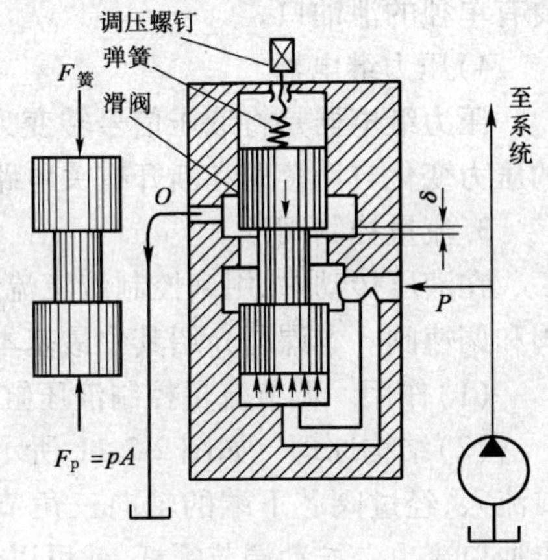

图 2-2-10　直动式溢流阀工作原理

2）减压阀

（1）作用　是用来降低系统中某一分支油路的压力，使该分支油路的元件获得比液压泵供油压力低而且稳定的工作压力，以满足执行机构的需要。例如夹紧、定位油路、制动、离合油路，以及液压系统中的控制油路等，它们所需要的油压常低于其他工作部件的油压，这时若共用一个液压泵供油，则必须采用减压阀。

（2）结构原理　结构与溢流阀基本相同，都是由阀芯、锥阀、平衡弹簧和调压弹簧等组成。但与溢流阀相比较，最主要的区别是：

①减压阀利用出油口的油压与调压弹簧力平衡，而溢流阀则是利用进油口油压与弹簧力平衡。

②减压阀的出油口有工作压力，所以调压弹簧腔泄油需从阀外单独用泄油管接回油箱（称外泄油），而溢流阀出油口直通油箱，所以溢流阀的泄油可沿内部通道经出油口流回油箱（称内泄油）。

③非工作状态时，减压阀的阀口是常通的而溢流阀则是常闭的。

3）顺序阀

（1）作用　是利用压力高低来自动实现某些元件的动作顺序。它实质上是一个由压力油液控制其开启的二通阀。当油液压力达到调定值时，进、出油口相通，压力油液经出油口输出，从而控制液压系统中某些元件动作的先后顺序，以实现液压系统的自动化工作。根据控制油路不同，可分为直控顺序阀（简称顺序阀）和液控顺序阀（远控顺序阀）。

(2)结构原理　一般使用的顺序阀多为直动式。直动式顺序阀的结构和工作原理都和直动式溢流阀相似。

顺序阀与溢流阀的区别主要在于:

①溢流阀的出油口通往油箱,顺序阀的出油口一般是通往另外一条工作油路。所以顺序阀的进出油口油液都有一定的压力。

②溢流阀打开时,进油口压力基本上保持在调定值附近,顺序阀打开后进油压力可以继续升高。

③溢流阀的内部泄漏可以通过出油口回油箱,而顺序阀则因出油口不是通往油箱的,所以要有单独的泄油口。

4)压力继电器

压力继电器是将液压信号转变为电信号的一种信号转换元件,它的作用是根据液压系统的压力变化自动接通和断开有关电路。

3. 流量控制阀

在液压传动中,用来控制液流流量的阀称流量控制阀,简称流量阀。常用的流量阀有节流阀和调速阀。本课题介绍其中最基本的节流阀。

(1)作用　调节流量控制液压缸速度。

(2)结构原理　如图 2-2-11 所示,油从入油口流入,经过阀芯下端的轴向三角节流槽,再从出油口流出。拧动调节螺杆,就可以使阀芯作移动,从而改变节流口的开口面积,使通过的流量得到调节。假如油液反向流动,节流阀同样能调节流量,因此节流阀是不分流动方向的。这种普通节流阀,结构简单,制造容易,体积小。但负载和温度的变化对流量的稳定性影响较大,因此只适用于负载和温度变化不大或速度稳定性要求较低的液压系统。

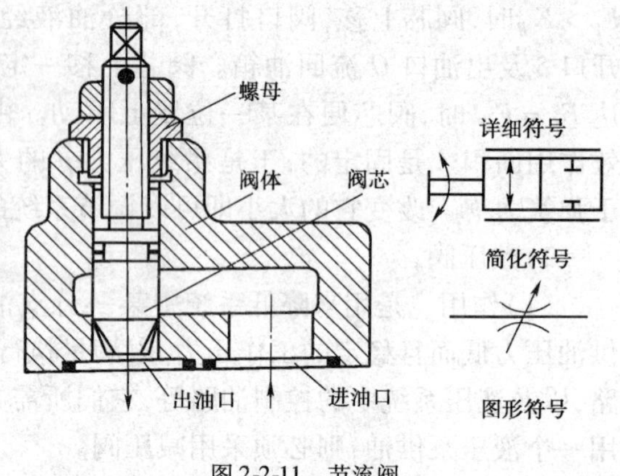

图 2-2-11　节流阀

五、液压辅件

1. 油箱

油箱是用来储油、散热和分离油中的空气和杂质。

油箱有总体式和分离式两种。总体式油箱是与机械设备做在一起,利用机体空腔部分作为油箱。此种形式结构紧凑,各种漏油易于回收。但散热性差,容易使邻近构件发生热变形,从而影响了机械设备精度,其次维修不方便,使机械设备复杂。分离式油箱是一种单独的与主机分开的装置,它布局灵活,维修保养方便,可减小油箱发热和液压振动对工作进度的影响,便于设计成通用化、系列化的产品,因而得到广泛应用,特别是组合机床、自动线和精密设备,大多采用分离式油箱。

2. 油管和管接头

(1)油管　液压系统中常用的油管有钢管、铜管、橡胶软管、尼龙管、塑料管等。固定元件

的油管常用钢管和铜管,有相对运动的元件之间采用软管连接。回油管可用尼龙管和塑料管。

(2)管接头 管接头是油管与油管、油管与液压元件之间的可拆装的连接件。它应满足拆装方便、连接牢固、密封可靠、外形尺寸小、通油能力大等要求。管节头的形式和种类很多,按外形分为直通、弯头、三通等;按接头和油管的连接方式不同,又可分为扩口式、焊接式、卡套式等。管接头处如处理不当,容易漏油。安装管螺纹时,一般在外螺纹上涂密封胶,将会有利于密封。

3. 滤油器

滤油器用于过滤油液中的杂质垃圾,避免管道、元件内腔可能发生的堵塞以及由此而造成的故障。滤油器通常安装在液压泵的吸油管路上,或重要元件的前面。

4. 压力表

液压系统中各工作点,如液压泵出口、减压阀后面,润滑系统等处的压力,一般都借助于压力表来观察,以便调整到要求的工作压力。

六、液压基本回路

一台机械的液压系统虽然比较复杂,但它总是由若干基本回路所组成。所谓液压基本回路是指由若干液压元件和油管组成,并能完成特定功能的典型回路。多个具有不同功能的回路组合起来,就可形成一个能完成一定动作的液压系统。对于任何一种液压系统,不论其复杂程度如何,实际上都是由一些液压基本回路所组成。常用的基本回路按其功能可分为:方向控制回路、压力控制回路、速度控制回路和顺序控制回路等四大类。

1. 方向控制回路

在液压系统中,工作机械的起动、停止或改变运动方向,是利用控制进入工作执行元件的液流的通、断和流动方向来实现的。因而把控制液流的通、断和流动方向的回路称为方向控制回路。

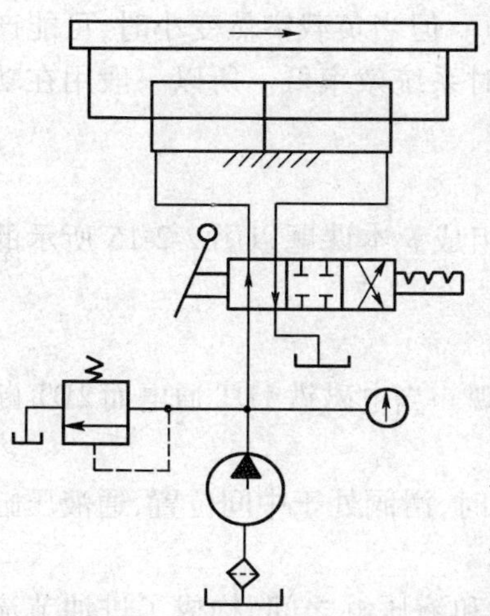

图 2-2-12 用换向阀的换向回路

换向回路:液压系统中执行元件的换向动作大部分是由换向阀来实现的,如图 2-2-12 所示的换向回路,其原理不再赘述。

2. 压力控制回路

压力控制回路是调节系统或系统某一部分的压力。它可以实现稳压、减压、增压、平衡、多级压力控制等功能,以满足执行元件对油压的要求。本课题仅介绍其中的压力调定回路。

很多液压传动机械在工作时,要求系统的压力能够调节,以便与负载相适应,这样才能节省动力损耗,减少油液发热。还要求整个系统或局部油压保持恒定,或者限定其最高压力,这就需要调压回路。

压力调定回路:如图 2-2-13 所示,在定量泵液压系统中,用溢流阀来保持系统压力,液压泵的供油压力由溢流阀来调节。系统工作时,定量泵排出的油量除满足系统用油和补偿系统的泄漏外,多余部分通过溢流阀流回油箱。所以,这种回路效率较低,一般用于流量不大的情况。

3.速度控制回路

速度控制回路是用来控制工作机构的运动速度。实现速度控制的方法很多,常用的有节流调速回路和容积调速回路。本课题介绍一种最基本的进油节流调速回路。

进油节流调速回路:如图2-2-14所示,节流阀串联在液压泵和液压缸之间,液压泵输出的压力油经节流阀进入液压缸,调节节流阀的开度,即可调节进入液压缸的流量,从而调节液压缸中活塞杆的工作速度。多余的油液经溢流阀流回油箱。在工作中,溢流阀经常处于开启状态,所以液压泵总是以溢流阀的调整压力供油,与外载荷的变化无关。

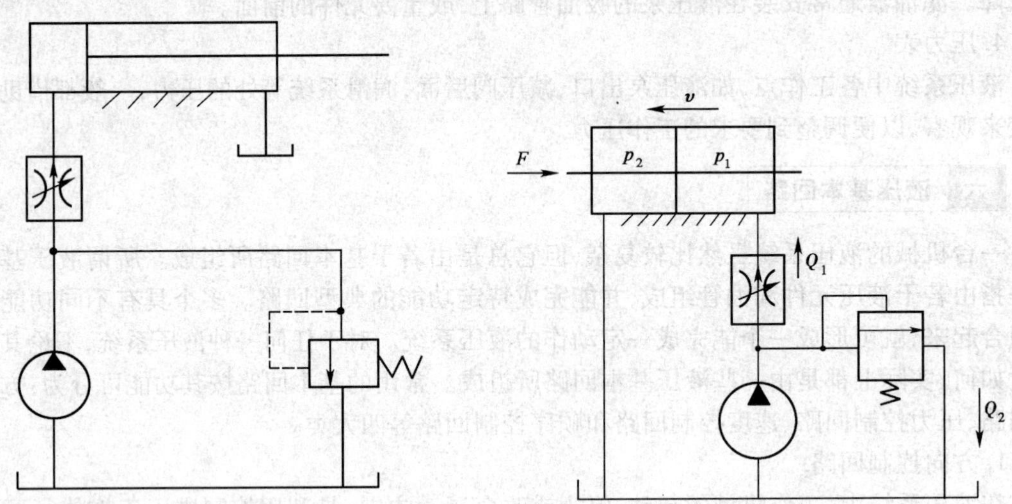

图2-2-13　压力调定回路　　　图2-2-14　进油节流调速回路

这种回路的优点是回油路压力接近于零,可以获得较大的推力。同时还能得到较低的运动速度(当节流阀的最小稳定流量为一定且为单杆液压缸时)。但当负载突然变小时,可能产生突然快进,使运动不够平稳,速度的稳定性较差,低速低载时系统效率低。所以一般用在功率较小,负载变化不大的液压系统。

4.液压系统的基本回路分析

任何一种液压系统回路,都是由前面所介绍的基本回路组成。本课题以图2-2-15所示的液压系统为例进行分析。

1)系统的基本回路

(1)用换向阀控制的换向回路　由三位四通换向阀来实现。当电磁铁1DT通电而2DT断电时,活塞向右移动,反之,则向左移动。

(2)采用换向阀控制的锁紧回路　当1DT和2DT都断电时,滑阀处于中间位置,通液压缸两腔的油口封闭,液压缸被锁紧在行程的任意位置上。

(3)采用节流阀控制的调速回路　节流阀串联在液压泵和液压缸之间,构成了进油节流调速回路。

(4)采用节流阀和换向阀控制的速度回路　节流阀与二位二通电磁阀组成了速度控制回路,在图示位置时为慢进。当3DT通电时,节流阀被短接,液压泵输出的油液直接从二位二通

电磁阀流入液压缸，活塞的运动速度由慢变快。

(5)采用溢流阀控制的调压回路　用溢流阀调节整个系统的压力并使它保持不变，当系统过载时能溢流。

2)系统的动作顺序

(1)快进(活塞向右快速进给)

进油油路：单向定量泵→二位二通电磁阀(右位)→三位四通换向阀(左位)→液压缸(左腔)。

回油油路：液压缸(右腔)→三位四通换向阀(左位)→油箱。

(2)工进(活塞向右工作进给)

进油油路：单向定量泵→节流阀→三位四通换向阀(左位)→液压缸(左腔)。

回油油路：液压缸(右腔)→三位四通换向阀(左位)→油箱。

(3)快退(活塞向左快速退回)

进油油路：单向定量泵→二位二通电磁阀(右位)→三位四通换向阀(右位)→液压缸(右腔)。

回油油路：液压缸(左腔)→三位四通换向阀(右位)→油箱。

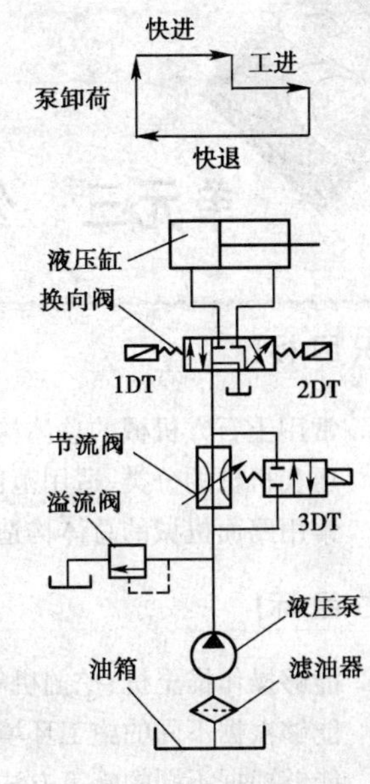

图 2-2-15　液压系统图

(4)卸荷

活塞锁紧在任意行程位置，泵卸荷。油路为：单向定量泵→二位二通电磁阀(右位)→三位四通换向阀(中位)→油箱。

换向电磁铁工作状态见表 2-2-1。

换向电磁铁工作状态图　　表 2-2-1

电磁铁 动作	1DT	2DT	3DT
快进	+	−	+
工进	+	−	−
快退	−	+	+
卸荷	−	−	+

单元三　公路工程施工机械

【知识目标】

1. 常用土石方机械的总体构造、工作原理、用途与分类；
2. 压实机械的分类、适用范围、基本构造、一般工作原理；
3. 常用路面机械的总体构造、基本原理、适用范围。

【能力目标】

1. 能够操作推土机、挖掘机等常用土石方机械；
2. 能够根据不同的施工环境选用相应的土石方机械；
3. 能够根据不同的施工方法选用压实机械；
4. 能够区分和选用路面施工机械。

公路修筑等级的高低、质量的好坏，公路施工机械是重要的因素之一。当前，根据公路施工机械的类型、用途及性能区分，常用的公路施工机械有土石方施工机械、压实机械和路面机械三类。

课题一　土石方施工机械

土石方机械包括推土机、装载机、挖掘机、铲运机、平地机、凿岩机以及石料破碎、筛分机械等几个机种，它们是工程机械中用途最广泛的一大类机械，也是公路建设特别是高等级公路建设中土石方工程中的主要施工机械。

在公路路基工程中，土石方机械担负着土石方的铲装、填挖、运输、整平等作业，它具有施工速度快、作业质量高、生产效率高等优点，是现代公路建设中不可缺少的机种。

土石方机械的作业对象是各种土、砂、石等物料。在进行施工作业时，机械承受负荷重，外载变化波动大，工作场地条件差，环境比较恶劣。因此，要求土石方机械具有良好的低速作业性，足够的牵引力，整机的高可靠性和较高的作业生产能力。

一、推土机

1. 推土机的用途

推土机是用来对土壤、矿石等散状物料进行刮削或推运的自行式铲土运输机械。在土石

方施工中，推土机主要用于铲土、平整、回填、堆积和压实等工作。有时根据作业要求，推土机还可配置多种作业装置，如配置松土器，可以破碎三、四级土壤；配置除根器，可以拔除直径在450mm以下的树根，并能清除直径在400～2500mm的石块；配置除荆器，可以切断直径在300mm以下的树木。在工程中，推土机主要用来铲土和运土，一般在100m距离以内铲和运一、二级土和松散物料，50m为推土机的最佳运距。

2. 推土机的分类、特点及适用范围（表3-1-1）

推土机的分类、特点及适用范围　　表3-1-1

分类形式	分类	特点及适用范围
按发动机功率分	小型	发动机功率小于44kW
	中型	发动机功率59～103kW
	大型	发动机功率大于118～235kW
	特大型	发动机功率大于235kW
按行走机构分	履带式	此类推土机与地面接触的行走部件为履带。由于它具有附着牵引力大、接地比压低、爬坡能力强以及能胜任较为险恶的工作环境等优点，是推土机的代表机种
	轮胎式	此类推土机与地面接触的行走部件为轮胎，具有行驶速度高、作业循环时间短、运输转移不损坏路面、机动性好等优点
按用途分	普通型	此类推土机具有通用性，广泛地应用于各类土石方工程中，主机为通用的工业拖拉机
	专用型	此类推土机适用于特定工况，具有专一性能，属此类推土机的有：湿地推土机、水陆两用推土机、水下推土机、爆破推土机、船舱推土机、军用快速推土机等
按铲刀形式分	直铲式	也称固定式。此类推土机的铲刀与底盘的纵向轴线构成直角；铲刀的切削角是可调的。对于重型推土机，铲刀还具有绕底盘的纵向轴线旋转一定角度的能力。一般来说，特大型与小型推土机采用直铲式的居多，因为它的经济性与坚固性较好
	角铲式	也称回转式。此类推土机铲刀，除了能调节切削角度外，还可在水平方向上，回转一定角度（一般为±25℃）。角铲式推土机作业时，可实现侧向卸土，应用范围较广，多用于中型推土机上

续上表

分类形式	分类	特点及适用范围
按传动方式分	机械传动式	此类推土机的传动系,全部由机械零部件所组成,具有制造简单、工作可靠、传动效率高等优点,但操作笨重,发动机容易熄火,作业效率较低
	液力机械传动式	此类推土机的传动系,由液力变矩器、动力换档变速箱等液力与机械相配合的零部件组成,具有操纵灵便、发动机不易熄火、可不停车换档、作业效率高等优点,但制造成本较高,工地修理较难
	全液压传动式	此类推土机,除工作装置采用液压操纵外,其行走装置的驱动也采用了液压马达。它具有结构紧凑、操作轻便、可原地转向、机动灵活等优点,但制造成本高,维修较难
	电气传动式	此类推土机的工作装置、行走机构均采用电动机作动力。它具有结构简单、工作可靠、作业效率高、污染少等优点,但受电源、电缆的限制,使用受到局限。一般用于露天矿、矿井作业为多
按铲刀操纵方式分	钢绳式	铲刀升降由钢绳操纵。它简单可靠、维修方便。但不能强制切土,影响性能,所以发展受到一定限制
	液压式	铲刀在液压油缸作用下升降,它可实现强制切土,作业性能较好

3. 推土机的整体构造

推土机由发动机、传动系、行走装置、工作装置和操纵机构组成,也可划分为基础车(发动机、底盘)、工作装置、操纵机构。

4. 推土机的工作装置

1)直铲式推土机的工作装置

如图 3-1-1 所示,推土铲刀是用切削和推运土壤,斜撑用来改变铲土角,顶推架是推刀的

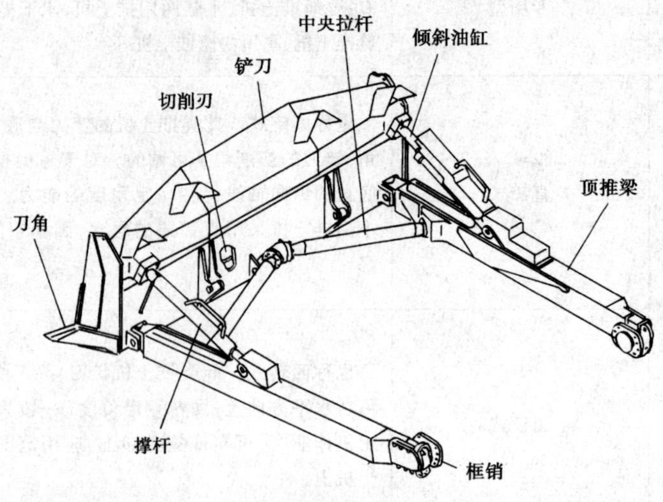

图 3-1-1　直铲推土机工作装置

支承,用来安装推刀和传递主机的牵引力。

2)回转式推土机工作装置

如图3-1-2所示,顶推架制成整体弓形,前部尖端处与推土铲刀的后背中部铰接,通过改变撑杆长度,推土铲刀除了可以在水平向左或向右作20°~30°回转安装外,还可以在垂直平面相对水平面转动0°~9°角安装,推土铲刀的切削角还能在44°~72°之间进行调整。

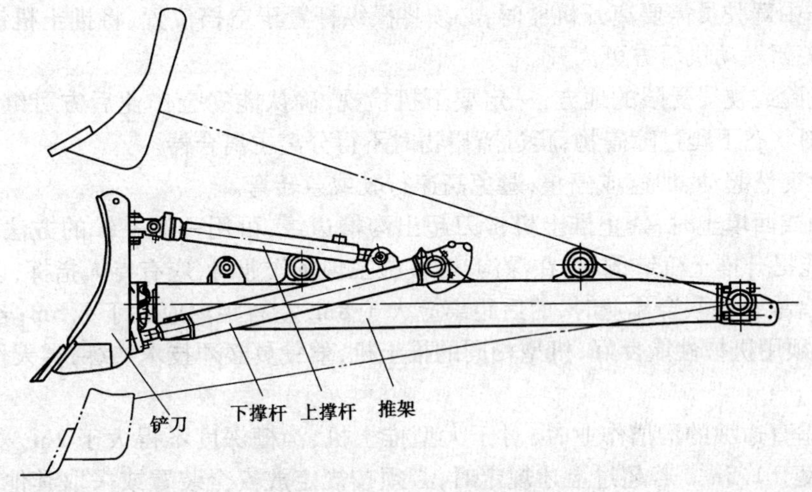

图3-1-2　回转式推土机工作装置

推土机的工作装置除上述的推土装置外,还有松土器、耙齿、刮平铲等,用以扩大推土机的工作范围。

5. 推土机的驾驶

1)推土机的操作规程

作业前的准备:

(1)了解作业区的地势和土壤种类,测定危险点及选定最佳的施工方案。

(2)如果作业区有巨块石头或大坑时,应预先清除或填平。

(3)起动前,应将所有的控制杆置于“中间”或“固定”位置。

(4)履带推土机的履带松紧要适度,且左右均匀。轮胎推土机轮胎气压必须符合要求,且各轮胎气压应保持一致。

(5)检查燃油、润滑油和水及其系统,其量必须符合要求,其系统不得有泄漏。

(6)进行保修或加油时,发动机必须关闭,推土机铲及松土器必须放下,制动锁要在“锁住”状态。

(7)检查电气系统、操作系统及工作装置,各部分必须处于良好的工作状态,必要时进行调整;并检查各仪表工作是否正常。

(8)发动机传动部分有胶带连接的推土机,不得用其他机械推拉起动,以免打坏锁轴。

作业与行驶要求:

(1)除驾驶室外,机上其他地方禁止乘人;行驶中任何人不得上下推土机。

(2)行驶时,铲刀离地面40~50cm。

(3)严禁在运转中、在斜坡上进行紧固、保养润滑和修理推土机。

(4)上下斜坡时,先选择最合适的斜坡运行速度,应直接向上或向下行驶,不得横向或对角线行驶,下坡时禁止空档滑行或高速行驶;下坡时应放下推土铲与地面接触倒退下坡;避免在斜坡上转弯掉头,轮胎式推土机不能在坡度较大的场地作业。

(5)在坡地上工作时,若发动机熄火,应立即用三角木将推土机履带锲后,将离合器置于脱开位置,变速杆置于空档位置,方能起动发动机,以防推土机溜坡。

(6)工作中驾驶员需要离开机器时,必须将操纵杆置于空档位置,将推土机铲刀放下并将机器制动和关闭发动机后方可离开。

(7)在危险或视线受限的地方,一定要下机检视,确认能安全作业后方可继续工作,严禁推土机在倾斜状态下爬过障碍物;爬过障碍物时不得分离主离合器。

(8)避免突然起动、加速或停止;避免高速行驶或急转弯。

(9)填沟或回填土时,禁止推土机铲刀超出沟槽边缘,可用一铲一铲的方法填土,并换好倒车档后才能提升推土机铲倒车;在深沟、陡坡施工现场作业时,应有专人指挥,以确保安全。

(10)多台推土机联合作业时,前后距离应大于8m,左右距离应大于1.5m;若工程需要并铲作业时,必须用机械性能良好,机型相同的推土机,驾驶员必须技术熟练,雾天作业时必须打开车灯。

(11)在垂直边坡的沟槽作业时,对于大型推土机,沟槽深度不得大于2m,小型推土机沟槽深度不得大于1.5m。若超过上述规定时,必须按规定放安全装置或采取其他安全措施后,方可进行施工。

(12)轮胎式推土机用于除冰、除雪作业时,轮胎要加防滑链;用于清除石料作业时要加戴轮胎保护链。

(13)清除高过机体的建筑物、树木或电线杆时,应根据电线杆的结构、埋入深度和土质情况,使其周围保持一定的土堆;电压超过380V的高压线,其保留土堆大小应征得电业部门或电业专业人员的同意。

(14)在爆破现场作业时,爆破前必须把推土机开到安全地带。进入现场,操作人员必须了解现场有无瞎炮等情况,确认安全后方可将推土机开入现场继续施工。

(15)若必须要在推土铲下作业,则首先要将推土铲升到所需位置,先锁好分配器,锁住安全销,并用垫木将推土机垫牢固后,方可进行作业。

(16)履带推土机长距离转移时,必须用平板车装运;装运时变速杆应处于空档位置,制动杆、安全锁杆必须置于锁住位置,并用垫木将履带锲紧,用强度足够的铁丝将机体固定。

(17)履带推土机不准在沥青路面上行驶。必须通过时应铺设道木,垂直通过,禁止转向。

(18)倒车时,应特别注意块石或其他障碍物,防止碰坏油底壳。

作业后的要求:

(1)推土机应停放在平坦、坚实安全、不妨碍交通的地方,冬季应选择背风朝阳的地方,将发动机朝阳,铲刀放下着地。

(2)熄火前应将发动机怠速5min,将变速杆置于空档位置,将制动杆、安全锁杆置于锁住位置。

(3)按规定对推土机进行保养。

2)驾驶

操纵机构位置图如图 3-1-3 所示。

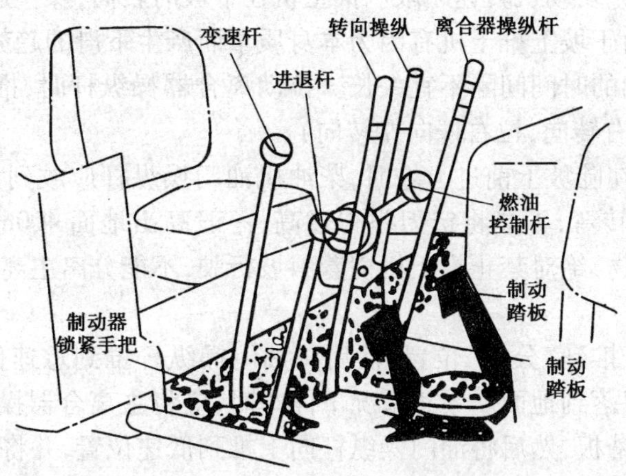

图 3-1-3　PD120 直铲推土机操纵机构位置图

(1)起步

起动发动机,并进入正常运转;起步前检查踏板是否松开;按推土机需要后退或前进,将换向杆推向前或拉向后;将变速成杆移至所需要速度的位置;将燃油控制杆向上拉至适应于推土机工作的转速;缓缓地拉动主离合器操纵杆,当推土机开始行走时将主离合器操纵杆向后拉至最后位置,使主离合器完全接合。

(2)变速

将主离合器操纵杆推向前方;移动变速杆经过中间位置至所需要速度的位置;缓缓地拉动主离合器操纵杆,待推土机开始起步后,再将操纵杆迅速向后拉至接合位置,使其完全接合,以防止摩擦片早期磨损。

(3)换方向

将主离合器操纵杆向前推进并稍加用力以便完全松开离合器,使主离合器主轴完全停止运转;移动换向杆至需要的位置(换向杆向后拉推土机前进,向前则后退);缓缓地拉动主离合器操纵杆,待推土机开始起步后迅速将离合器操纵杆向后拉过死点,使离合器完全接合。

(4)转向

拉动转向离合器操纵杆,当向左转向时拉左杆,向右转向时拉右杆;当推土机需急转弯时,除了分离转向离合器外,还应踏下相应的制动踏板,并且要用低速小油门;不使用制动器时,不应将脚放在制动踏板上;转弯完毕后,应先放松制动踏板,再放松转向离合器操纵杆;高速行驶时或在石子路面上、粘土路面上不能急转向。

(5)行驶

陡坡上行驶:推土机坡行角度纵向不能大于 30°,横向不能大于 25°。一般情况下,应避免大角度坡行和横向大角度坡行。必须在陡坡上行驶时,应避免变速,以防意外。避免在陡坡斜向行驶,尤其是冰雪斜坡,以防侧滑翻车。

前进下坡:推土机在陡坡中下坡时,应将推土机铲刀接触地面并倒车下行,用低速档小油门，降低发动机转速，切勿分离主离合器空档下行，否则会加速行驶而超过正常行驶速度；应缓慢地踩下制动踏板，防止发动机转速超限。推土机在下坡时转向，操作过程与一般情况下的转向操纵过程相同。但由于坡上推土机有因为本身质量而产生下滑的趋势，所以，拉转向操纵手柄与踩下制动踏板之间的时间间隔不宜太长。拉动离合器操纵杆时，推土机转向与前进时的转向相反（即拉左杆向右转向，拉右杆向左转向）。

前进上坡：推土机在陡坡上前进上坡时，柴油机油门操纵杆应放到大开度的位置上，应用Ⅰ档缓慢行驶。不宜急转弯，不能将铲刀举得过高，一般高出地面400mm对机械稳定最为适宜；不能倾斜爬越障碍物，绝对禁止推土机横着斜坡行驶，不能分离主离器。

(6)停机、熄火

将主离合器操纵杆推到“分离”位置，然后将油门操纵杆推到怠速低转位置，再将变速杆放在空档位置并将铲刀落到地面。紧急情况下停车时，应将主离合器操纵杆向前推到“分离”位置，同时踏死两制动踏板，然后将油门操纵杆向下推到低速位置，并将变速杆放在空档位置。在坡上放时，为了防止由于机身自重下滑，必须将制动踏板踩死，将掣子扳到锁紧位置，主离合器手柄仍保持接合。上坡状态可将变速杆放在前进一档，下坡状态变速杆放在后退一档位置。在气温低于0℃停车时，应打开水箱盖及所有放水阀门放完积水，以免冻坏发动机，但加防冻液的除外。

6. 推土机操作与基本施工作业技术

1)推土机操作

推土机的基本作业是铲土、运土、卸土和回驶四个作业过程组成一个作业循环。

(1)铲土作业

放下铲刀通常在推土机到达取土地点前瞬间进行，以便铲刀易于切入土中和节省下铲的时间。当推土机铲刀已切入土中，并向前行驶时，铲刀前的土壤即被掘取。操纵铲刀作上下运动，则由于两种联合运动的结果使铲刀行进挖取土壤（过松土壤和散砂除外）。

当挖土过程中遇到硬土或树根，发动机有超载趋势时（发动机转速急剧下降，排气带黑色、喘息急），应稍微提升铲刀。当铲刀被提升后瞬间要立刻将铲刀稍微降下一些。这样反复升降数次，稳定铲刀的挖土深度，才能保持挖土地区的平整轮廓。

铲刀切入土中深度过大，致使行进中无法提升时，则应操纵离合器杆或踩下离合器踏板，使离合器分离，保证发动机不因过载而熄火。随后将变速杆放入空档，操纵离合器杆或放开离合器踏板，使主离合器接合，再提升铲刀。

(2)运土作业

推土机的运土作业是在铲土作业之后，将土运到卸土地点的作业。推土机在运土过程中，应该经常使铲刀达到满载负荷，但是松散土壤易从铲刀两侧溢漏，因此运土时往往要进行一些铲土工作，或者在操作技术和方法上采取措施，防止土壤漏失，提高推土机的生产效率。

(3)卸土作业

当推土机运土到达卸土地段时，只要把铲刀提升即可把土壤卸于填土处。如果铲刀提升得少些和行驶较长卸土地段，能把土壤撒铺得很均匀，而且推土机的履带在薄层的土壤上驶过时能把它压得很结实，这样填方可达到分层压实的效果。

(4)回驶作业

将铲刀提升到合适的高度，并回驶到取土处。

2)基本施工方法

(1)平整场地

一般平整场地常分为两步进行，即先平整高差较大的地方，待整个区域基本平整而高差不大时(正负 20cm 左右)，再配合测量按标高先平整一小块，然后从已整平好的小块开始，逐刀顺序推平，同时每次重叠 30~40cm，直至整个区域平整。

(2)傍山推土

在山区施工，往往需在山地坡脚处平整出厂房所需要的建筑物场地，或修筑傍山公路。在这种地段推土，常会遇到坡脚土质坚硬，而坡外土质松软，推土机在作业时常向外滑。傍山推土最好使用有斜铲装置的推土机。

(3)挖掘矩形堑壕

挖掘矩形堑壕时，其上层土方可利用推土机来完成(它可以代替铲运机挖掘 1~1.5m 深度)，下层的土壤则可换用挖掘机或铲运机来进行较为经济。

挖掘时将推土机横置并沿着椭圆形或螺旋形的开行路线进行，沿堑壕中心划分两半，推土机每次推土都以中心线为起点，把半边土壤推至弃土场后即转向空驶，到达中线后又将另一半的土壤推至弃土场，随后又转向不循环推土。

至于堑壕边的坡可以用推土机来修整，在卸土区卸土时应铺撒均匀，这样可利用机械本身重量分层压实。

(4)填筑路堤

当路堤从两侧或一侧取土，填筑高度不超过 1.5m 而运距又较近时，可用推土机从取土坑横向直接将土推至路堤上。

当路堤填土高度超过 1.5m 时，最好用铲运机施工，若没有铲运机或工作面狭小，用铲运机不便时也可用推土机施工。此时可配备两台或两台以上推土机为一组，一台从取土坑将土推至路堤坡脚处堆放，另一台推土机顺路堤边坡斜向推出一条坡道将土推送至路堤上，特别注意防止油底壳及变速箱壳被石渣砸碎。

(5)推孤石和群石

遇到孤石可先将周围的土推掉，使孤石暴露在土外。推时先用推刀试一试，若推不动就继续推周围的土，当石块能摇动后将推刀插到底部，并往上提升铲刀，即可将孤石推掉。

遇到群石应从边上顺序一个一个推掉，当第一个石头推除后，可顺着石头推第二个，直到推完为止。

(6)泥泞地的推土

在含水量较大的地方或雨后在泥泞地上推土，容易发生陷车现象。故推土时要掌握每刀推土量不要过大，同时每刀土都要推送至指定卸土地点，在行驶中尽量避免停歇、换档、打方向、刹车等。有时还要用较快的档(II 档)进行推土，依靠机械的惯性力将土推出。

(7)推除硬土(路面或冻土)

推土机在推除较硬的土壤时，如有松土器，可先用它将硬土破碎，如没有松土器也可用推

土机进行施工。推土时，推刀不要平放。因土层硬，推刀不易切入土内，此时最好将推土机改成侧推刀，使一个刀角向下，先将土层破开，然后沿破口处逐步将土层排除。

如使用正铲推土机推硬土时，可先推取一部分虚土，后再将推土机的一边驶上虚土堆，形成推土机一边高一边低，利用地形的不平使铲刀刀角向下，铲刀即可切入土内，将硬土破开一个缺口，然后沿缺口向前推进，使整快硬土层被破坏。

(8)推除石渣

当使用推土机推运石或卵石时，最好使刀片紧贴地面，履带也最好在原地面上行驶。如石渣较多，推土机应从石渣堆旁边开始，逐步往石渣堆的中心将石渣推除。

如在洞内推石渣，可先在边上清出一条路，然后由边向中将石渣推出洞外。推石渣时要特别地避免陷车。

3)推土方法

在推土机施工中，必须根据土壤的性质，土质厚度以及运距长短采取合理的施工方法，能大大提高推土工效。下面介绍几种推土机的推土方法。

(1)波浪式铲土法

图3-1-4为推土机波浪式铲土法示意图。其优点是可使发动机功率得到充分发挥并缩短铲土时间和距离，缺点是空回时产生颠簸。

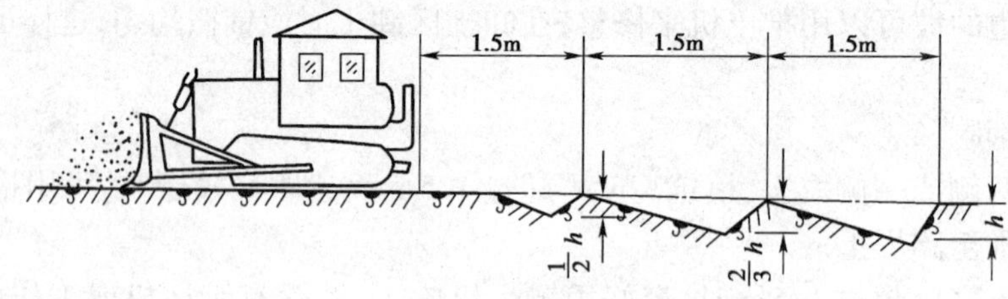

图3-1-4　波浪式铲土法示意图

(2)接力式推土法

在取土场较长(30m以上)而土质较硬的场地作业时，可自近而远分段将土推送成堆，然后再由远而近地将各段土推一次推送到卸土地。

(3)槽式推土法

在运送土壤时，为了尽可能减少运土损失，可在一个固定作业线上多次推运使之形成一条土槽，或者利用铲刀两端外漏的土壤形成土埂而产生的土槽推运，可以增加一次推运土壤的体积，提高生产率。

(4)并列推土法

即两台以上同类型推土机并列起来同步推运土壤，可以减少运土损失，两铲刀间隔以15~20cm为宜，必须掌握好每台推土机的运行速度和方向，避免碰车。

(5)下坡推土法

在运距较近的半填半挖施工地区，利用下坡时推土机重力的分力，加速铲土过程和增大运土量以提高作业效率。一般坡度不宜超过20℃。

技能实训6　**推土机的驾驶操作与施工作业**

实训目的	实训设施	实训方法	实训工艺步骤
使学生了解发动机的起动要求，熟悉操纵手柄的位置及作用，掌握起动方法；熟悉推土机行驶要求，掌握行驶要领；掌握推土机常用施工作业方法	履带式或轮式推土机1～2台，推土机驾驶操作场地一块	1）学生按机械类型分两大组； 2）以学生操作为主，实习教师操作、讲解为附，实行理论实践一体化教学	1）发动机起动的方法及要求； 2）推土机的驾驶与操作； 3）推土机常用的施工作业方法； 4）推土机的安全操作规程

二、铲运机

1. 铲运机的用途

在公路工程施工中，铲运机是大规模路基施工中的一种生产率高、经济效益好的理想土方运输机械。在作业中，铲运机可以依次连续完成铲土、装土、运土和铺卸等四个工序。它主要用于大规模的土方工程中，如公路、铁路、农田水利、机场和港口等工程的一种土方施工机械。

铲运机可以用来直接完成II级以下较软土体的铲挖，对III级以上较硬的土，应对其进行预先疏松后再进行铲挖；铲运机还可以对土体进行铺卸平整作业，将土逐层填铺到填方地点，并对土进行一定的压实。

2. 铲运机的分类、特点及适用范围

铲运机主要根据斗容量、卸载方式、装载方式、行走机构、动力传递方式及操纵系统等进行分类，见表3-1-2。

铲运机的分类　　表3-1-2

分类	特点	分类	特点
按铲斗容量分	小型（容量 $<5m^3$）、中型（容量为 $5\sim15m^3$）、大型（容量为 $15\sim30m^3$）、特大型（容量 $>30m^3$）	按卸载方式分	自由卸载式、半强制卸载式、强制卸载式
按行走方式分	拖式、自行式	按动力传递方式分	机械传动、液力机械传动、电力传动、液压传动
按行走装置分	轮胎式、履带式	按工作机构的操纵方式	机械式、液压式
按装载方式分	普通式、升运式		

铲运机的铲、运、卸和铺土工作，都是自身独立完成的，它的斗容量比推土机的推土量大得多，因而在土方工程中比推土机具有更高的效率和经济性。与挖掘机相比，一台斗容量为 $10m^3$ 的自行式铲运机，只需一名驾驶员，在合理运距内一个台班完成的土石方量，相当于一台斗容量为 $1m^3$ 的挖掘机再配备四辆载重量为10t的自卸汽车，共6名驾驶员完成的土方量，其技术经济指标高于单斗挖掘机约5～8倍。

铲运机适宜在温度较小的松散砂土和粉性土中施工，不适宜在干燥的粉砂土及潮湿的粘

土中作业，一般用于开挖较软的 I、II 级的土。当在较硬的 III、IV 级土上施工时，需先用松土器预松。

小斗容量 6m^3 以下的铲运机合理运距一般为 100 ~ 350m，最经济的运距为 200 ~ 350m；大斗容量(10 ~ 30m^3 及以上)的拖式铲运机合理运距在 800 ~ 1500m 之间；大功率大轮胎牵引车牵引的铲运机或自行式铲运机，运距可达 5000m 或更长。

铲运机的适用范围主要取决于物料特性、运距、机器本身的性能和道路状况，见表 3-1-3。铲运机是根据运距、地形、土质来选用的，其中经济适用运距和作业阻力是选择铲运机的主要依据，见表 3-1-4。

各种铲运机的适用范围 表 3-1-3

类别			堆装斗容(m^3)		适用运距 (m)		道路坡度(%)
			一般	最大	一般	最佳	
拖式铲运机			2.5 ~ 18	24	100 ~ 1000	100 ~ 300	15 ~ 30
自行式铲运机	单发动机	普通装载式	10 ~ 30	50	200 ~ 2000	200 ~ 1500	5 ~ 8
		链板装载式	10 ~ 30	35	200 ~ 1000	200 ~ 600	5 ~ 8
	双发动机	普通装载式	10 ~ 30	50	200 ~ 2000	200 ~ 1500	10 ~ 15
		链板装载式	9.5 ~ 16	34	200 ~ 1000	200 ~ 600	10 ~ 15

几种国产铲运机的使用条件 表 3-1-4

型号		斗容量(m^3)	牵引方式及功率(kW)	操纵方式	卸土方式	切土深度(mm)	卸土厚度(mm)	使用运距(mm)
拖式	CT6	6 ~ 8	履带拖拉机 80 ~ 100	机械式	强制式	300	380	100 ~ 700
	CTY7	7 ~ 9	履带拖拉机 120	液压式	强制式			100 ~ 700
	CTY9	9 ~ 12.5	履带拖拉机 180 ~ 220	液压式	强制式	300	350	100 ~ 700
	CTY10	9 ~ 12	履带拖拉机 180 ~ 200	液压式	强制式	300	300	100 ~ 700
自行式	C6	6 ~ 8	单轴牵引车 120	机械式	强制式	300	380	800 ~ 1500
	CL7	7 ~ 9	单轴牵引车 180	液压式	强制式	300	400	800 ~ 1500

3. 铲运机的总体结构

1)拖式铲运机

拖式铲运机由铲土斗、拖杆、辕架、尾架、操纵机构和行走机构等组成。拖杆一端连接铲运斗，另一端与履带式拖拉机连接。行走装置由两根半轴上的后轮和一根前轴上的前轮组成，车轮为充气橡胶轮胎。钢丝绳操纵机构由提升钢丝绳、卸土钢丝绳索、拖拉机后部的绞盘、斗门钢丝绳和尾架上的蜗形器等组成。在作业中操纵系统可分别控制铲土斗的升降，斗门的开启、关闭，强制式卸土板的前移。铲土斗由铲土斗体和前斗门等组成，是铲运机的主体结构。在铲土斗体的前面除了有可以启闭的前斗门外，还安装有切土的刀片。刀片中间稍突出，以减少铲土作业中的阻力。在斗体的后部装有尾架和蜗形器，斗体内部后壁设有强制卸土的卸土板。

2)自行式铲运机

自行式铲运机一般由单轴牵引车和铲土斗两部分组成，如图 3-1-5 所示。牵引车为铲运机动力头，由发动机、传动系统、转向系统、车架等组成。铲土斗是铲运机的作业装置，其基本

结构与拖式铲运机的铲斗类似。

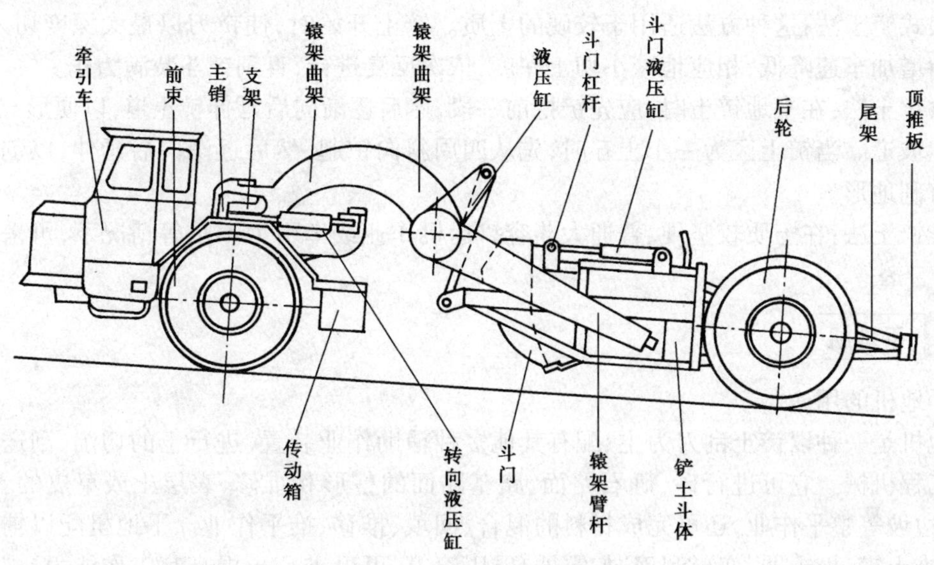

图 3-1-5　自行式铲运机总体构成

自行式铲运机为液压操纵，即铲斗升降、斗门开启、卸土板前后移动均由各自的液压缸控制。液压缸的液压油由发动机驱动的液压系供给。

4. 铲运机的工作过程及铲装作业

1）工作过程

铲运机的工作过程由铲装、运土、卸土和回驶四个过程组成一个循环。

铲装过程：铲运机被牵引或自行在铲土场地上行进，通过操纵机构升起斗门，放下铲斗，此时斗口凭借刀片切入土中，随着机械的继续行进，铲下的土层被套挤入斗中。

运土过程：铲斗装满土壤后，关闭斗门，将铲斗提升到一定高度。铲运机重载运行到卸土地段。

卸土过程：到达卸土地段后，放低铲斗，使斗口离地面一定高度，开启斗门并通过操纵机构使卸土板前移，将斗内土壤往外推卸，随着机械前行在地面上铺卸下一层土壤。

回驶过程：卸土完毕后，使卸土板回位并关闭斗门，将铲斗提升到利于行驶的高度上，铲运机空驶返回原铲土地段进行下一循环作业。

在铲装松土时，为了将铲斗装满至堆尖容量，或者在铲装较硬土壤时，增加足够的牵引力，通常使用助铲机（常用推土机）在铲运机尾部顶推助铲。

2）铲装作业

铲运机的铲装作业方法有以下几种：

一次铲装法：铲刀一次切入土中并完成铲土行程，装满铲斗。

交替铲装法（也称跨铲法）：作业时，先在取土场第一排铲土道上取土，在相邻两铲土道间留出 1/2 铲刀宽的土不铲。然后再从第二排铲土道上铲起，且铲土起点后移的距离为铲土道长度的一半。随后依次交替进行铲土作业。这种作业的特点是，在铲土后半数因切土宽度减小而使铲土阻力降低，从而使铲运机有足够的功率使铲斗装满，同时又可缩短铲土道长度和铲土时间，提高铲装工效。

波浪式铲土法：这种方法适用于较硬的土质。铲土开始时，使铲刀以最大深度切入土中，随着负荷增加车速降低，相应地减小切土深度，依次反复进行，直到铲斗装满为止。

下坡铲土法：在平地铲土时，应先铲挖前一段，然后逐渐向后延伸铲土道，以便形成前低后高的自然坡道。当铲土区为一小土丘时，先从四周斜向铲起，然后逐渐向后延伸，以创造下坡取土的有利地形。

顶推铲土法：在土质较坚硬、普通大斗容铲运机作业或牵引力不足等情况下，可采用推土机顶推铲土法。

三、平地机

1. 平地机的用途

平地机是一种以铲土刮刀为主、配有其他多种辅助作业装置，进行土的切削、刮送和整平作业的工程机械。它可进行砂、砾石路面、路基路面的整形和维修、表层土或草皮的剥离、挖沟、修刮边坡等整平作业，还可完成材料的混合、回填、推移、推平作业。平地机配以辅助装置如耙子、推土铲、松土器、变形刮刀、扫雪器、碾压滚等，可以进一步提高其工作能力，扩大其使用范围。因此，平地机是一种效能高、作业精度好、用途广泛的施工机械，被广泛用于公路、机场、停车场等大面积场地的整平作业。

2. 平地机的分类、特点及选用范围

平地机按行走车轮数目分四轮式和六轮式两种。四轮式用于轻型平地机，六轮式用于大中型平地机。

平地机按转向方式分为前轮转向式、全轮转向式和铰接转向式三种。

平地机还可按车轮对数或轴数进行分类，其表示方法为：车轮总对数（或轴数）×驱动轮对数（或轴数）×转向轮对数（或轴数）。六轮的有 3×2×1（前轮转向，中后轮驱动），3×3×1（前轮转向，全轮驱动），3×3×3（全轮转向，全轮驱动）；四轮的有 2×1×1（前轮转向，后轮驱动），2×2×2（全轮转向，全轮驱动）。平地机驱动轮数越多，在工作中所产生的附着牵引力越大，转向轮数越多，机械的转弯半径越小。所以上述几种形式中以 3×3×3 型性能最好，大中型自行式平地机多采用这种形式。且大多采用铰接式机架，具有更小的转弯半径，其机动灵活性也更好。

平地机还可按刮刀长度或发动机功率分为轻、中、重型三种，见表 3-1-5。

平地机按刮刀长度和发动机功率分类表 表 3-1-5

类型	刮刀长度（m）	发动机功率（kW）	质量（kg）	车轮数
轻型	<3	44～66	5000～9000	四轮
中型	3～3.7	66～110	9000～14000	六轮
重型	3.7～4.2	110～220	14000～19000	六轮

平地机按工作装置（刮刀）和行走装置的操作方法，可分为机械操纵和液压操纵两种。目前，平地机多采用液压操纵。

3. 平地机的总体结构

平地机由动力传动装置、工作装置和操纵机构等组成，如图 3-1-6 所示。

平地机的工作装置包括回转铲刀、松土耙和重型松土器等，其中铲刀为平地机的主要工作装置。安装在前机架上，动作的实现均通过液压泵和液压马达来完成。铲刀的垂直提升通过铲刀升降油缸来完成。铲刀通过铲土角变换油缸绕横轴转动，以改变切削角。安装在牵引架中部的铲刀回转液压马达，可通过蜗轮减速装置驱动转盘，使安装其上的铲刀相对牵引架作360°回转。

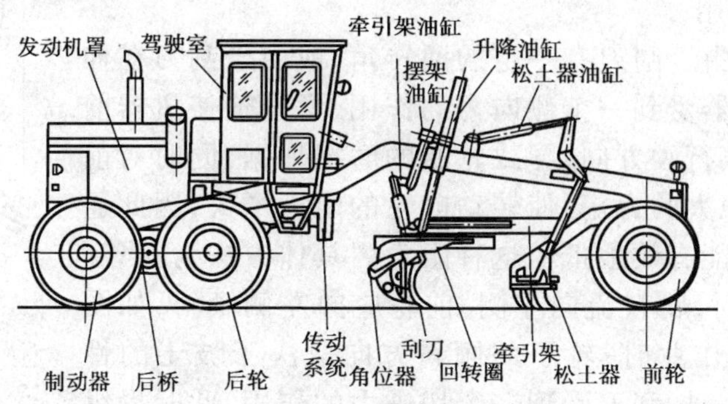

图 3-1-6　PY180 平地机外观

平地机操纵机构目前广泛采用液压操纵系统，主要由高压双联泵、手动操纵阀组、铲刀升降油缸、铲刀摆动油缸、铲刀引出油缸、铲土角变换油缸、铲刀回转液压马达等液压元件组成。

4. 平地机的使用

平地机的操纵包括铲土角的选择、刮刀回转角的选择、前轮倾斜的运用、刮刀的侧移等参数的选择和调整，作业前必须根据实际施工对象和施工条件进行选择和调整，这是平地机作业前的最基本的操作。

1）铲土角的选择

铲土角即切削角，是指刮刀切削刃与地面的角。铲土角的大小一般依作业类型来确定，一般平地机铲土角都有一定的范围以适应不同的作业要求。中等的切削角（60°左右）适用于通常的平地作业。当切削、剥离土壤时，例如剥离草皮、刮平凸缘、切削路边沟等，需要较小的铲土角，以降低切削阻力。当进行摊铺、混合物料作业时，应选用较大的切削角，这样可以避免大物料对铲刀的推挤力，大粒料较容易从刮刀下滚过去，由于铲土角大，刮刀载料减少，使物料滚动混合作用加强。

PY180 平地机装备有液压角位器，在驾驶室内操纵控制手柄，即可实现铲土角的调整，适应工作的需要。

2）刮刀回转角的选择

当回转角增大时，工作宽度减少，但物料的侧移输送能力提高，刮刀单位切削宽度上的切削力提高。对于剥离、推铺、混合作业及硬土切削作业，回转角可取 30°～50°；对于推土摊铺或进行最后一道作业刮平以及进行松软或轻质土刮整作业时，回转角可取 0～30°。回转角应视具体的情况及要求来确定。

将刮刀回转 180°，平地机可进行倒退作业，它适用于狭窄地段施工，当平地机掉头困难时，采取刮刀回转 180°的方法，比掉头要容易的多。所以平地机倒退档位较多，用于慢进慢退同时作业,或慢进作业,加速退回。刮刀回转时,应注意操作顺序,防止刮刀碰轮胎、耙土器等。

3)前轮倾斜的运用

平地机作业时,由于刮刀有一定的回转角,或由于刮刀在伸出机外刮边坡,使机器受到一个侧向力的作用,常会迫使机器前轮发生侧移以致偏离行驶方向,导致轮胎的磨损加据,同时对前轮的转向销轴产生很大的力矩,使转动前轮的阻力增大,因此通过前轮倾斜的运用,能有效地抵消这种阻力。具体方法为:当刮刀以大回转角作业时,物料流向左侧,前轮应向左侧倾斜,如图3-1-7 所示。当刮坡作业时,轮子的倾斜方向取决于坡土的性质。当土壤为软粘土时,刮刀受到一个切进力的作用,此时操纵轮子向离开坡道的方向倾斜,如图3-1-8a)所示,这样可以防止刮刀啃入土内;当土壤为硬质土时,操纵前轮向坡道一侧倾斜,如图 3-1-8b)所示。

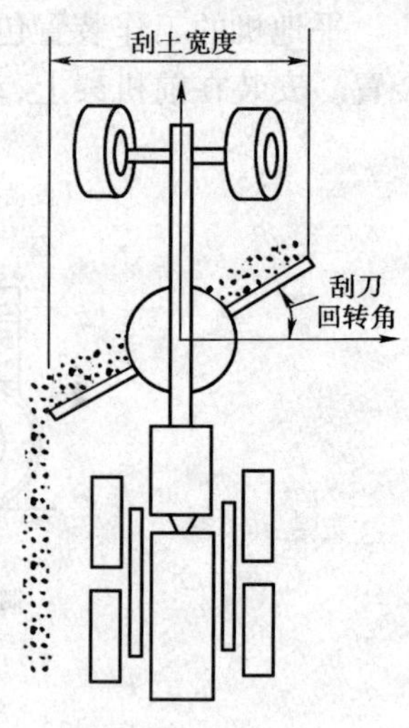

图 3-1-7　前轮倾斜示意图

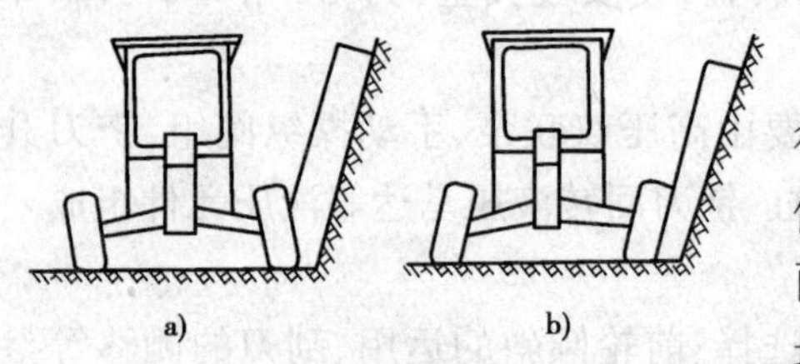

图 3-1-8　刮坡时前轮的倾斜

4)斜行作业

利用车架铰接或全轮转向的特点,平地机可以进行斜行作业,如图 3-1-9 所示。采用斜行的方法,可以使车轮有效地避开料堆,可以让后轮有选择地选择路面行驶,前轮在坡道或土丘上走,而机身放在平坦的地面上保持机器工作的稳定。这种工作方式还便于机器的操作和刮刀的调节。

5)刮刀侧移

平地机作业时,可以操纵刮刀,使其横向移动(即侧移),这样可以让平地机在前进或后退时,使刮刀有效地避开障碍,如图 3-1-10 所示。

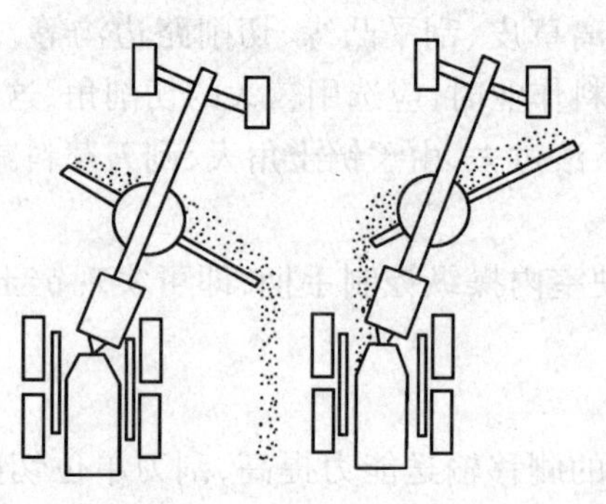
图 3-1-9　斜行作业图

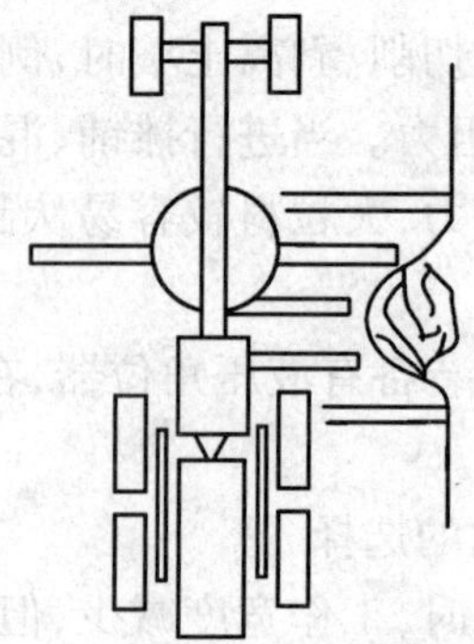
图 3-1-10　铲刀侧移躲避障碍物

6)刮土移土作业

刮土直移:如图 3-1-11 所示,将刮刀回转角置为 0°(刮刀轴线垂直于行驶方向),此时切削宽度最大,但只能以较小入土深度作业,主要用于铺平作业。

刮土侧移:保持一定的回转角,在切削和运土过程中,土沿刮刀侧向流动,回转角越大,切土和移土能力越强。刮土侧移时,应注意不要让车轮在料堆上行走,应使物料从车轮中间或两侧流过,必要时可采用斜行方法作业,使料离开车轮更远一些。刮土侧移常用于物料的混合作业,如图 3-1-12 所示。当刮刀回转角适当,采用较大的铲土角时,混合料从刮刀一端切入,从刮刀另一端流出,物料流动时,既有纵向滚动,又有横向流动,物料在运动中得到混合。

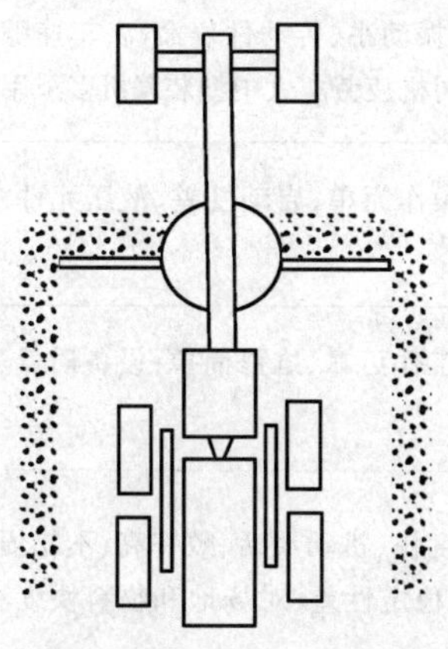

图 3-1-11　铲刀直移示意图

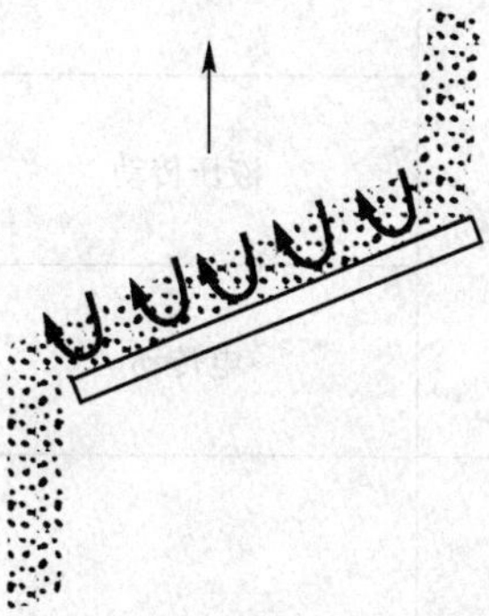

图 3-1-12　刮土侧移示意图

刮土侧移用于铺平作业时也应注意采用适当回转角,始终保持刮刀前有适当的物料,既要行驶阻力小,又要保证铺平质量,一般以切削整形为主的作业,运行速度可控制在 4 ~ 6km/h,物料混合、铺平作业则采用 6 ~ 10 km/h 为宜,当地面容易陷车时,应适当提高作业速度。

四、装载机

1. 装载机的用途

装载机是一种广泛用于公路、铁路、矿山、建筑、水电、港口等工程的土石方施工机械,它主要用来铲、装、卸、运土与砂石一类散状物料,也可对岩石、硬土进行轻度铲掘作业,如果换不同工作装置,还可以扩大其使用范围,完成推土、起重、装卸其他物料的工作。在公路、特别是高等级公路施工中,它主要用于路基工程的填挖、沥青和水泥混凝土料场的集料和装料等作业。

装载机的作业对象主要是:各种土壤、砂石料、灰料及其他筑路用散粒状物料等。

2. 装载机的分类、特点及适用范围(表 3-1-6)

装载机的分类、特点及适用范围　　表 3-1-6

分类形式	分类	特点及适用范围
发动机功率	小型	功率小于 74kW
	中型	功率 74 ~ 147kW
	大型	功率 147 ~ 515kW
	特大型	功率大于 515kW

续上表

分类形式	分类	特点及适用范围
传动形式	机械传动	结构简单、制造容易、成本低、使用维修较容易；传动系冲击振动大，功率利用差。仅小型装载机采用
	液力机械传动	传动系冲击振动小、传动件寿命高、车速随外载自动调节、操作方便、减少司机疲劳。大中型装载机多采用
	液压传动	无级调速、操作简单；启动性差、液压元件寿命较短。仅小型装载机上采用
	电传动	无级调速、工作可靠、维修简单；设备质量大、费用高，大型装载机上采用
行走系结构	轮胎式装载机 (1)铰接式 (2)整体式车架装载机	质量轻、速度快、机动灵活、效率高、不易损坏路面；接地比压大、通过性差、稳定性差、对场地和物料块度有一定要求。应用范围广泛 铰接式装载机转弯半径小、纵向稳定性好，生产率高。不但适用路面，而且可用于井下物料的装载运输作业 整体式车架装载机转向方式有后轮转向、全轮转向、前轮转向及差速转向。仅小型全液压驱动和大型电动装载机采用
	履带式装载机	接地比压小、通过性好、重心低、稳定性好、附着性能好、牵引力大、比切入力大；速度低、灵活机动性差、制造成本高、行走时易损路面、转移场地需拖运。用在工程量大，作业点集中，路面条件差的场合

3.装载机的总体结构

装载机由基础车、工作装置、和操纵机构组成。基础车由发动机、传动系统、转向系统、制动系统和行驶系统所组成。

装载机工作装置包括铲斗、动臂、摇臂、连杆以及动臂油缸和铲斗油缸等，如图 3-1-13 所示。铲斗用钢板焊成箕形，在斗口焊有或铆有用耐磨合金钢(一般为高锰钢)作斗齿。铲斗容量和铲斗载质量是装载机的两项重要性能指标。装载机铲斗容量大小是根据铲斗的装载质量和物料的填积密度计算出来的。动臂控制铲斗举升高度，摇臂控制铲斗的旋转，从而实现收斗或放斗。连杆机构由动臂、摇臂、连杆以及动臂油缸和铲斗油缸组成。

液压操纵装置包括液压系统和两只动臂油缸与铲斗油缸，这些油缸分别由两根操纵杆控制。动臂油缸使动臂和上面的铲斗产生升降运动。操纵杆有四个位置：铲斗上升、固定、下降和自由浮动。铲斗油缸使铲斗后倾或前倾。操纵杆有三个位置：向后转斗、铲斗固定和向前倾翻。

4. 装载机的驾驶

1）装载机操作规程

作业前的准备：

（1）机械在发动前，先将变速杆置于浮动位置，然后再起动发动机。

（2）作业前，先做无负荷运转 3～5min，检查各部是否完好，确认一切正常后再开始作业。

（3）检查轮胎的完好情况及气压是否符合规定标准。

（4）作业前，检查作业场地周围有无障碍物和危险品，并将施工场地进行平整，便于机械出入。

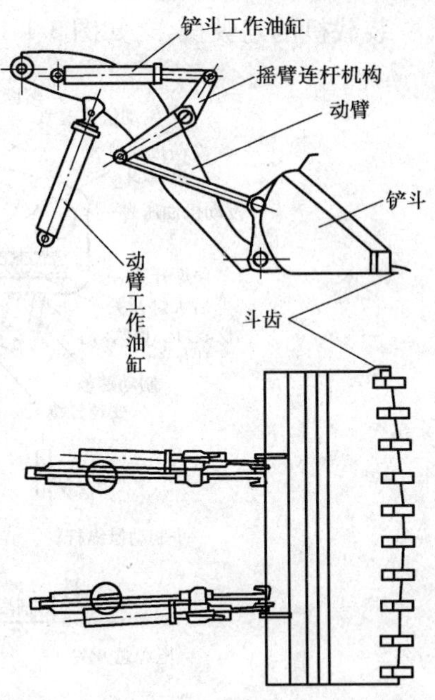

图 3-1-13　装载机工作装置

作业和行驶要求：

（1）除驾驶室外，机上其他地方严禁乘人。

（2）装载时铲斗的装料角度不宜过大，以免增加装料阻力。

（3）装料时应低速进行，不得采用加大油门，高速将铲斗插入料堆的方式进行。

（4）装载时驱动轮如有打滑现象，应微升铲斗再装料，若打滑现象严重，应使用防滑链。

（5）向车上卸料时，必须将铲斗提升到不会触及车箱挡板的高度，严禁铲斗碰撞车箱，严禁将铲斗从驾驶室顶上越过。

（6）装载机不能在坡度较大的场地上作业。

（7）在装载作业中，应经常注意液力变矩器油温情况，当油温超过正常油温时，应停机降温后再作业。

（8）下坡时，应采用制动减速，不可踩离合器踏板，以防切断动力发生溜车事故。

（9）行驶中，在不妨碍通过性能的前提下，铲斗应尽可能降低高度。

（10）通过桥涵时，应先注意交通标志所限定的载重吨位及行驶速度，应避免在桥上变速、制动和停车。

（11）涉水时，应在发动机正常有力，转向机构灵活可靠的情况下进行，并应对河流的水深、流速及河床情况了解后再通过，涉水深度不得超过发动机油底壳。

（12）涉水后应立即停机检查，如发现因涉水造成制动失灵，则应进行连续制动，利用发热蒸发掉制动器内的水分，以尽快使制动器恢复正常。

（13）操作人员离开驾驶室时，必须将铲斗落地。

作业后要求：

（1）装载机应停放在平坦、安全、不妨碍交通的地方，并将铲斗落地。

（2）停机前，发动机应怠速运转 5min，切忌突然停车熄火。

（3）按规定对装载机进行例保。

2）装载机的驾驶操作

装载机的驾驶操作,如图 3-1-14、图 3-1-15 所示。

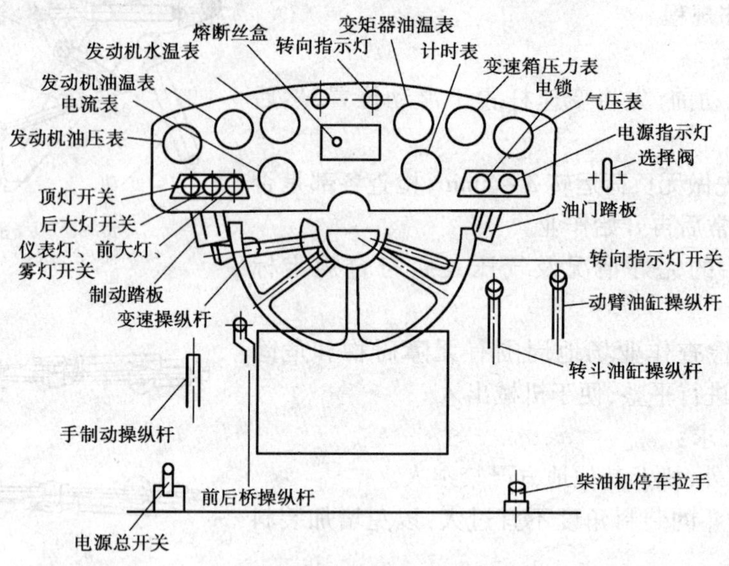

图 3-1-14　仪表与操作台

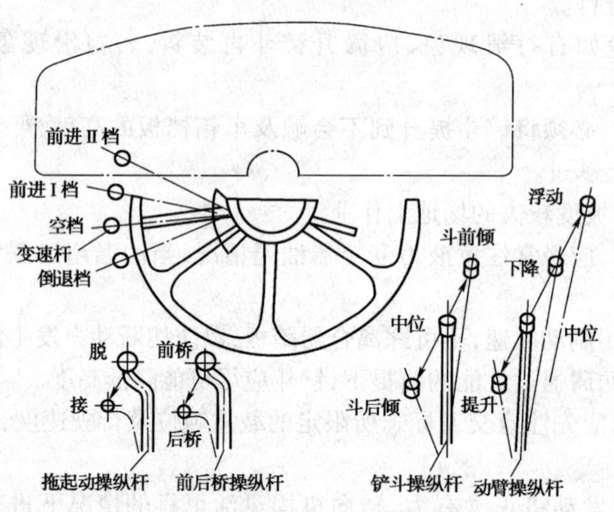

图 3-1-15　操作简图

(1)起步

起动发动机并使其进入正常运转状态。起步前观察车前后左右情况并按喇叭进行警鸣,确定脚制动和转向灯制动灯正常后将变速杆挂入适当档位,放松手制动并缓缓踏下油门踏板,稳握方向盘,使车徐徐起步。

(2)变速

ZL 系列装载机采用行星式动力换档变速箱,通过液压系统控制两个前进档和一个后退档。低速档扭力大速度慢,适宜起步、上坡和作业使用。高速档适用于运距较长或道路平坦情况下使用。

行驶时,铲斗抬起,斗底面距地面40～50cm,并根据路况,及时调整转向盘,保持正确的行驶方向,通过控制油门踏板和换档调整车速。

(3)动臂升降

驾驶员根据作业要求,操纵动臂操纵手柄,向后拉动臂上升,向前推动臂下降,继续向前推动臂浮动(随地面高低及自重浮动);动臂手柄处于中间位置,动臂停止动作。

(4)铲斗下翻转与上翻转

操纵铲斗操纵手柄从中间位置向前推,铲斗下翻转,向后拉铲斗上翻转;放松此杆则自动回中位,铲斗自动停止翻转。

(5)停车

踏下制动踏板,使装载机慢慢停车,拉动手制动,将变速杆置于空档。将铲斗平放在地面上并逐渐降低发动机转速至700～1000r/min运转几分钟,拉动发动机熄火拉钮,使发动机熄火,然后断开电源总开关。坡道上停车应在轮胎一侧垫上止停物。

5.装载机的施工作业

1)装载机的铲装作业

装载机的作业循环由铲装、运输、卸料和空回四个过程组成。

(1)作业准备

接通四轮驱动,挂上Ⅰ档进行作业;清理作业场地;填平凹坑,铲除尖石等损坏轮胎和妨碍作业的障碍物。

(2)铲装方式

根据物料种类、状态及位置的不同,可采用如下三种铲装方式。

松散物料的铲装作业:使装载机以前进Ⅰ档速度驶近料堆,铲斗底面与地面平行。当距离料堆1m时,下降动臂并将铲斗放至刚刚接触地面,徐徐加大油门前进使铲斗斗齿插入料堆中,再驶离工作面(装满斗后的装载机应尽量快后退,绝不允许继续往料堆方向前进)。当遇到阻力很大时,采用配合铲装法,即可操纵铲刀上下颤动或稍举动臂以达到装满为止。

铲装停机面以下物料(挖掘):铲装时先放下铲斗并转动使其与地面成一定的铲土角(硬质地面10°～30°,软地面5°～19°),然后前进,使铲斗切入土内。切土深度一般保持在150～200mm左右,直至铲斗装满。装满收斗后,将铲斗举升到运输位置,再驶离工作面,运至卸料处。对于难铲装的土壤,可操纵动臂使铲斗颤动或者稍微改变一下铲土角。

铲装土丘作业:装载机铲装土丘时可采用分层铲装或分段装法。分层铲装时装载机向工作面前进(铲斗稍稍前倾),随着铲斗切入工作面,慢慢提升动臂,在铲斗刀刃离开料堆后,铲斗才转置至运输位置。如果土壤较硬,也可以采用分段铲装法,这种方法的特点是铲斗依次进行插入动作和提升动作。其过程是铲斗稍稍前倾,从坡角插入,随着铲斗插入工作面0.2～0.5m深,边继续慢速切入,边间断提升(微量)动臂,边翻转铲斗,直至装满斗。

2)装载机的装卸作业

装载机驶向自卸车或指定货场,并对准车箱或货台,逐渐将动臂提升到一定高度(使铲斗前翻不致碰到车箱或货台),操纵铲斗手柄前倾卸料(适当控制手柄,以达到逐渐卸货的目的)卸料时要求动作轻缓,以便减轻对自卸车的冲击。如果物料粘附在铲斗中,可往复扳动操纵手柄，让铲斗振动，使物料脱落。卸料完毕后，收斗倒车，然后使动臂下降进行下一个作业循环。

3）装载机的基本施工作业方法

装载机生产率在很大程度上与其作业方法有关。常用的作业方法有如下四种，如图3-1-16所示。

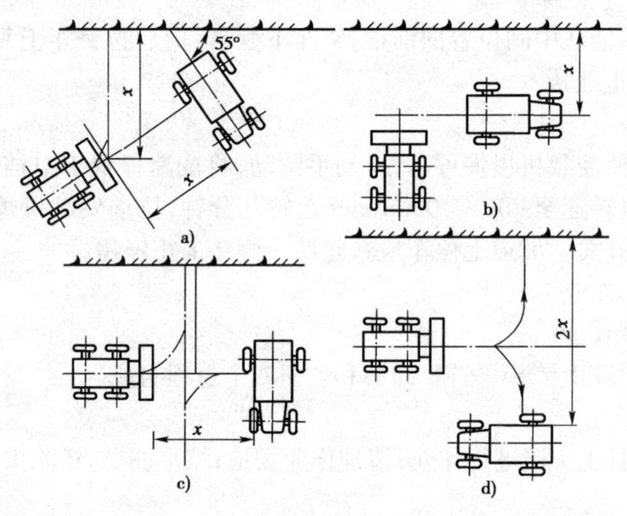

图3-1-16　作业方式

（1）"V"形作业法

自卸运输车与工作面呈50°～55°布置，如图3-1-16a）所示。装满斗后，倒车驶离工作面，并掉头50°～55°垂直于自卸车，然后驶向自卸车卸载。卸载后装载机倒车驶离自卸车，然后调头转向料堆，进行下一个作业循环。V形作业法作业循环时间短，在许多场合得到广泛应用。

（2）"I"形作业法

自卸车平行工作面适时地作往复前进和后退，如图3-1-16b）所示，而装载机穿梭式地垂直于工作面前进和后退，所以该作业法又称穿梭式作业法。装载机装满斗后直线后退，同时举升铲斗到卸载高度，自卸车后退到与装载机垂直位置，然后装载机驶向自卸车并卸载。装载机卸载后自卸车向前行驶一段距离，以保证装载机驶向工作面进行下一个作业循环，直至自卸车装满为止。"I"形作业法省去了装载机的调头时间，对于不易转向的履带式及整体车架轮式装载机比较适用，但增加了自卸车前进、后退的次数。

（3）"L"形作业法

自卸车垂直于工作面，如图3-1-16c）所示，但距离工作面较远。装载机铲装物料后倒退并掉头90°，然后驶向自卸车卸载。空载的装载机后退并掉转90°，然后驶向料堆进行下一次铲装。这种作业方式运距较短，作业场地宽时装载机可同时与两台自卸车配合工作。

（4）"T"形作业法

自卸车平行于工作面，如图3-1-16d）所示，但距离工作面较远。装载机铲装物料后倒退并

调转 90°,然后再相反方向调转 90°驶向自卸车。

根据作业场地情况,合理选择装载机的作业方法对其生产效率影响很大。选择作业方法的一般原则是,根据料场及料堆的大小,尽量做到装载机作业时的来回行驶距离短,转弯次数少,自卸车与装载机的斗容量应与自卸车的车箱容积或装载后量相匹配,通常以 2 ~ 4 斗装满一车为宜。

技能实训 7　装载机的驾驶操作与施工作业

实训目的	实训设施	实训方法	实训工艺步骤
了解装载机的使用特点,熟悉操纵手柄的位置及作用,掌握起动方法;熟悉装载机行驶要求,掌握驾驶方法;掌握装载机一般施工作业方法	装载机 1 ~ 2 台,装载机驾驶操作与施工作业场地一块	1)学生按机械类型分两大组; 2)以学生操作为主,实习教师操作、讲解为辅,实行理论实践一体化教学	1)装载机的驾驶与操作; 2)装载机一般的施工作业方法; 3)装载机的安全操作规程

五、挖掘机

1. 挖掘机的用途

挖掘机是工程机械中的一个主要机种,是土石方施工工程中的主要机械设备之一。据统计,工程施工中约有 60% 以上的土石方量是靠挖掘机来完成的。在各类工程施工中,挖掘机主要用于完成下列工作:开挖建筑物或厂房基础;挖掘土料,剥离采矿场覆盖层;采石场、隧道内、地下厂房和堆料场中的装载作业;开挖沟渠、运河和疏浚水道;更换工作装置后可进行混凝土浇筑、起重、安装、打桩、夯土等作业。

2. 挖掘机的分类、特点及适用范围

挖掘机可分循环作业和连续作业式两类,前者为单斗挖掘机,后者为多斗挖掘机。

多斗挖掘机是一种由若干个挖斗连续循环进行挖掘作业的挖掘机械,主要用于Ⅳ级以下土壤中挖取土方或开挖渠沟、剥离采料场或露天矿场上的浮土、修理坡道以及装卸松散物料等作业。

单斗挖掘机一般按下列主要特征来分类:

1)根据铲斗容量分

(1)小型　斗容量在 $1m^3$ 以下;

(2)中型　斗容量在 1 ~ $4m^3$;

(3)大型　斗容量超过 $4m^3$。

2)根据工作装置分

(1)正铲挖掘机　铲斗向上挖掘停机面以上的工作面;

(2)反铲挖掘机　铲斗向下挖掘停机面以下的工作面;

(3)拉铲挖掘机　铲斗是由钢索悬吊和操纵的,铲斗在拉向机身时进行挖掘,适用于开挖停机面以下的工作面和抛掷卸土；

(4)抓铲挖掘机　合瓣形的铲斗由钢索悬吊和操纵，适于开挖停机面以上和以下的工作面。

3)根据行走方式分

(1)轮胎式挖掘机　这种自行式挖掘机的底盘是专门设计制造的轮胎底盘。最大优点是机动性高，操作灵活。

(2)履带式挖掘机　大、中型单斗挖掘机普遍采用履带式行走装置。这种履带装置有更宽的履带板，履带刺很短或没有，接地压力小，便于转向而不致破坏地面。最大优点是工作时很稳定，机身不下沉和歪斜。

4)根据传动方式分

(1)机械传动的挖掘机　这种挖掘机的工作通过铰车、钢绳和滑轮组实现的。挖掘机的动力装置通过齿轮和链条等传动件带动铰车及其他机构，并用离合器和制动器控制其运动状况。机械传动在结构上复杂，但传动效率高，工作可靠。

(2)液压传动的挖掘机　这种挖掘机通过液压传动控制机构的动作。如果挖掘机的所有动作全由液压元件来完成，就称为全液压挖掘机，这是目前广泛采用的类型。

3. 单斗液压挖掘机的组成

单斗液压挖掘机由工作装置、上部转台、行走装置三大部件组成，如图 3-1-17 所示。单斗液压挖掘机是采用液压传动装置来传递动力的，它由油泵、油马达、油缸、阀门及各种油管等液压元件所组成。液压挖掘机可以带正铲、反铲、抓斗和起重等工作装置，挖掘、提升、回转、卸料等动作是靠各种工作油缸及液压马达来实现的。

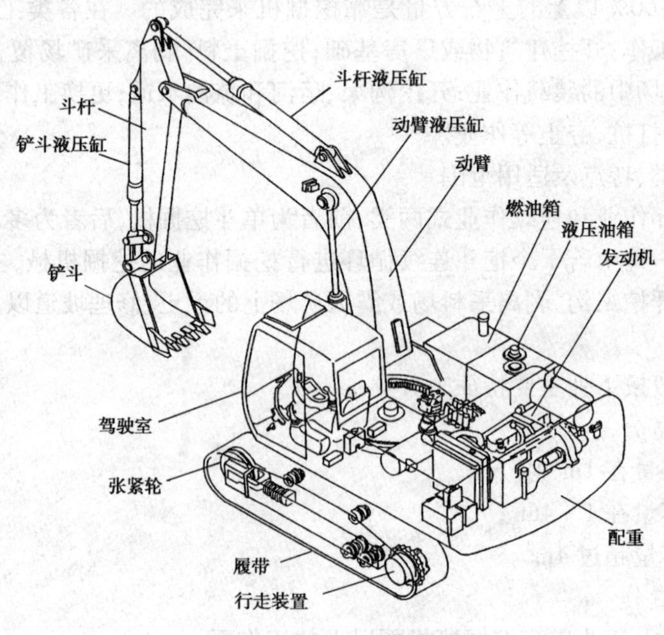

图 3-1-17　挖掘机结构简图

4. 挖掘机操作与施工技术

1）准备工作

施工前必须对行驶道路、挖填方区域进行平整，作好降排水及清理障碍后的处理工作，为机械安全创造条件；将机械开进作业面，首先考虑地面坚实，另外要考虑运输设备进出现场及停车位置；同施工组织设计或工程负责人进行技术交底；作好挖掘机启动前的准备工作，试做一、二个工循环动作，同时注意各部位有无异常现象。一切正常后方可进行施工作业。

2）挖掘作业

大多数液压挖掘机都采用双手柄，以便于各种复合动作。液压挖掘机的作业循环主要分为：挖掘→回转→卸土→返回四个步骤。在每一个步骤中都有可能有复合动作，即铲斗转动和斗杆收放，动臂升降和转台回转。

（1）反铲挖掘作业法

铲斗挖掘：基本方法是动臂斗杆液压缸置于一定的位置不动，只操作铲斗油缸挖掘手柄，使铲斗转动切削土壤。

斗杆挖掘：动臂和铲斗油缸置于一定位置，然后操作斗杆油缸控制手柄，使斗杆连同铲斗一同转动切削土壤。采用斗挖掘时，为了使挖掘阻力更小，更利于斗尖插入土层中，应使铲斗转至斗底线与斗尖推动轨迹圆成切线的位置，才不会产生铲斗切削角度过大或斗底挤压土的现象。

复合挖掘：铲斗油缸与斗杆油缸的配合动作进行挖掘。有采取两组液压缸顺序动作的挖掘方式，也有同时动作的挖掘方式。

平整作业：略前垂直位置放置斗杆，并使铲斗转向后方。慢慢升高动臂的同时，操作斗杆收入功能，一旦斗杆移过垂直位置，便慢慢地降低动臂，使铲斗保持稳定的平面运动。

反铲工作面有正挖掘工作面和侧挖掘工作面两种，还可以挖掘垂直基坑和修整边坡。挖掘作业时为保证挖掘作业的合理性和科学性，应注意以下几点：根据机型的作业条件设计工作区域范围；停机位置应保证每次挖掘满斗率高，铲斗行程又不大，并尽可能减少移机次数；合理确定运输车辆的停置点，它将决定每一挖掘循环的回转角，直接影响工作周期和生产率；合理安排工作的推移路线或掌子面的开挖顺序。要充分利用工作面的宽度和高度，合理确定铲斗取土顺序及调集土壤的可能性；铲斗一般要从掌子面的根部开始挖掘，并尽量是用铲斗挖掘，一定要通过铲斗转动来调动切削角和装满斗。

（2）回转作业

回转过程是在铲斗装满后工作装置从掌子面旋转到卸土地点的过程。这一过程要求铲斗底部一经离开掌子面，便提升动臂（或同时调整斗杆油缸）与调整铲斗转角，以适应所要求的卸土高度。当铲斗回转接近装土车辆时，松开回转手柄，然后便用回转制动器慢慢地制动住转台，并同时卸土。应当注意铲斗回转到装土车辆上空时，回转速度要慢（一般是惯性滑动），制动不能过猛，避免斗中石块抛洒出来砸在车辆上造成事故。

（3）卸土

当工作装置基本停稳后，翻转铲斗卸土。卸土操作时，要求铲斗中的土石卸下时的土堆中心对准车辆车斗中部。要特别注意掌握铲斗的卸土高度，切不可高抛高卸，以防砸坏车辆。

(4)返回

卸土完毕后,工作装置应立刻返回掌子面。返回过程中,铲斗翻转,然后一边回转一边下降动臂(有时还调整斗杆油缸),当铲斗对准第二次取土点时,应尽快调整好切削角,使铲斗切入土中,开始重复挖掘动作。返回过程全部采用复合动作,动作要协调,快而准确。

3)全液压反铲挖掘机开挖的基本方法

(1)沟端开挖法

挖掘机沿着端沟逐渐倒退。当挖窄沟时,装载车辆可停在沟侧,动臂只要回转40°~50°即可卸料。如果所挖的沟宽为机械的最大挖掘半径的2倍时(即在机械每停置一处在180°的回转范围挖掘),装载车辆只能停置在挖掘机侧面,工作装置要作90°回转才能卸料。

此方法在挖掘更宽的沟渠时,可分段进行。机械在倒退挖到尽头后,由该端转换位置反向开挖毗邻一段。这种分段法每段的挖掘宽度不宜过大,以车辆能在沟侧行驶为原则,这样可减少每一工作循环所用的时间,从而大大提高机械生产率。

(2)沟侧开挖法

机械沿沟侧行驶,装载车辆停在沟端,以后就只能停置在沟侧。这样机械需要作90°回转卸料,每一循环所用的时间较多,每次挖掘宽度只能在其挖掘半径以内。此法的主要缺点是机械沿沟侧行驶,沟的边坡较大。此方法也可采用逐段分次挖掘成较宽的基坑。

六、破碎筛分机械

1.用途及工作对象

破碎及筛分机械是加工生产各种规格碎石及砂料的机械设备,广泛应用于公路、建筑、水利和矿业等领域的施工中。

在道路的路面和基层修筑工程中,需要大量的碎石材料作为各种混凝土的集料,或直接作为铺筑材料。例如,在水泥混凝土中集料的质量占到总质量的80%以上。因此,破碎及筛分机械是公路工程材料生产的基本设备之一。

筛分机械主要用于各种碎石料的分级,以及脱水、脱泥、脱介等作业。在公路石料生产中,筛分机械常与各种碎石机配套使用,组成联合碎石设备。

破碎及筛分机械的工作对象是各种硬度不同的岩石材料及砂料。适用的岩石材料抗压强度一般不超过250MPa。

2.分类、特点及适用范围

1)分类

按破碎方式和结构特点,碎石机械有压缩型碎石机、冲击型碎石机和联合碎石设备三种。压缩型碎石机又有颚式碎石机、转回式碎石机、圆锥式碎石机、辊式碎石机和旋盘式碎石机等形式,冲击型碎石机有反击式碎石机和锤式碎石机。筛分机械有振动筛、滚筒筛和固定筛三种。振动筛又有偏心振动筛、惯性振动筛、电磁振动筛和共振筛,固定筛又有固定格筛、弧形筛和旋流筛。

2)破碎及筛分机械的特点及适用范围(表3-1-7)

破碎及筛分机械的特点及适用范围　表 3-1-7

机械名称	特点	适用范围
鄂式碎石机	结构简单、工作可靠、维修方便	粗、中碎硬质及中硬质岩石
旋回式碎石机	连续破碎、生产率较高	粗碎中等硬度岩石、矿石
圆锥式碎石机	破碎比大、效率高、粒度均匀、结构复杂	中、细碎中等硬度岩石
辊式碎石机	结构简单、紧凑、工作可靠、生产率低	中、细碎硬、软质石料
旋盘式碎石机	粒度细、形状好、效率高、经济	超细碎各种砂料
反击式碎石机	结构简单、破碎比大、粒度均匀	粗、中细碎中硬脆性物料
锤式碎石机	破碎比大、生产能力高、粒度均匀、简化生产流程、消耗低	中、细碎中等硬度脆性物料
联合碎石设备	机动性好、简化工艺、出料规格多	碎石用料集中的大型工程
振动筛	生产能力大、筛分效率高	分级、脱水、脱介
滚动筛	结构简单、筛分效率低	洗矿作业
固定筛	结构简单、生产率低	预先筛分、脱水、脱介

3. 使用要点

1）鄂式破碎机的使用要点

（1）应保证空载启动，启动前，将破碎腔清理干净，检查紧固件有无松动，检查各润滑点是否有足够的润滑油（脂），检查传动皮带是否松动、干净，以及电器保护装置工作是否正常。

（2）应先启动润滑油泵电机，待油压、流量指示器达规定值后，再启动主电机，并注意电流表指针变化是否正常。

（3）工作时，进料应均匀，避免侧边给料及大快岩石卡住进料口的现象发生。轴承温度升高应控制在35℃范围内，还应注意有无杂间、撞击声和振动等现象。

（4）停机应按生产流程顺序进行。对于简摆式破碎机，在冬季停机后应注意放掉轴承中的冷却水，以防止轴承冻裂。

（5）油液润滑系统的回油温度不能高于60℃，油箱工作温度应控制在35～50℃。采用水冷却措施时，水压应比轴压低0.05MPa。

油液一般使用30～50号机械油，每3～6个月更换一次。

对润滑脂润滑，其充满程度不应超过其容积的50%～70%，根据运行情况，每1～2日加注一次，每季度更换一次。在冬季，润滑脂可能凝固时，可在其中加入20%的汽车润滑油。

2）旋回式破碎机的使用要点

(1)启动前应检查破碎腔内有无杂物，排料口尺寸是否符合要求，油箱中的油量是否足够。

(2)启动按下列程序进行：启动润滑油泵电机，检查并调整油泵压，使其在 0.078～0.147MPa范围内；检查过滤器开关度是否正确；根据各指示仪表，检查全部润滑系统工作是否正常；当润滑油到达各润滑点后，按规定发出开机信号并启动破碎机；使破碎机空转 3～5min，等到运转正常后，再开始投料进行破碎。

(3)运行中，应经常检查油温、油压等指示数值。经冷却后的油温不应超过 45～53℃，回油温度不应高于 60℃，并随时向上部悬挂装置给油。

(4)经常检查栋梁、中架体与机座之间的连接销钉是否松动，沿圆周内 15mm 间隙是否相等，并随时检查各部衬板和 V 形皮带的状况是否良好。

(5)进料最大粒度应符合破碎机说明书中的推荐值，并防止异物进入破碎腔内。

(6)需停机时，应首先停止进料，待破碎腔内石料全排出后，再关闭电机。

3)圆锥式破碎机使用要点

(1)不允许有载启动，确保电器连锁装置及音响信号等正常工作；油温低于 20℃时需加热。

(2)启动按下列程序进行：首先启动油泵并检查油压，油压应在 0.049～0.147MPa 范围内，冷却水的压力应比油压低 0.049MPa；使油泵运转 3～5min；启动破碎机，使其空载运转 1～2 min，无异常情况发生时，可开始投料生产。

(3)应均匀进料，随时注意排料情况，以避免堵塞引起事故。

(4)注意观察水封的排水情况，无水时不允许运转。

(5)运转中不允许随意拧紧弹簧以提高压力。

(6)停机时应按规定的顺序进行。

4)辊式破碎机使用要点

(1)须空载启动。启动前应在各润滑点按规定加注润滑油或润滑脂。

(2)必须在全速运转后，才允许进料，进料时，应使物料在辊子全长上均匀地落入破碎腔。物料粒度不应超过规定的数值，否则 会使辊子产生刻痕，发生过早磨损。

(3)对辊轮的支承座、链条、链轮等，每班需加油 2～3 次，每月需彻底检查一次，更换润滑油或油脂。

(4)应经常观察弹簧的顶压情况，当滑动频繁时，需立即对预压进行调整。

5)联合破碎设备的使用要点

(1)对移动式联合破碎设备，在长途运输前，应将其附件拆除另外装运；设备活动部分应固定锁紧。全面检查行走装置，特别是对拖挂及制动部分应严格检查，以免发生事故。

运输中应设明显标志，并设专人负责安全事项。在工地作小距离转移时，只需检查行走装置，然后将支腿收起，用推土机等牵引力较大机械挂拖即可。挂拖时，注意路面状况，横向坡度不可太大。

(2)设备运行的使用要点应参考破碎筛分设备的使用说明书。为保证空载启动，启动应从末级工序开始，逐级启动；停机时，则应从第一级工序开始，逐级顺序停机。

(3)应按规定对设备进行润滑,并经常注意观察油温、油压及流量等参数的变化。应经常检查设备运行的噪声及振动等情况,出现噪声过大及振动情况时,应立即停机检查。

(4)为保持设备良好的使用性能,应按计划及时对设备进行小修、中修和大修,并遵守各组成设备的检修规定。

6)振动筛的使用要点

(1)开机前应全面检查各紧固件如配重块与飞轮的连接螺栓,激振器的固定螺栓,支承弹簧与筛箱、筛架的连接螺栓等的连接状况。

(2)采用橡胶缓冲器支承时,要防止橡胶沾油、曝晒,并经常检查其是否有老化现象。

(3)各润滑点应按规定加注润滑油。

(4)振动筛应在空载下启动。工作时应均匀连续给料,不允许超载,给料落差不能太大,以免造成对筛面的冲击。

(5)注意检查轴承温度,一般温度不应超过70℃。

课题二 压实机械

一、压实机械的类型及压实原理概述

压实机械是一种利用机械自重、振动或冲击的方法,对被压实材料重复加载,排除其内部的空气和水分,使之达到一定密实度和平整度的作业机械。它广泛应用于公路、铁路路基、机场跑道、堤坝及建筑物基础等基本建设工程的压实作业。

在公路工程施工中,筑路材料的压实过程是向被压材料加载,克服各种松散材料中固体颗粒间的摩擦力、粘着力,排除气体或液体,使各个颗粒发生位移,互相靠近。材料经压实后,其密实度增加。

1. 压实机械的类型

现代压实机械种类繁多,不同的压实机械,其压实功能和适应范围也不相同。按压实机械工作机构的作用原理、行走方式、碾压轮的形状,压实机械可分为不同的类别和形式。通常我们按照压实力作用原理划分,如图3-2-1所示。

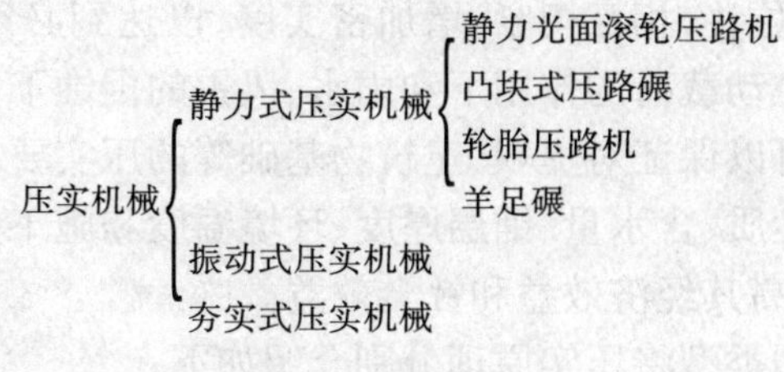

图 3-2-1

根据JB标准,国产压实机械的分类和型号编制方法见表3-2-1。产品的型号按类、组、型分类编制,一般有类、组、型的代号与主参数代号两部分组成。

压实机械的分类和型号编制方法　　表 3-2-1

类别	种别	型式	特性	代号	代号含义	主参数 名称	主参数 单位
压实机械	光轮压路机 Y(压)	拖式		Y	拖式压路机(简称平碾)	加载后质量	t
		两轮自行式(2)	Y(液)	Y 2YY	两轮压路机(简称压路机) 液压(转向)压路机(简称压路机)	结构质量 加载后质量	t
		三轮自行式	Y(液)	3Y 3YY	三轮压路机(简称压路机) 三轮液压(转向)压路机(称压路机)	结构质量 加载后质量	t
	羊角压路机 YJ(压、角)	拖式 自行式	T(拖)	YJT YJ	拖式羊角压路机(简称羊角碾) 自行式羊角压路机(简称羊角碾)	加载总质量 加载总质量	t
	轮胎压路机 YL(压、轮)	拖式 自行式	T(拖)	YLT YL	拖式轮胎压路机(简称轮胎碾) 自行式轮胎压路机(简称轮胎碾)	加载总质量 加载总质量	t
	振动 压路机 YZ(压、振)	拖式 拖式 自行式 手扶式	Z(振) T	YZZ YZT YZ YZB YZJ YZF YZS	拖式振动羊足压路机(拖动羊足碾) 拖式振动压路机(简称振动碾) 自行式振动碾 摆振压路机 铰接式振动压路机 手扶式振动压路机	加载总质量 结构质量 结构质量 结构质量 结构质量 结构质量	t
	振动夯实机 H(夯)	振动式 Z(振)	R(燃)	HZ HZR	振动夯实机 内燃振动夯实机	结构质量 结构质量	kg
	夯实机 H (夯)	蛙式 W(蛙) 爆炸式 B(爆) 多头式 D(多)		HW HB HD	蛙式夯实机 爆炸夯实机 多头夯实机	结构质量 结构质量 结构质量	kg

类组型代号　　特性代号　　主参数代号

2. 压实机械的压实原理

压实是通过对被压材料的重复加载,克服其材料之间的粘聚力和内摩擦力,排出气体和水分,迫使材料颗粒之间产生位移,相互楔紧,增加密实度,以达到必须的强度、稳固性平整度的要求,以便车辆在行驶时,在动载荷的作用下和雨水、风雪的侵蚀下而不致破坏,从而保证运输车辆的正常运行。另外还可以保证对堤坝、建筑物基础等的压实要求。选用实机械时,一方面除了要考虑被压实材料的性质、含水量、铺层厚度、环境温度和施工条件外,另一方面还应考虑配套设备的生产能力,以提高其经济效益和社会效益。

现根据压实机械的不同类型将压实原理分别介绍如下:

1)静力式压路机的压实原理

如图 3-2-2 所示 是压实原理示意图。静力作用压实机械是利用机械自身重力产生的静滚压力作用,迫使被压实材料产生永久性变形而达到压实的目的。随着碾压次数的增多,材料的

密实度增加。为了进一步提高被压材料的密实度，必须用较重的滚轮来碾压。静力式压实机械应用于土方、砾石、碎石和沥青混凝土路面的压实作业中。静力压实机械由于受机械自重的限制，其压实深度和密实度受到一定的局限。静力压实机械的特点是循环延续时间长，材料应力状态的变化速度不大，但应力较大。

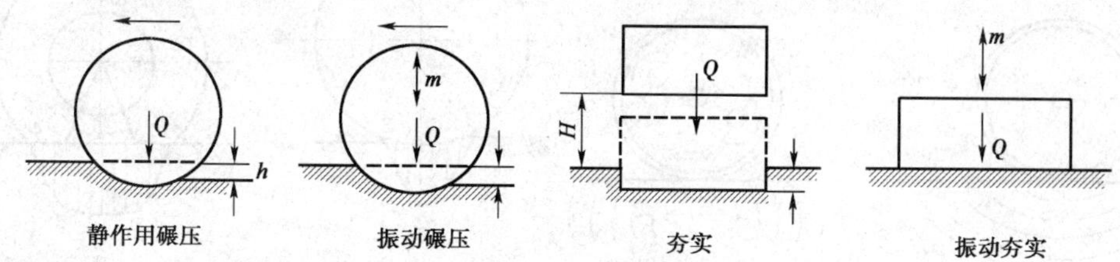

图 3-2-2　压实作用原理图

Q-静作用力；m-振动力；H-落下高度

2）夯实机械的压实原理

夯实机械的工作原理（图 3-2-3）是利用一块质量为 m 的物体，从一定高度 H 处落下，冲击被压产材料而使之被压实。其特点是使材料产生的应力变化速度很大。特别适用于对粘性土壤、砂质粘土和灰土的压实。主要用于作业量不大及狭小场地的压实作业，特别对路肩、GBM工程和道路维修养护工程等的压实作业。

3）振动压路机的压实原理

振动压实的工作原理（图 3-2-3）是利用固定在质量为 m 的物体上的振动器所产生的激振力，迫使被压实材料作垂直强迫振动，急剧减小土壤颗粒间的内摩擦力，使颗粒靠近，密实度增加，从而达到压实的目的。振动压实的特点是其表面应力不大，过程时间短，加载频率大，同时还可以根据不同的铺筑材料和铺层厚度，合理选择振动频率和振幅，以提高压实效果，减少碾压遍数。振动压实机械可广泛用于粘性小的砂土、土石填方、沥青混合料和水泥混凝土混合料等的压实。

4）振荡压实机械的压实原理

随着振动压实技术的发展，20 世纪 80 年代瑞典等国又研制了振荡压路机。该机采用土力学土壤交变剪应力的原理，在碾轮内对称安装并同步旋转的激振偏心块（轴），使碾滚承受交变扭矩，对地面持续作用，形成前后方向的振荡波，使被压实材料产生交变剪应变。在这种水平激振力和滚轮垂直静载的共同作用下，实现对被压实材料在水平和垂直两个方向的压实。

振荡压实和振动压实原理的区别如图3-2-3 所示，振荡压路机消除了振动压实因垂直振动和冲击给操作者和机械本身带来的危害，改善了工作条件，降低了能源消耗。正因为这种压路机所产生的激振力主要是沿行驶方向发生的，因此，特别适宜于建筑物群间的压实。

5）轮胎压路机的压实原理

轮胎压路机是通过特制的充气轮胎，利用机械自重的静作用力压实铺层材料的压实机械。轮胎压路机的轮胎是由耐热、耐油橡胶制成的光面滚或细花纹工作胎面的充气轮胎。由于充气轮胎的弹性变形，轮胎压路机工作时除有静力压实作用外，还产生揉压作用（剪切压实效应），易使液相和气相物（水和空气）从铺层材料中排出。

轮胎压路机轮胎对铺层的压实作用不同于光面钢轮压路机。装由特制宽基轮胎的压路机,轮胎踏面与铺层的接触面为矩形,而光钢轮与铺层的接触面为一窄条。如图 3-2-4 所示为充气轮胎和光面钢压轮工作时铺层中的压实力分布。

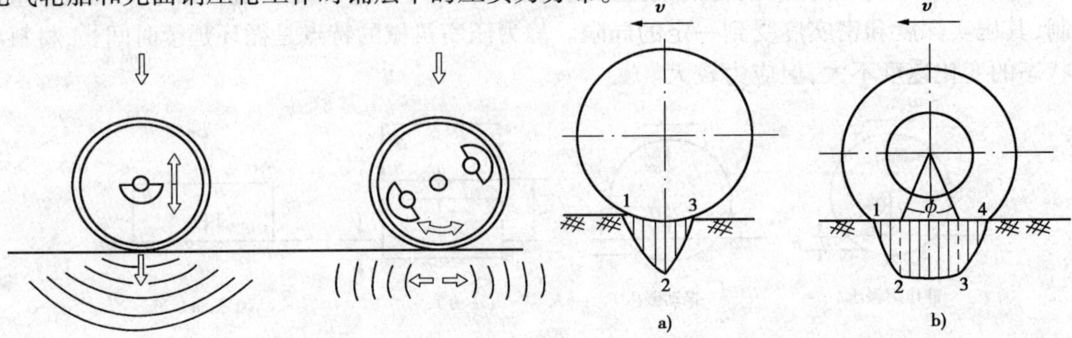

图 3-2-3 振动压实和振荡压实原理

图 3-2-4 铺层压实力分布图
a)光面钢压轮;b)充气轮胎滚压轮

技能实训 8 熟悉压实机械的类型和压实原理

实训目的	实训设施	实训方法	实训工艺步骤	技术要求及注意事项
使学生了解各种压实机械及其分类,掌握其压实原理,消除理论课教学中的模糊概念,能够区分各种压实机械的用途	选择施工现场,至少具备以下设备,最好这些机械正在施工作业。 12 ~ 15t 三轮压路机一台; YL16 轮胎压路机一台; 振动压路机一台; 其他压实机械若干台	现场参观讲解	1)组织学生到施工现场; 2)分组参观; 3)让机械设备负责人介绍各种常用压路机的厂牌型号、使用性能以及用途等; 4)让施工人员介绍针对不同土质选用何种压实机械; 5)回校总结,让学生交流参观感受	1)介绍一定要直观,要有针对性; 2)力求全面认识压实机械的基本类型; 3)注意重点区分轮胎压路机、轮胎式振动压路机,防止认识错误; 4)注意学生安全

二、静力光面滚轮压路机

1. 概述

1)用途与分类

静力光面滚压路机对被压材料的压实是依靠本身的重量来实现的。它可以用来压实路基、路面、机场和其他各类工程的地基等。其工作过程是沿着工作面前进与后退反复地滚动,使被压实材料达到足够的承载力和平整的表面。

自行式光面滚压路机的分类如图 3-2-5 所示。

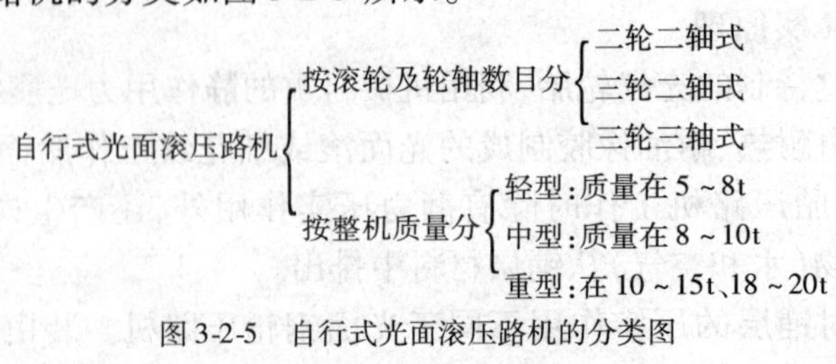

图 3-2-5 自行式光面滚压路机的分类图

目前国产压路机中，只生产有二轮二轴式和三轮二轴式两种。轻型压路机多为二轮二轴式，适宜于压实路面、人行道、体育场等。中型压路机多为二轮二轴和三轮儿轴。前者大多数用于压实与压平各种路面，后者多用于压实路基、地基以及初压铺筑层。重型压路机有三轮二轴式和三轮三轴式两种。前者用于最终压实路基，后者用于最后压实与压平各类路面与路基，尤其适合于压实与压平沥青混凝土路面。此外，还有质量在3~5t的二轮二轴式的小型压路机，主要用于路面的养护，人行道的压实等。

2）静力光面滚压路机的发展趋势

静力光面滚压路机所能完成的工作，均可用其他型式的压路机来代替。无论从使用范围或实用性能来分析，都是不够理想的。或者说有被淘汰的趋势。但由于静力压路机具有结构简单、维修方便、制造容易、寿命长、可靠性好等优点，因此，目前还有生产，并在大量使用着。为了提高这种压路机的压实性能、操纵性能、安全性能，减小噪声，静力光面滚压路机多采用以下技术：

①大直径的滚轮。增大滚轮直径不仅可以减小压路机的驱动阻力，提高压实的平整度，而且当线压力在很大范围内变化时，均能得到较高的密实度。

②全轮驱动。采用全轮驱动的压路机，其前后轮的直径可做成相同的，其质量分配可做到大致相等。同时还可使其爬坡能力、通过性能和稳定性均能得到提高。

另外，还可采用液力机械传动、静液压式传动和液压铰接式转向等技术。这样不仅可以提高压路机的压实效果，减小转弯半径，而且在弯道压实中不留空隙部，特别适宜压实沥青铺层。

2. 静力光面滚压路机总体构造

常用的国产静力式光面滚压路机有2Y6/8与2Y8/10型的二轮二轴式压路机和3Y10/12和3Y12/15A型的三轮二轴式压路机。

各种静力式压路机的基本结构大致相同，一般都包括有：动力装置、传动系统、制动系统、碾压轮、转向系统、电器系统、附属装置等组成部分。图3-2-6为3Y12/15型压路机的结构简图。

静力式压路机多采用柴油机作为其动力装置，并且以采用四行程135系列柴油机居多。相对汽油机而言柴油机具有工作可靠、经济性好、扭矩储备系数大等优点。

压路机传动系统的功用，主要是将动力装置所发出的动力，经减速增扭后传给驱动压轮，使压路机能够根据需要实现前进、后退和改变运行速度，从而保证压路机在滚压地段往复行驶，达到对被压材料的压实。

静压式压路机采用机械式传动系统，一般由主离合器、变速机构、换向机构、差速机构（对三轮压路机）、末级传动机构等组成。

3. 静力式压路机的使用技术

1）正确选用静力式压路机

根据工程施工的要求，正确地选择静力式压路机的种类、规格及压实作业参数是保证压实质量和压实效率的重要前提条件。不同型号的静力式压路机对各种施工条件的适应性也不尽相同，掌握不同形式静力压路机的压实适应性，是合理选购和使用压路机的重要依据。

重型静碾光轮压路机常用于路基垫层和路基的施工之中，而中型的多用于路面，轻型的仅用在小型工程及路面养护施工。静碾光轮压路机对粘性薄层土壤的压实尚为有效，但对含水

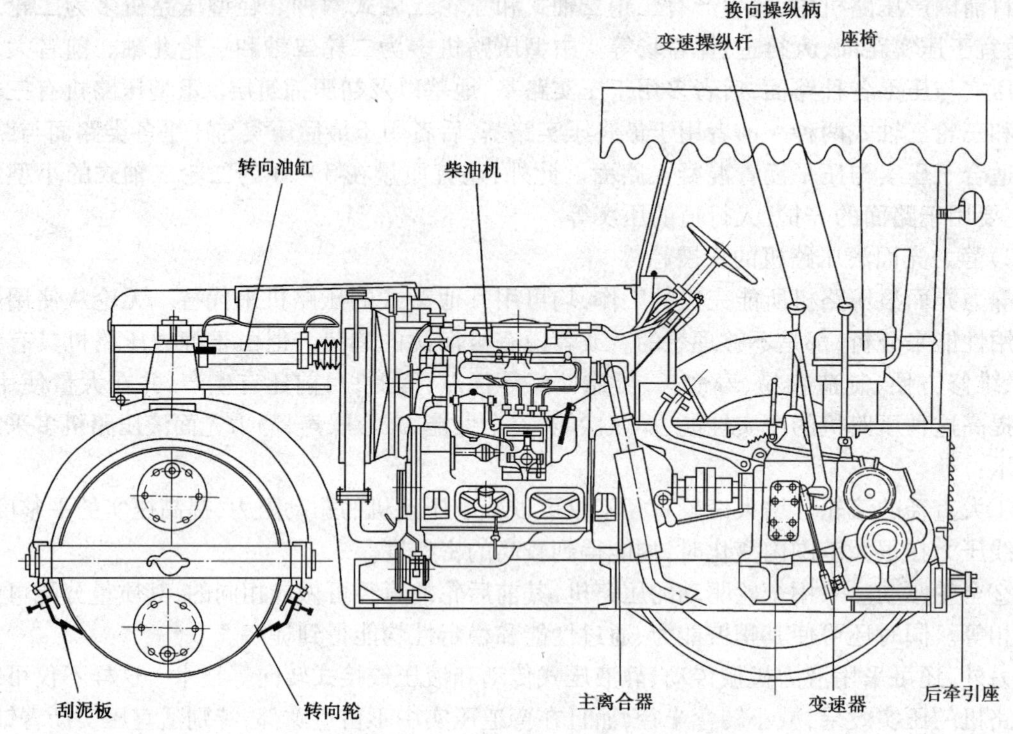

图 3-2-6　3Y12/15 型压路机的结构简图

量高的粘土或粒度均匀的砂土压实效果不佳。

(1)根据机械配套情况正确选用压路机筑路机械配套情况是选用压路机的重要因素。一般而言,机械化施工程度高,则应选用压实功能大,作业效率高的压路机;机械化施工程度低,则可选用相应功能且经济的压路机,以免浪费压路机的压实功能。静力式压路机通常用在机械化施工程度较低的压实作业中。

(2)根据压实作业项目正确选用静力式压路机。压实作业项目不同,选用的压路机种类规格也应不同。

一般进行路基压实作业时,多选用压实功能大的重型和超重型静力式压路机。可供选择的机型有 3Y10/12、3Y12/15、3Y18/20 等型号的机型。

进行路面压实作业时,为使表层密实平整,多选用中型两轮静力式压路机。可供选择的机型有 2Y6/8、2Y8/10 等。

进行路面基层压实作业时,可选用重型静压式压路机。可供选择的机型主要有 3Y10/12、3Y12/15 等。

若进行人行道、园林道路、小面积修补、边角地段及桥涵填方等压实作业,则可选用轻型或小型压路机。可供选择的机型主要有 2Y3/4 及各种小型振动压路机等。

(3)根据土壤和材料特性正确选用压路机

铺筑路基和路面所使用的土壤与材料的压实特性对压路机的选用有一定限制。表 3-2-2 所示为根据铺筑层土壤和材料的压实特性建议选用压路机的种类。

压路机选用参考表　　表3-2-2

压路机种类	土壤或材料类型					
	黏土	砂土Ⅰ	砂土Ⅱ	混合土	碎石	块石
静光轮	–	1	+	+	1	–
轮胎轮	1	1	+	+	–	–
振动轮	1	–	+	+	+	–
羊足轮(凸块轮)	+	–	1	1	–	–
说明	压实效果理想(+);压实效果一般(1);压实效果不理想(-)					

(4)根据铺筑层含水量正确选用压路机

铺筑层土壤或材料的含水量是影响压路机压实效果的重要因素。土壤在最佳含水量状态下才能很好地被压实。若土壤或材料的实际含水量比最佳含水量低3%~5%以下,而施工现场又不易补充水分,则可选用超重型静力式压路机和重型振动压路机进行压实作业。可供选择的机型主要有3Y12/15、3Y/20及一些振动压路机等。若土壤或材料的实际含水量比最佳含水量高2%~3%,则不宜用振动压路机进行振动压实。若实际含水量比最佳含水量高3%以上,则需要采取适当措施,降低含水量后才可进行压实作业。

2)正确选择压实作业参数

静压式压路机的作业参数主要有单位线荷载、最大接触应力、碾压速度、碾压遍数及压实厚度等。正确地选择以上参数,对于保证压实质量和作业效率非常重要。我们主要掌握碾压速度、碾压遍数及压实厚度等参数。

(1)碾压速度

压路机进行初压作业时,静光轮压路机适宜的碾压速度为1.5~2km/h。随着碾压遍数增加,压路机进行复压和终压作业时,静光轮压路机碾压速度可增加到2~4km/h。

(2)碾压遍数

碾压遍数是指相邻碾压轮迹相重叠0.2~0.3m,依次将铺筑层全宽压完为一遍,而在同一地点如此碾压的往返次数,称为碾压遍数。碾压遍数的确定主要是以压实达到规定的压实度为准。一般压实路基和路面基层时,大约需要碾压6~8遍;压实石料铺筑层时,大约需要碾压6~10遍;压实沥青混合料时,大约需要碾压8~12遍。

(3)压实厚度

根据压路机作用力最佳作用深度,各类型压路机均规定有适宜的压实厚度(表3-2-3)。压实厚度小,施工效率低,压实层表面易产生裂纹或波纹;压实厚度大,则铺筑层深部不易被压实。压实厚度是以铺筑层松铺厚度来保证的,它们之间的关系为:松铺厚度=松铺系数×压实厚度。松铺系数是指压实干密度与松铺干密度的比值,需要通过试验的方法予以确定。根据施工作业方式和土壤特性,土壤的松铺系数一般为1.3~1.60。

几种类型压路机适宜的压实厚度　　表3-2-3

压路机类型	适宜的压实厚度(cm)	碾压遍数	适宜土壤种类
8~10t静光轮压路机	15~20	8~12	非粘性土
12~15t静光轮压路机	20~25	6~8	非粘性土
18~20t静光轮压路机	20~25	6~8	非粘性土

3)选用静力式压路机碾压路基和沥青混凝土路面时,还必须注意以下使用方法:

(1)减少弯道压实对压实质量的影响

自行式静力压路机在碾压过程中,其转向角度不宜过大,转向速度不宜过快,应尽量避免碾压轮搓移被压层材料,影响压实质量。采用铰接式静力压路机压实作业,弯道压实时串联式压路机的前后轮迹重合,三轮压路机的前后压轮也会搭接重合,轮迹间不会出现漏压空白,这样可以减轻被压表层搓移的程度。

(2)避免被压表面出现凹痕、波浪和裂纹

在压实作业过程中,压路机不能在同一碾压断面上停留时间过长,也不能多次停留在同一断向上,这样可避免产生局部凹痕。

如果在碾压过程中发现被压层表面出现规律性波浪起伏现象,很可能是因压路机选型不当而严造成的。若改用全轮驱动压路机或三轮三轴式压路机,则可消除规律性波浪起伏现象。全轮驱动压路机的前后压轮都可将碾轮前的被压材料楔紧在碾轮下,提高被压表层的平整度。从动压轮本身无动力,而是靠机架推动进行滚压,碾滚前存在拥土现象,容易形成弓形微坡,甚至产生裂纹。这就是单轮驱动压路机容易造成路面规律性波浪起伏现象的根本原因。

严格控制铺层材料的含水量,使之处于最佳含水量状态,是提高压实质量的前提。若含水量过低,则应适量补充洒水后再碾压;若含水量偏高,则应通过翻晒蒸发后进行压实。含水量过低是造成被压层表面出现细小裂纹的原因。

(3)碾压沥青混凝土路面防粘、防硬化措施

沥青路面系高温铺筑材料,粘结性强,温降后容易硬化、固结,难于压实。根据沥青混合料的压实特性,碾压沥青混凝土路面时,压路机应尾随摊铺机之后,严格按规定的压实作业参数和碾压温度进行压实,同时应在光轮表面涂刷防粘剂,以防压轮粘结沥青混合料,影响表面压实质量。

沥青混凝±摊铺机和压路机是沥青路面的配套施工作业机械,摊铺机所完成的摊铺路段,压路机必须当即跟随摊铺机完成压实作业的全部工序,不得延误碾压时间,更不得进行隔夜碾压,以避免沥青混合料固结硬化,影响路面的压实度和平整度。

技能实训9　了解静力光面滚轮压路机的基本构造、工作原理及运用

实训目的	实训设施	实训方法	实训工艺步骤	技术要求及注意事项
使学生了解光轮压路机的基本构造及工作原理,能够合理选用光轮压路机	至少具备3Y12/15A型(或3Y18/21)光轮压路机三台	有条件的学校安排拆装实习,不具备条件的可到施工现场参观(或观摩)实习	1)指导教师讲解光轮压路机的基本构造、各系统的工作原理; 2)了解动力部分:发动机的型号、基本参数、动力是如何传递; 3)理解传动系统的结构及原理; 4)了解换向机构、制动装置的结构及原理; 5)了解滚轮的构造、差速器及差速锁; 6)了解如何对光轮压路机加载; 7)现场操作; 8)回校总结,让学生交流实习或参观感受	1)务必给学生介绍清楚各种光轮压路机的不同点; 2)必须要有经验的操作人员现场演示或指导; 3)注意拆装过程的安全

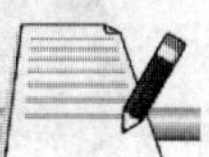

三、轮胎压路机

1. 轮胎压路机的用途及分类概述

1）用途

轮胎压路机是通过特制的充气轮胎，利用机械自重静作用力压实铺层材料的压实机械。轮胎压路机的轮胎是由耐热、耐油橡胶制成的光面滚或细花纹工作胎面的充气轮胎。由于充气轮胎的弹性变形，轮胎压路机工作时除有静力压实作用外，还产生揉压作用（剪切压实效应），易使液相和气相物（水和空气）从铺层材料中排出。

轮胎压路机可通过增加压重和调节轮胎充气压力来调节轮胎接地比压，从而在较大范围内改善了轮胎压路机对不同工况的适应性，扩大了轮胎压路机的使用范围，促使轮胎压路机迅速发展。由于轮胎压路机具有独特的压实性能，轮胎压路机不仅能有效压实非黏性土、少黏性土和最佳含水量的黏性土，而且光面轮胎压路机还可有效压实沥青混凝土和黑色碎石粒料路面，广泛用于机场跑道、堤坝、路基和路面等基础设施工程的压实作业。

2）分类

轮胎压路机可分为拖式、半拖式和自行式三种形式。拖式轮胎压路机为双轴式，即所有轮胎分别安装在前后两根轴上；半拖式轮胎压路机为单轴式，所有轮胎都装在一根轴上。现在常用的是自行式轮胎压路机（通常简称为轮胎压路机），按质量可分为轻型（10～16t）、中型（20～25t）和重型（30t 以上）。如图 3-2-7 所示是轮胎压路机的外形图。

图 3-2-7　轮胎压路机

3）轮胎压路机的特点

充气轮胎的一大特点是可以改变轮胎内的气压，以限制对铺层压实材料表面的最大压应力作用，从而提高压实效果。在相同重力负荷下，充气轮胎的最大压应力比光面钢轮小，铺层材料表面的承载力因而也比较小，这样可使下层材料得到较好的压实。

轮胎压路机对沥青混凝土和黑色碎石粒料路面有着独特的综合压实效果，具有光面钢轮不具备的弹性压实特性。特制的充气轮胎除了给铺筑层施加垂直压实力外，同时还沿压路机的行驶方向和机械的横向产生水平压实力，实现全方位压实，沿各个方向挤压和推移被压材料颗粒，提高垂直和水平密实度，对高温高粘性的沥青混合料也如此。轮胎压路机利用橡胶充气轮胎的弹性柔曲特性，对整个被压层起到“揉搓作用”，轮胎表面可通过柔曲变形挤压被压层凹部，进行封密性压实，提高压实表面和内层的密实性。在碾压沥青路面时，柔性轮胎不是像光面钢轮那样将沥青混合料向前推，而是在沥青混合料上形成最初的接触点，施加较大的垂直压实力，从而避免了钢轮碾压时经常产生的裂缝现象，提高了路面压实的封闭性和密实度的均匀性。

除上述特点外，现代轮胎压路机还具有以下几个特点：

①采用液力机械传动和液压传动。液力机械传动效率高，液压传动速度调节范围大。

②在机械上设有轮胎悬挂装置。这样，可使每个轮胎负荷均匀，并且在不平整地面碾压时

能保持机架的水平和负荷的均匀。

③在终传动方面,采用全齿轮传动,差速器上装有自动锁紧装置,常采用牙嵌式闭锁差速器。

④采用轮胎气压集中调压装置,可以得到较好的碾压效果,机械通过性能也大为提高。

⑤采用压力喷雾洒水系统。

⑥压路机质量增加,采用大功率发动机和全轮驱动形式。

⑦采用铰接式机架,折腰转向,保证了机械的机动性,又减少了对铺层的横向剪力,可提高压实质量。

⑧采用宽基轮胎,宽基轮胎的断面高度与宽度之比为0.65左右(普通轮胎为1~0.95),宽基轮胎的接地压力比较均匀。

2. 自行式轮胎压路机的总体构造

1)主要结构

轮胎压路机的行走和工作装置为特制橡胶充气轮胎,为了充分发挥轮胎压路机的压实功能,不断提高轮胎压路机对现代土建工程压实作业的适应性,满足高性能的压实要求,对轮胎压路机的结构及其技术性能的要求也越来越高。比如,为了提高铺层材料的压实均匀性,对轮胎的悬挂装置提出了更高的要求;为了提高轮胎压路机的作业适应性,扩大其使用范围,必须设置轮胎自动充气装置,及时调节轮胎充气压力等。总之,相对光面钢轮压路机,轮胎压路机的结构要复杂得多。

自行式轮胎压路机通常由发动机、专用底盘和特制轮胎碾压工作装置所组成。底盘包括机架、传动系统、转向系统、制动系统、液压控制系统和轮胎气压调节装置等。此外,还设有洒水装置(湿润装置)、配重箱和电气设备等。

2)轮胎压路机技术参数

常用轮胎压路机的部分参数见表3-2-4。

常用轮胎压路机的部分参数 表3-2-4

名称		型号				
		YL10	YL16	YL20	YL25	YL40
压实宽度(mm)		≥1500	≥1800	≥2000	≥2300	≥3000
接地比压(MPa)		0.15~0.3		0.2~0.4		0.3~0.5
最小转弯半径(mm)		≤6500	≤7500	≤8000	≤9000	≤10500
爬坡能力		≥20%				
充气轮胎	规格(特制)	8.25-20 9.00-20	9.00-20 11.00-20	11.00-20		12.00-20
	气压(MPa)	0.2~0.8				

3. 自行式轮胎压路的实用技术

自行式轮胎压路机以其独特的柔性压实作用特别适合压实较均匀的砂质土壤和沥青混凝土路面。改变轮胎压路机充气轮胎的负荷(增减压重)和调节充气压力,可以调整轮胎压轮的平均接地比压,扩大了轮胎压路机的压实作业范围。由于轮胎压路机采用橡胶充气轮胎作碾压轮,故不能碾压有尖锐棱角的碎石和块料,以免扎坏或割伤压轮。

1)轮胎压路机的使用特点

轮胎压路机可以进行各种料层基础的压实工作;对自行式轮胎压路机来说,还可以进行沥青混合料面层的压实。在备有集中充气装置的轮胎压路机进行压实作业时,轮胎负荷与充气压力之间存在的函数关系,对某种状态的土或材料都具有最佳的匹配。所以,为了充分利用和发挥轮胎压路机的优良性能,必须要熟悉轮胎压路机的使用特点,并能熟练地进行驾驶操作。

轮胎压路机是一种静作用压路机,在进行压实作业时,与光轮压路机类同。轮胎压路机结构先进,性能好,它的优点有:两个参数(气压和质量)可以改变,用以满足不同的使用要求;采用三点支承式悬挂系统,轮压均匀,压实质量好;轮胎弹性可产生揉压作用,使铺层材料在各方向上位移,表面结构密实均匀;宽基轮胎给物料的垂直力大,切向力很小,可得到无裂纹的密实表面;轮胎与铺层的接触表面呈矩形,被压材料上的任一点处于压实力的作用时间长,影响深度大。

选用轮胎压路机进行压实施工作业,必须根据被压铺层材料的松软程度、含水量多少、沥青混合料铺层温度高低,合理调整轮胎接地比压(改变轮胎负荷和调节轮胎气压),才能提高压层的密实度和平整度,避免产生轮辙,获得最佳的压实效果。现以法国生产的C788型轮胎压路机为例,说明它的使用情况(表3-2-5)。

轮胎的充气压力要保证其在铺层上有足够的接触面积。根据铺层厚薄决定轮胎的荷重。在重负荷工作时,充气压力要相应增高,当轮胎通过后,在铺层上不应有2cm以上的轮辙。

轮胎压路机的运用说明 表3-2-5

<table>
<tr><th colspan="3">使用情况</th><th>轮胎负荷(kN)</th><th>轮胎气压(MPa)</th><th>接地面积(cm^2)</th><th>接地压力(MPa)</th><th>工作情况</th></tr>
<tr><td rowspan="4">轮胎气压变化</td><td rowspan="4">每个轮胎负荷不变</td><td rowspan="2">最小</td><td rowspan="2">12</td><td>0.15</td><td>620</td><td>0.185</td><td>①这是地面受压很小的情况,应用在松软、很潮湿的粘性土或厚层在0.2m以上的软铺层,热料的最高温度在90℃以上时比较合适</td></tr>
<tr><td>1</td><td>225</td><td>0.507</td><td>②是地面受压力很大的情况(接近0.5Mpa),易产生轮辙,在工程上不常用,最好装上压重使用</td></tr>
<tr><td rowspan="2">最大</td><td rowspan="2">26</td><td>1</td><td>404</td><td>0.635</td><td>③用在滚压很硬的填料层时,能很快地压出平整的表面,获得要求的压实度</td></tr>
<tr><td>0.3</td><td>808</td><td>0.317</td><td>④轮胎气压很低,每个轮胎负荷很大,在工程上应用都得到满意的效果</td></tr>
<tr><td colspan="3" rowspan="3">气压和负荷都变化</td><td>12</td><td>0.37</td><td>385</td><td rowspan="3">0.3</td><td>⑤工程上不常用</td></tr>
<tr><td>17</td><td>0.35</td><td>570</td><td>⑥轮胎接地宽度大,下层土松软时,可获得好的压实效果</td></tr>
<tr><td>26</td><td>0.26</td><td>860</td><td>⑦这种情况比第⑤种工况的压实效果要提高50%,是一种很好的工作参数匹配,能压实下层土</td></tr>
<tr><td colspan="3">最大的负荷时用最小的气压</td><td>21</td><td>0.15</td><td>980</td><td>0.215</td><td>⑧最大质量15t(指C788标准型,不加压重时全车重,每个轮胎负荷150÷7=21.4kN),轮胎气压为0.15MPa,进行大面积面层滚压,可使表面光整;在同一工地上滚压沙石基础时允许使用0.15MPa气压,滚压面层时用0.5MPa气压</td></tr>
<tr><td colspan="8">轮胎的充气压力低时,在危险地区不要转弯,工作时用低速,不要用作转场行走</td></tr>
<tr><td colspan="8">转场行驶时</td></tr>
</table>

轮胎负荷(kN)	12	14	16	18	20	22	24	26	27
许可最小气压(MPa)	0.16	0.19	0.23	0.27	0.3	0.35	0.4	0.45	0.48

2)对轮胎压路机的使用要求

轮胎压路机虽有优于静光轮压路机的碾压特点,但其结构复杂,价格高,使用费用高,调整困难。因此,对轮胎压路机的使用和保养要求如下:

①不能碾压有尖利棱角的碎石块。

②当碾压热铺沥青混合料时,应在工艺规定的混合料温度下进行碾压作业。为了防止碾压轮粘带沥青混合料,要向轮面涂刷少量柴油或其他防粘剂,但由于这些油剂有腐蚀橡胶轮胎的作用,应尽可能少用或不用。

③调整平均接地比压,使轮胎压路机有较宽的适用范围。可通过试验和经验进行粗略调整,使平均接地压力适应最佳碾压效果的施工作业要求。

④当轮胎压路机具有整体转向的转向压轮时,为避免转向搓移压实层材料,在碾压过程中,不应转向角度过大和转向速度过快。

⑤碾压时,各碾压轮的气压保持一致,其相对值不应大于10~20Pa;

⑥终压时,可以将转向压轮定位销插入销孔中,锁死摆动,使压实层具有平整的表面。

⑦轮胎压路机处于运输工况转场行驶时,轮胎气压应处于高压状态,保持在0.6~0.65MPa之间。胎压过低会降低轮胎使用寿命。

⑧轮胎压路机在使用过程中,由于各个轮胎的气压不完全一致,将导致轴承松旷及支承框架变形,引起轮胎偏磨。当轮胎非对称磨损后,轮胎压路机将会出现附加晃动或振动等现象,影响压实质量。故轮胎压路机在工作500~600h或半年后,应对称调换各个轮胎的安装位置,使轮胎磨损趋于均匀。

⑨压实工程施工结束,如果轮胎压路机需要长时间停置,应将机身顶起,减少轮胎长期静态受压变形。

⑩为了保持轮胎压路机的压实性能,经常处于良好的技术状况,应按轮胎压路机的使用保养说明书的要求和规定,经常进行检查,及时进行技术保养和维修。

3)国产轮胎压路机使用的经验数据

国内一些工程施工单位,根据多年的施工经验,为轮胎压路机的合理使用积累了一些经验数据见表3-2-6,可供有关工程技术人员借鉴和参考。

国内一些工程使用轮胎碾的经验数据 表3-2-6

序号	土类名称	粘粒含量(%)	轮胎碾质量(t)	轮胎内压力(MPa)	铺土厚度(cm)	碾压遍数(遍)	压实平均干密度(g/cm^3)
1	粉质粘土	28~42	23	0.70	20	14	10.6*
2	重粉质壤土	20	11	0.60	20	6~9	1.74*
3	重粉质壤土	23~35	30	0.80~0.85	35~40	8~12	1.66~1.88*
	重粉质壤土	23~35	21	0.75~0.80	30~35	11	1.66~1.80*
4	风化砂		8	0.21	50	8~12	1.77~1.82*
5	重粉质壤土	23	20	0.55~0.60	30	6	1.70
6	砂砾料		15	0.20~0.30	50~70	6	1.72~2.07

注:表中有*号者为试验值。

技能实训10　了解轮胎压路机的基本构造、工作原理及运用

实训目的	实训设施	实训方法	实训工艺步骤	技术要求及注意事项
使学生了解轮胎压路机的构造及工作原理,掌握轮胎压路机的适用范围和压实特点,能够正确选用和使用轮胎压路机	YL16型轮胎压路机至少两台以上	现场参观、讲解	1)指导教师讲解轮胎压路机的基本构造、各系统的工作原理; 2)了解动力部分:发动机的型号、基本参数、动力是如何传递; 3)理解前后碾、压特制轮胎、悬挂装置的结构及原理; 4)了解转向系统、制动装置的结构及原理; 5)了解洒水装置的构造; 6)现场操作; 7)回校总结,让学生交流实习或参观感受	1)操作手演示要规范; 2)要求学生亲自动手; 3)注意学生安全

四、振动压路机

1. 用途、分类、特点及适用范围

1)用途及分类

振动压路机是公路工程施工与养护的重要设备之一,它主要用于公路、铁路、机场、港口、建筑等工程施工中。用于压实各种土壤(多为非粘性土)、碎石料、各种沥青混凝土等。在公路施工与养护中,多用在路基、路面的压实,是筑路施工中不可缺少的压实设备。

振动压路机可以按照结构质量、结构形式、行驶方式、传动方式、振动轮数、振动激励方式等进行分类,具体分类如图3-2-8所示。

此外,按振动压路机其他主要结构特点,还有一些分类方法。一般来讲,振动压路机主要按其结构形式和结构质量来分类。根据振动压路机结构形式的分类见表3-2-7。

振动压路机分类　　表3-2-7

自行式振动压路机	轮胎驱动光轮振动压路机 轮胎驱动凸块振动压路机 钢轮轮胎组合振动压路机 两轮串联振动压路机 两轮并联振动压路机 四轮振动压路机	手扶式振动压路机	手扶式单轮振动压路机 手扶式双轮整体式振动压路机 手扶式双轮铰接式振动压路机
拖式振动压路机	拖式光轮振动压路机 拖式凸块振动压路机 拖式羊足振动压路机 拖式格栅振动压路机	新型振动压路机	振荡压路机 垂直振荡压路机

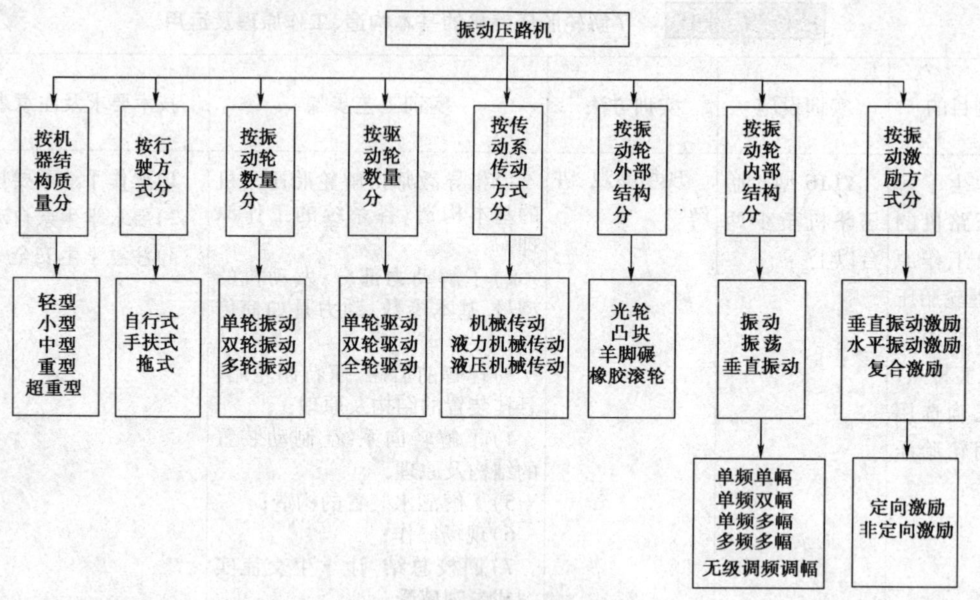

图 3-2-8　振动压路机分类图

振动压路机按结构质量分类情况及其适用范围见表 3-2-8。

振动压路机结构质量分类表　　表 3-2-8

项目 / 类别	结构重量 (t)	发动机功率 (kW)	适用范围
轻型	<1	<10	狭窄地带和小型工程
小型	1～4	12～34	用于修补工作、内槽填土等
中型	5～8	40～65	基层、低基层和面层
重型	10～14	78～110	用于街道、公路、机场等
超重型	16～25	120～188	筑堤。用于公路、土坝等

2）特点及适用范围

相对静力式压路机和轮胎压路机而言，振动压路机无论结构、压实机理、使用性能和碾压特性都与之有较大的差异。振动压路机具有以下一些特点和使用特性。

(1)振动压路机的结构特点

各类振动压路机在碾压钢轮内都装有激振装置，振动压路机压实作业时，启动激振器，激振装置将产生振动干扰力。在干扰力的作用下，振动轮将产生一定振幅和频率的振动，形成组合压实力作用在被压材料上。静力式压路机和轮胎压路机则无诱发压实力的工作机构，完全依靠结构质量产生的静压力进行压实作业。

振动压路机的激振器是由振动轴和安装在其上的一组偏心块组成，激振装置工作时，振动轴可单独驱动偏心块高速旋转，此时偏心块产生的离心力即形成对压路机一土体振动系统的干扰力，振动轮在此干扰力的作用下产生强迫振动。在振动轮强迫振动过程中，所产生的振动压力波迅速向土层深处传递，迫使被压材料与振动轮一起产生强迫振动，这就构成了“压路机—土体”的振动系统。

振动轮的激振器安装形式不同,则振动压路机的振动方式也不同。不同的振动方式有着不同的振动特性。同时,由于振动器的结构不同,其实用价值也不相同。

(2)振动压路机的性能特点

振动压路机是一种利用静作用力和激振器诱发的振动干扰力所形成的组合压实力来压实土壤的,其振动干扰力具有冲击压力波的传播特性,影响深度大,具有良好的深层碾压特性。相对于利用机械静作用力压实的压实机械,振动压路机的压实性能和碾压特性具有以下一些特点:

①在相同结构质量的前提下,振动压路机压实效果好,压实后的密实度高,稳定性好。

②振动压路机的压实生产率高。当所要求的压实度相同时,压实遍数可相对减少。

③应用振动压路机压实沥青混凝土路面时,由于振动作用,可使混合料中的粘结剂沥青与砂石、矿粉等集料充分渗透、糅合,提高路面的耐磨性。

④碾压高温沥青路面材料时,其压实温度允许比静力压实偏低,而且能获得同样的压实效果。

⑤由于激振装置的振动作用,振动压路机还可用来压实干硬性水泥混凝土(RCC 材料)。

⑥应用具有机载压实度计的振动压路机压实作业时,驾驶员可及时发现压实薄弱点,随时采取补救措施,消除质量隐患。

⑦可压实静力压路机难以压实的大粒径块石填方,并使之相互楔紧。

⑧在达到相同压实效果的前提下,振动压路机的结构质量只需为静力压路机的一半,其发动机功率也可降低 30% 左右。

⑨合理调节振动压路机的振频和振幅,既可获得良好的深层碾压特性,又可改善表层碾压特性,扩大了振动压路机的碾压范围。但振动压实作业时,不仅会产生噪声污染,而且危及周边地面建筑和地下构筑物的安全,容易诱发机械故障,危害人体健康。因此,在人口密集地方、危房区、装有精密仪器的建筑物和桥梁附近,则应限制振动压路机的使用。

3)振动压路机的发展趋势

目前,我国已能够生产手扶系列、拖式系列、自行系列等振动压路机,基本上满足了国内需要,并有一定的出口能力。今后我国振动压路机的发展趋势主要为如下几个方面:

①液压化　全液压振动压路机,结构简单、布置方便且操纵简便、省力。特别是液压传动使行走系统无级变速;使振动系统可根据施工要求在较大范围内调频和变幅。同时,液压化为机器自动检测和控制提供了条件。

②机电一体化　计算机技术、微电子技术、传感技术、测试技术的迅速发展,推动了压路机机电一体化的进程。

③结构模块化　国外一些压路机生产厂家开始生产有不同功能的模块结构和标准附件,通过更换模块和标准附件来改变压实性能和用途及压路机型别。

④一机多用化　为扩大同一振动压路机的使用范围,用改进振动机构的操作控制,可使压路机具有垂直振动、振荡和静碾压功能,而且可以根据需要进行变换。也有在压路机上增设附属装置,如推铲、路面刮平修整装置等,增加压路机的多用途功能。

⑤舒适、方便、安全化　在减震降噪方面采取措施,可使驾驶员连续工作不疲劳,从而提高了振动压路机的生产能力和使用寿命。此外,采用双方向盘、可移动方向盘、旋转座椅并且将

操纵手柄设计在座椅扶手上，尽可能减少操纵失误和减轻司机的劳动强度，满足操纵方便性。在振动压路机上安装防倾翻和防重降物驾驶室，以保障施工时人、机安全。

2. 振动压路机的总体构造

振动压路机随机型的不同，其总体结构也有一些差异。自行式振动压路机总体构造一般由发动机、传动系统、操纵系统、行走装置（振动轮和驱动轮）以及车架（整体式和铰接式）等组成。轮胎驱动铰接式振动压路机总体构造如图 3-2-9 所示。下面介绍几种典型现代振动压路机的结构、工作原理及其技术性能。

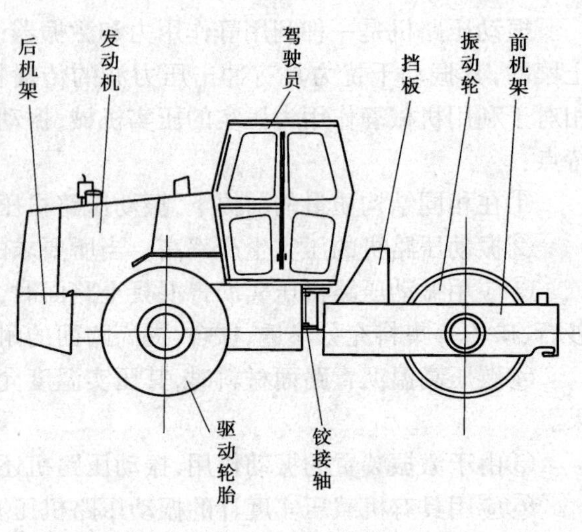

图 3-2-9　轮胎驱动铰接式振动压路机

1) YZ14 型振动压路机

YZ14 型振动压路机是洛阳建筑机械厂开发的超重型、铰接式振动压路机。该压路机由振动轮和单轴驱动车二单元铰接而成。该机采用单轴轮胎驱动，行走传动为机械式。发动机、行走传动装置、驾驶室及各种操纵机构都安装在单轴驱动车单元上。该机光面振动轮由静液压驱动振动轴产生振动，利用机械自重和振动轮的激振力压实土壤。转向机构为中央铰接全液压随动式。

YZ14 型振动压路机的外形如图 3-2-10 所示。该机兼有机械式和液压式传动的优点，工作可靠，传动效率高，操纵轻便，工作平稳，是 20 世纪 90 年代我国压实机械的主力机型。

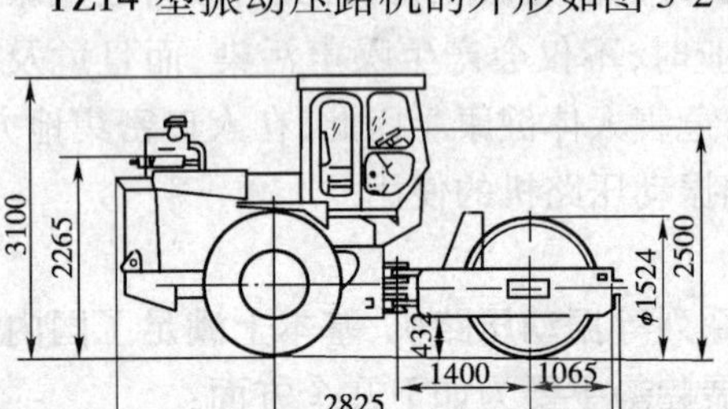

图 3-2-10　YZ14 型振动压路机

采用机械式传动的振动压路机，其结构简单，制造技术成熟，工作可靠，维修方便。实践证明，YZ14 型振动压路机具有压实效果好，影响深度大，生产效率高等特点，特别适合压实砾石、碎石、砂石混合料等非黏性土壤和沥青等混凝土铺筑层，是高等级公路、矿山道路、堤坝、机场、海港以及其他建筑工程的理想压实设备。

YZ14 型振动压路机的结构特点：YZ14 型振动压路机的动力装置为 4135AK-3 型水冷式柴油机，额定功率为 73.53kW，额定转速为 1500r/min。该发动机的动力可由曲轴两端同时输出，飞轮端输出的动力进入机械式行走传动系统；曲轴前端输出的动力则经传动轴和副变速箱驱动液压系统的双联齿轮油泵。

YZ14 型振动压路机采用可靠的机械式行走传动系统，结构简单，维修保养方便。光轮振动工作装置为液压驱动，操作轻便，振动平稳，无惯性冲击。该机由振动轮和单轴驱动车的前后机架铰接而成，可实现液压铰接折腰转向，机动灵活，通过性能好。振动轮轮圈为光面钢轮，振动轮总成与前机架连接，由单轴驱动车牵车驱动。单轴驱动车的后机架上装有发动机、变速箱、驱动轮和驾驶室等总成。驱动轮为人字形花纹越野低压充气轮胎，附着力强，牵引通过性

能好。驾驶室与后机架采用弹性连接，橡胶减振。

2）G 系列和 GD 系列液压振动压路机

G 系列和 GD 系列液压振动压路机，是洛阳建筑机械厂近年来引进 BOMAG 技术生产的新系列振动压路机。

G 系列和 GD 系列振动压路机的行走传动系统均采用液压机械式传动，振动轮采用液压马达驱动偏心块进行振动。所不同的是 G 系列振动压路机的行走传动系统为单轴轮胎驱动；GD 系列则为轮胎和振动轮全轮驱动。

G 系列和 GD 系列振动压路机采用先进的 Deutz/F6L912 型风冷式柴油机。该柴油机备有灰尘排放阀和安全滤筒，空气净化率高，对恶劣的作业环境有很强的适应性。

YZ10G 型振动压路机为 C 系列中重型液压振动压路机，减振性能好，工作可靠，能满足粉砂、砾石、碎石、软石等非粘性材料、半粘性土壤和水硬性结合料的压实要求，是道路工程、机场、港口等建筑工地的最佳压实设备。图 3-2-11 为 YZ10G 型振动压路机的外形。

图 3-2-11　YZ10G 型振动压路机

G 系列和 GD 系列液压振动压路机的主要技术参数见表 3-2-9。

G 系列和 GD 系列液压振动压路机的主要技术参数　　表 3-2-9

型号	YZ10G	YZ10GD	YZ12G	YZ12GD	YZ14G	YZ14GD
工作质量（kg）	10000	10300	12000	12000	14000	14000
前轮分配质量（kg）	5100	5400	6200	6500	7000	7700
后轮分配质量（kg）	4900	4900	5800	5500	7000	6300
静线压力（N/cm）	240	252	290	304	327	360
最小转弯半径（mm）	6000	6000	6000	6000	6000	6000
行走速度（km/h） Ⅰ速度范围 Ⅱ速度范围	 0～8 0～16	 0～6 0～12	 0～7 0～14	 0～5 0～10	 0～6 0～11	 0～5 0～10
爬坡能力（%）	30	35	30	35	30	30
轮胎	23.1-26-8	23.1-26-8	23.1-26-8	23.1-26-8	23.1-26-8	23.1-26-8
钢圈	DW26×20	DW26×20	DW26×20	DW26×20	DW26×20	DW26×20
振动频率（Hz）	33	33	32	32	31	31
名义振幅（mm）	1.67/0.78	1.67/0.78	1.70/0.78	1.70/0.78	1.70/0.78	1.70/0.78
激振力（kN）	220/110	220/110	240/120	240/120	260/130	260/130
发动机型号 额定功率（kW） 额定转速（r/min）	F6L912 82.4 2500	F6L912 82.4 2500	F6L912 82.4 2500	F6L912 82.4 2500	F6L912 82.4 2500	F6L912 82.4 2500
燃油箱容量（L）	195	195	195	195	195	195
电气装置电压（V）	12	12	12	12	12	12
行车制动	静液压	静液压	静液压	静液压	静液压	静液压
停车制动	机械	机械	机械	机械	机械	机械
驱动轮	后	前＋后	后	前＋后	后	前＋后

3.振动压实应用技术

1)土方振动压实应用技术

(1)压实层厚的确定

压实土层的密实度随深度递减,表面5cm的密实度最高。填土分层的压实厚度和压实遍数与压实机械类型、土的种类和压实度要求有关,应通过试验路来确定。同样质量的振动压路机要比光轮静碾压路机的压实有效深度大1.5~2.5倍。如果压实遍数超过10遍仍达不到压实度要求,则继续增加遍数的效果很小,不如减小压实层厚。

(2)碾压方法的确定

碾压前,检查土的含水量是否合适,如果不合适,不要急于碾压,而是要采取处理措施,过湿就摊铺晾晒,过干则洒水润湿。开始时宜用慢速,最大速度不宜超过4km/h。碾压时直线段由两边向中间,小半径曲线段由内侧向外侧,纵向进退式进行。横向接头对振动压路机一般重叠0.4~0.5m,对三轮压路机一般重叠后轮宽的1/2;前后相邻两区段(碾压区段之前的平整预压区段与其后的检验区段)宜纵向重叠1~5m,应达到无漏压、无死角,确保碾压均匀。

采用振动压路机碾压时,第一遍应不振动静压,然后先慢后快,由弱振至强振。

(3)碾压速度的确定

压路机行驶速度过慢则影响生产率,行驶过快则对土的接触时间过短,压实效果较差。一般光轮静碾压路机的最佳速度为2~5km/h,振动压路机为3~6km/h。对压实度要求高,以及铺土层较厚时,行驶速度更要慢些。碾压开始宜用慢速,随着土层的逐步密实,速度逐步提高。

(4)碾压技巧

压实时单位压力不应超过土的强度极限,否则土体将会遭到破坏。开始时土体较疏松,强度低,故宜先轻压,随着土体密度增加,再逐步提高压强。所以,推运摊铺土料时,应力求机械车辆均匀分布行驶在整个路堤宽度内,以便填土得到均匀预压。否则要采用轻型光轮压路机(6~8t)进行预压。正式碾压时,应用振动压路机,第一遍应静压,然后由弱振至强振。

碾压时,在直线路段和大半径曲线路段,应先压边缘,后压中间;小半径曲线地段因有较大的超高,碾压顺序宜先低(内侧)后高(外侧)。

路堤边缘往往压实不到,仍处于松散状态,雨后容易滑坍,故两侧可采取多填宽度40~50cm,压实工作完成后再按设计宽度和坡度予以刷齐整平,也可以采用卷扬机牵引的小型振动压路机从坡脚向上碾压,或采用人工拍实。坡度不陡于1:1.75时,可用履带式推土机从下向上压实。

(5)碾压机械的选择

压实质量要求高的路基,宜选用压实效果较高的碾压机械,如重型轮胎压路机和振动压路机。

砾石基层和底基层长期以来采用振动压实,且已成为一种标准压实法。

采用振动碾压各种不同类型的碎石路基层(贯入式碎石路面,含有细屑的碎石填方等),已经成为近似强制性的规定。

有时,采用静作用格栅式压路机把由细碎石组成的基层材料放在道路表面上轧碎,而凸块式振动压路机也具有同样用途。

底基层的压实介于路堤和基层压实范围之间。底基层主要由粒状类型的土壤所组成,用重型振动压路机压实这种半粘结性底基层材料可取得良好的效果。用中等重型振动压路机能有效地压实铺层厚度约为0.5m、含有少量细屑的砾石或砂的底基层材料。碎石的底基层一般是用中等重型振动压路机来压实,其铺层厚度大约可达0.8m,能得到一个很稳定的道路基层。

变幅对基层压实很有价值。大振幅能有效地压实基层的底部,而较小的振幅适合于压实表层。

2)沥青路面振动压实应用技术

沥青路面施工压实的目的是提高沥青混合料的强度、稳定性以及疲劳特性。压实工作的主要内容包括碾压机械的选型与组合、压实温度、速度、遍数、压实方式的确定及特殊路段的压实(弯道与陡坡等)。

(1)普通沥青路面振动压实的应用技术

振动压路机可用于初期碾压、补充碾压及整平碾压,因其振动滚轮所具有的加速度作用使混合料中的颗粒可以尽可能地聚集在一起,从而获得超过常规静力式光轮压路机和轮胎压路机所能达到的密实度,在较短的时间和有限的碾压次数内达到最佳压实效果。

①碾压温度

碾压温度的高低,直接影响沥青混合料的压实质量。混合料温度较高时,可用较少的碾压遍数,获得较高的密实度和较好的压实效果;而温度较低时,碾压工作变得较为困难,且易产生很难消除的轨迹,造成路面不平整。因此,在实际施工中,要求在摊铺完毕后及时进行碾压。一般来说,沥青混合料的最佳压实温度为110~120℃之间,最高不超过160℃。所谓碾压最佳温度是指在材料允许的温度范围内,沥青混合料能够支承压路机而不产生水平推移,且压实阻力较小的温度。

摊铺机后面的碾压作业段长度,由混合料的种类和压实温度来确定。一般来说,压路机尽可能靠近摊铺机进行碾压。达到了密实度后,再以最少的碾压遍数进行表面修整时,压路机离摊铺机远一点。

若碾压时混合料温度过高,会引起压路机两旁混合料隆起,碾轮后的摊铺层裂纹,碾轮上粘起沥青混合料(尽管用水喷洒),及前轮推料等问题。而碾压温度过低时(50~70℃),由于混合料的黏性增大,导致压实无效,或起副作用。研究表明:当沥青混合料的摊铺初始温度每提高10℃,则碾压时间就可缩短近16%;而最低碾压温度每降低10℃,碾压时间需延长近30%。可见沥青混合料温度较高时,有利于缩短碾压时间,加快施工速度。

压实质量与压实温度有直接关系,而摊铺后混合料温度是在不断变化的,特别是摊铺后4~15min内,温度损失最大(1~5℃/min),因此必须掌握好有效的压实效果,适时碾压。有效压实时间的长短与混合料的冷却速度、压实厚度等因素有密切关系。

②碾压层的厚度

路基、路面底基层和基层(除外用沥青做结合料的基层)的压实规律是碾压层厚不容易达到高的压实度，碾压层薄容易达到高的压实度。沥青面层的压实恰恰与其相反，碾压层厚比薄更容易达到高密实度。其原因是薄层沥青混合料的温度降低得快，较低的温度明显降低沥青混合料的压实效果。

③选择合理的压实速度与遍数

合理的压实速度，对减少碾压时间，提高作业效率有十分重要的意义。在施工中，保持适当的恒定碾压速度是非常必要的。一般速度控制在2～4km/h，轮胎压路机可适当提高，但不超过5km/h。速度过低，会使摊铺与压实工序间断，影响压实质量，从而可能需要增加压实遍数来提高压实度。碾压速度过快，会产生推移、横向裂纹等。

选择碾压速度的基本原则是：在保证沥青混合料碾压质量的前提下，最大限度地提高碾压速度，从而减少碾压遍数，提高工作效率。

④选择合理的振频和振幅

目前，越来越多的振动压路机被用来碾压沥青混合料，为了获得最佳的碾压效果，合理地选择振频和振幅是非常重要的。

(2)改性沥青路面(SMA路面)振动压实应用技术

改性沥青混合料的压实工艺，除了提高碾压温度外，与普通沥青混合料没有太大的区别，对压实机具也没有特别要求。在高温下碾压显得特别重要，温度降到一定程度时，碾压将会显得无能为力。尤其是改性沥青和SMA一般都在表面层使用，厚度比较薄，混合料稳定温降较快，尤其要注意不能在温度下降以后才碾压。工程上一般掌握的碾压成型的最低温度为130℃。

对SMA路面，压实工艺既特别有讲究，又特别简单，主要是一个掌握问题。

①SMA必须采用刚性碾碾压，不容许采用轮胎压路机碾压。

②碾压SMA必须密切注意压实度的变化，目前任何压实度的监测方法都是事后，还无法指导压实过程。所以只能通过严格控制碾压遍数的方法控制压实度。一般初压用10t钢碾紧跟在摊铺机后面压1～2遍，复压用钢性碾静压3～4遍，或振动压路机振动碾压2～3遍，最后用较宽的钢性碾终压一遍即可结束。

③人们总结出SMA的碾压八字方针："紧跟、慢压、高频、低幅"。即压路机必须紧跟在摊铺机后面碾压，摊铺的混合料温度有多高，哪怕在180℃以上都不怕，只有在高温条件下碾压才能取得良好的效果。切忌在较低温度下翻来覆去地压，压实度不容易达到，石料的棱角都压掉了，石料还可能压碎，这种事倍功半的做法一定要避免。一般要求的碾压速度不能超过4～5km/h，高频和低幅的碾压对提高SMA的压实度，防止石料损伤，保持石料有良好的棱角性和嵌挤作用很重要。大振幅碾压很容易造成碾压过度，使石料压碎，或者玛蹄脂上浮，得不到挽救。这几点也是保证SMA路面的平整度的重要关键性因素。

3)水泥混凝土路面及RCC材料振动压实应用技术

使用振动压路机压实干硬性混凝土已经有了很成功的经验。RCC混合料的压实主要由振动压路机来完成。在振动压路机压实之后，采用轮胎压路机可以改善RCC路面的表面结构，它将使某些细料到达表面，以闭塞任何孔隙、裂缝或表面的撕裂等。

振动压路机适宜的静线压力为200～300N/cm。戴纳帕克的CA15、CC42、CA25和三一重

工集团公司的 YZ18C 型等振动压路机，无论在试验或在实际工作中，都获得了良好的效果。这些型号的压路机适宜于压实的铺层厚度在 200 ~ 350mm 之间。为避免出现表面开裂，采用振动轮是主动轮的振动压路机是有利的。静线压力为 500N/cm 的重型振动压路机，能压实更厚的铺层。

振动平板压实机或较小型的振动压路机，例如：双轮压路机，可以压实浇灌于钢板桩附近的混凝土和混凝土建筑物。

RCC 的强度和许多其他性质取决于达到的密实度。在所有情况下密实度的减少将使强度大幅度降低。此外密实度还影响到路面的抗冻融性、抗渗透性及抗磨蚀性等增加路面稳定性的因素。

4）严寒季节振动压实应用技术

冰冻土壤很难压实，因为冻土中孔隙的冰使土颗粒坚固地结合在一起。增加土壤中细屑含量和水含量要达到高的密实度是困难的。当温度降到零度以下时，填方材料则渐渐变硬因而压实也越来越困难，在冬天压实可供选择的主要方案有：

（1）干土和岩石填方的压实

完全干燥的原始岩类填方、碎石或粗砾石，是最适合于冬天压实的材料。但是，就是这种材料，雨雪后也有冰冻的危险。因此，在第二层铺设之前应尽可能地清除表面积雪。另一种可行办法是在表面上撒盐，使积雪融化。因而，冬季建造的填石路堤其沉陷量难免要稍大于冰点以上建设的道路。

（2）不冻土的快速压实

在冬天对不冻土方的快速压实时，假定土方能从取土坑冰冻表面之下挖掘出来进行压实，移来的不冻土填方要立刻运输到现场，如果温度在冰点以下，经平整后应尽可能快速地压实。

用具有高速和良好机动性的自行式振动压路机进行快速压实，比拖式压路机或重型静碾压路机较为有利。这种方法适用于低含水量粒状材料的基层和底基层的压实。

（3）填土方法

在温度低于零度时，填充薄的铺层常常会使填方几乎全部冰冻。冬天在许多情况下，最好采用厚铺层。通常冰冻填方材料有大部分很少受结冰的影响，因而可以减少压实厚铺层下部的不利条件。在一定场合下，用振动羊足压路机和凸块式压路机能够轧碎冰冻块料，特别是压实粒状土壤可以取得良好效果。

（4）待夏季压实

在气温低且冰冻很深的严冬情况下，使填方材料不冻结是不可能的。当路堤填方中含有冰冻土时，难免沉陷较大。所以路堤应该铺设较高的路拱。适宜的加高量为路堤高度的 20% ~ 30%。低路堤比高路堤需要有更大的加高百分数。到夏季时将路堤表面整平，然后用重型振动压路机压实。建议用振动部分静质量 10t 的振动压路机碾压 8 ~ 10 遍。路堤平面的平整和压实应待路堤填方完全解冻后进行。

像路堤一样，在冬季也应选择这种方法防止铺设基层和底基层。道路的面层通常要等到路堤建后的第二个夏天铺设。这样，虽然施工时间加长，但从实际经验来看，对于道路的质量和减少长期沉陷有好处。

技能实训11 了解振动压路机压路机的基本构造、工作原理及运用

实训目的	实训设施	实训方法	实训工艺步骤	技术要求及注意事项
使学生了解振动压路机的构造及工作原理,能够正确使用振动压路机	YZ14 或 YZ18 振动压路机一台	现场参观、讲解	1)指导教师讲解振动压路机的基本构造、各系统的工作原理; 2)了解动力部分:发动机的型号、基本参数、动力是如何传递; 3)理解机械传动、液压传动系统的结构及原理; 4)了解变速箱、制动装置的结构及原理; 5)了解振动轮的构造; 6)了解振动压路机液压系统的构造及原理; 7)振动压路机的现场操作; 8)回校总结,让学生交流参观感受	1)指导教师要以现有设备为主,介绍相关振动压路机的不同点,使学生触类旁通; 2)现场演示要规范; 3)注意学生人身安全

五、羊角碾及夯实机械

1. 羊角碾

羊角碾是在光面压路碾的表面上安装了许多凸爪,由于这些凸爪的形状与羊角相似,所以称为羊角碾(如图3-2-12 所示)。由于这些羊角形的构件与被压土接触面积小,作用力集中,所以很适宜对含水量较大、新填的粘性土的压实,但不能用来压实砂土和公路面层。

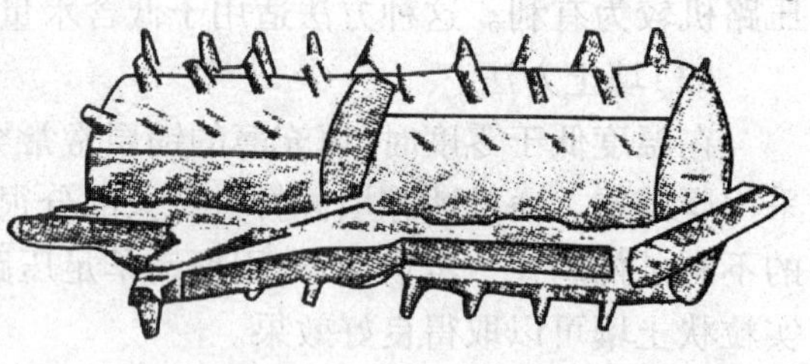
图 3-2-12 羊角碾外貌图

羊角碾一般按行走方式分为两类,即拖式羊角碾和自行式羊角碾。常用的羊角碾多为拖式单滚羊角碾,如图 3-2-13 所示。羊角的尺寸和形状对土的压实效果有直接影响,图 3-2-14 的羊角形状为梯形凸块式碾轮。羊角的高度和年轮的直径之比应控制在 1:5 ~1:8之间。

2. 夯实机械

夯实机械是一种利用冲击或高频振动能量产生压实力来完成压实作业的轻便型压实设备,是除压路机以外的另一类压实机械。现代夯实机械分类情况如图 3-2-15 所示。

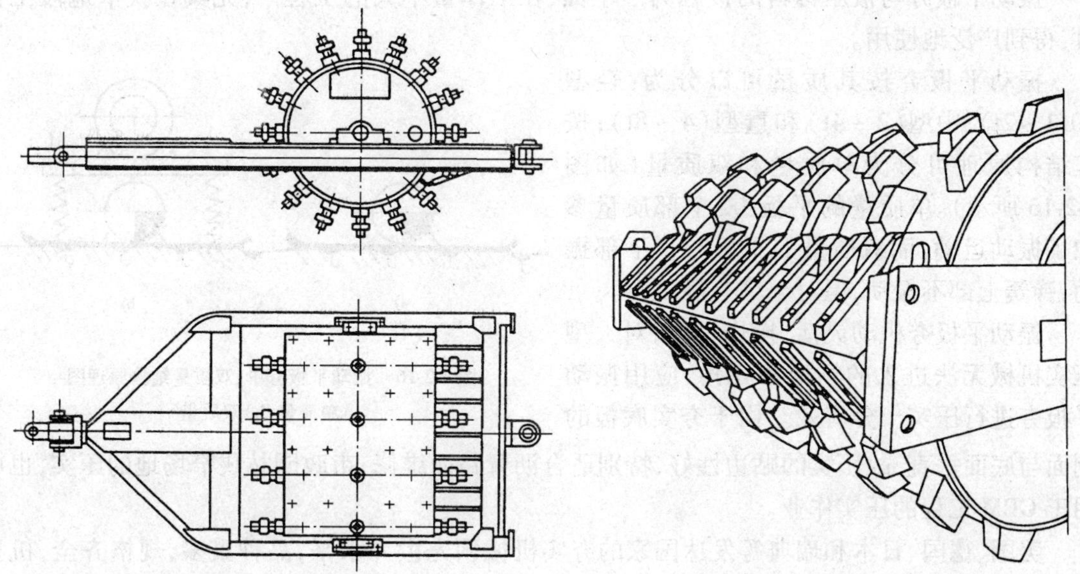

图 3-2-13 拖式单滚羊角碾　　图 3-2-14 梯形凸块碾轮外貌

自由落锤式夯实机械属于重级类。这种机型具有很高的打击能量，夯实板重力 10～30kN，提升高度 1.0～2.5m，在夯实板自重作用下夯击土壤；夯击频率比较低，它取决于夯锤的提升高度。

重型机械夯、内燃爆炸夯、蒸汽锤夯和振动夯等属于中级类。这类夯实机械一般作成拖式、半拖式以及轮式或履带式牵引车所悬挂的装置；也可悬挂在挖掘机动臂上或作成专用的自移式夯实机。

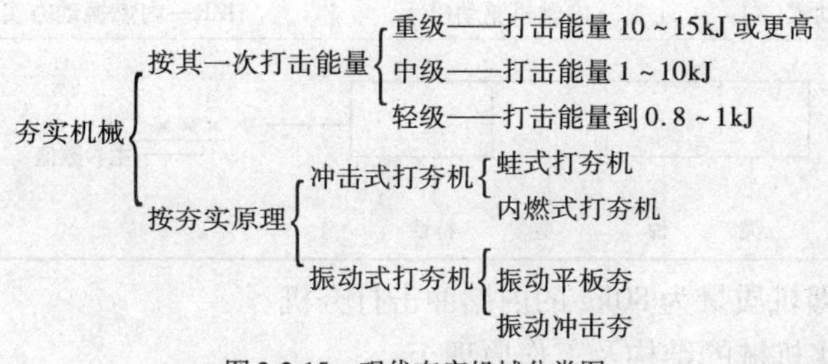

图 3-2-15 现代夯实机械分类图

各种手扶式夯实机属于轻级类，其中有内燃机驱动、电机驱动和以压缩空气为动力驱动的多种。这些机型自身的质量不大于 20t，由一个或二个司机操纵。质量为 5～20t 的夯实机械通常都制成自移式的。这种质量轻和外形尺寸小的夯实机适用于沟槽、基坑回填土的夯实，特别适用于墙角等狭窄地带，以及小面积的土方夯实工作。

振动式打夯机是一种利用机械本身产生的高频振动来密实土壤的打夯机，它没有冲击式打夯机那样大的跳起高度（最大振幅仅为 16mm 左右），但却有相当高的振动频率（可达 200Hz）。因此它密实土壤是靠高频振动效应来进行的。在我国，振动式打夯机的主要型式是各种规格（主参数为机质量，以 kg 表示）的振动平板夯（平板振动夯），有内燃机驱动和电动机驱动的两种。振动式打夯机适用于颗粒性土壤（砂性土壤等）的夯实。

振动平板夯与被压材料的接触为一平面，在工作量不大的工程中，尤其在狭窄地段工作时，得到广泛地使用。

振动平板夯按其质量可以分为：轻型(0.1～2t)、中型(2～4t)和重型(4～8t)；按其结构原理可分为单质量和双质量(如图3-2-16所示)。单质量的平板夯，全部质量参加了振动运动；而双质量的平板夯仅下部振动，弹簧上部不振动，但对土壤有静压力。

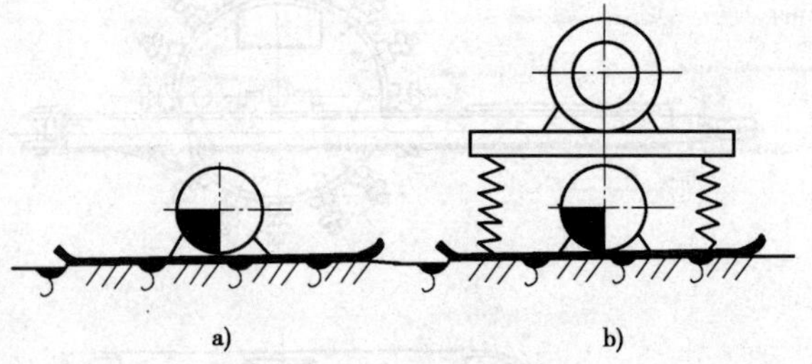

图3-2-16　振动平板夯单、双质量结构原理图
a)单质量；b)双质量

振动平板夯机动灵活，操作轻便，对大型压实机械无法进入的场地和死角，应用振动平板夯进行压实十分有效。由于夯实底板的侧面与底面垂直，故压实的贴边性好，特别适合沥青路面维修、市政园林狭窄场地的压实，也可用于GBM工程的压实作业。

美国、德国、日本和瑞典等发达国家的夯实机械领先世界水平，品种繁多，规格齐全，机型更新快，并已广泛用于道路维修、管道与电缆沟回填等建筑工程。近10年来，我国的夯实机械也有较大的发展，并制定了相关标准。夯实机械的组、型划分及其代号见表3-2-10。

夯实机械的组、型划分　　表3-2-10

机种	型式	特性	代号含义	主参数(单位)
打夯机(H)	内燃冲击式(N或B)	缸内燃气直接驱动	HN(HB)—内燃式打夯机(爆炸夯)	机质量(kg)
	多头式(D)	电驱动和内燃机驱动	HD—多头打夯机	机质量(kg)
振动打夯机(H)	振动式(Z)	电驱动	HZ—振动夯实机	机质量(kg)
	内燃振动式(Z)	内燃机驱动(R)	HZR—内燃振动夯实机	机质量(kg)

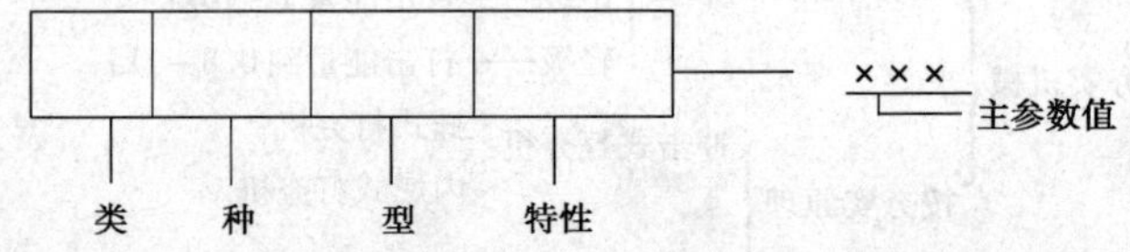

例如HB—80，即机质量为80kg的内燃冲击打夯机。

3. 几种典型夯实机械的结构及工作原理

1)冲击式夯实机械

冲击式夯实机械是利用夯锤或夯板的落体冲击力压实土壤的小型压实机械。适用于夯实粘性土和非粘性土，铺层厚度可达1～1.5m或更多，还可用于夯实自然土层。广泛用于公路、铁路、建筑、水利等工程施工中。在公路修筑施工中，可用在桥背涵侧路基夯实、路面坑槽的振实以及路面养护维修的夯实、平整，是筑路工程中不可缺少的设备之一。这类夯实机械有悬挂移动式打夯机、拖式打夯机和自移式打夯机等。

悬挂移动式打夯机是在履带式挖掘机或履带式起重机上，将夯锤用提升钢丝绳悬挂在机械的动臂上，通过提升卷扬机提升至最高位置，然后利用夯锤自由落体产生冲击力来夯实地面。虽然所悬挂的夯实工作装置结构简单，但挖掘机和起重机结构复杂，造价高。夯实作业

时，主机的大部分机构闲置未被利用，故匹配不合理，使用经济性能差。加之夯锤冲击振动容易损坏主机的传动装置和机构，增加施工成本。此类悬挂式夯实机械在实际使用中受到很大限制，已被逐步淘汰。

目前，在工程上广泛使用的冲击式夯实机械主要有传统的蛙式打夯机和现代手扶内燃式打夯机。

(1)蛙式打夯机

蛙式打夯机是一种电动自移式打夯机，它由夯板、电动机、传动轴、前轴、皮带传动装置、偏心块、拖盘和操作手柄等组成。如图 3-2-17 所示为蛙式打夯机的构造图。

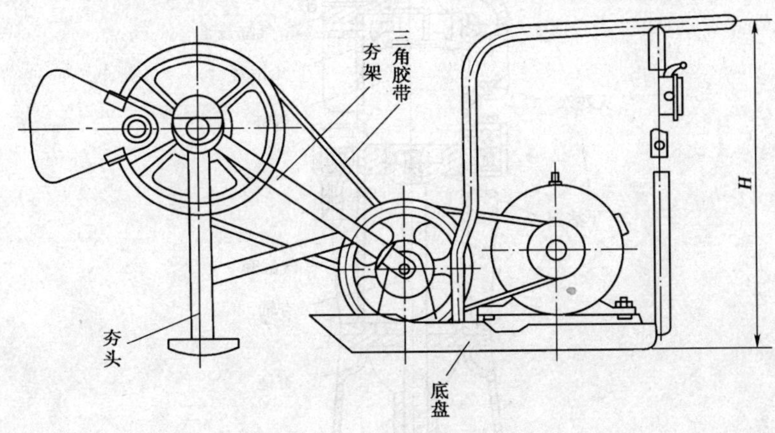

图 3-2-17　蛙式打夯机构造图

蛙式打夯机的工作原理是：工作时，电动机通过二级三角胶带传动带动夯架前轴上的偏心块转动，偏心块产生离心力，带动夯架抬起、并使夯机跳跃前移，接着又使夯头落下，对土产生冲击，如此周期性的工作，从而夯实土壤，达到夯实目的。偏心块每分钟转动 140 ~ 150 次，仅能向前进方向转动。

(2)内燃式打夯机

内燃式打夯机又称爆炸夯或活力夯。通常由燃油供给系统、点火系统、配气机构、操纵机构和缸体、缸盖、上下活塞、夯轴、夯锤、夯板等组成。如图 3-2-18 所示的内燃式打夯机的结构简图。

内燃式打夯机的工作原理是：内燃式打夯机直接利用燃料在机体的气缸内燃烧爆炸产生冲击力来进行夯实作业。

内燃式打夯机的冲击能量比蛙式打夯机大，但冲击频率较蛙式打夯机低，特别适合公路养护在沟槽、坑穴、边角场地和电力供应困难的地方进行夯实作业。

2)振动式夯实机械

振动式夯实机械是利用激振器产生的振动能量来完成压实作业的夯实机械，常用的如振动平板夯实机即属此类。振动平板夯实机由发动机、夯板、激振器、弹簧悬挂系统等组成。按照振动特性，振动平板夯实机可分为非定向和定向两种形式，如图 3-2-19 所示。

振动平板夯实机的工作原理：在振动平板夯振动器产生的高频激振力和夯机静压力的作用下，被压层物料的内摩擦力和黏聚力将急剧下降，甚至完全消失。实验资料证明，振动夯实粗粒土，其颗粒的迁移率为静压迁移率的 10 ~ 30 倍，被压层材料的密实度增长速度特别快，压

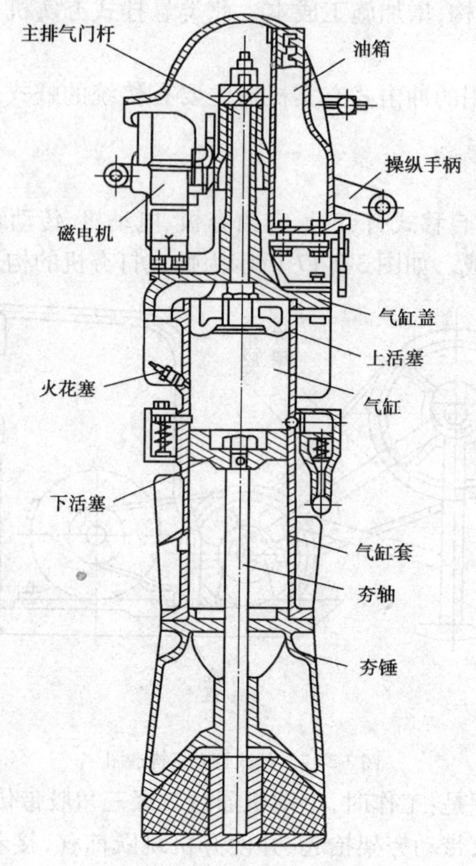

图 3-2-18 爆炸式夯实机结构简图

实效率高。应用动力振动夯实，其压力波具有声波传递的冲击效应，并对被压铺层形成弧形效应圈，将压力波向纵深迅速传播，从而提高了压实效果。

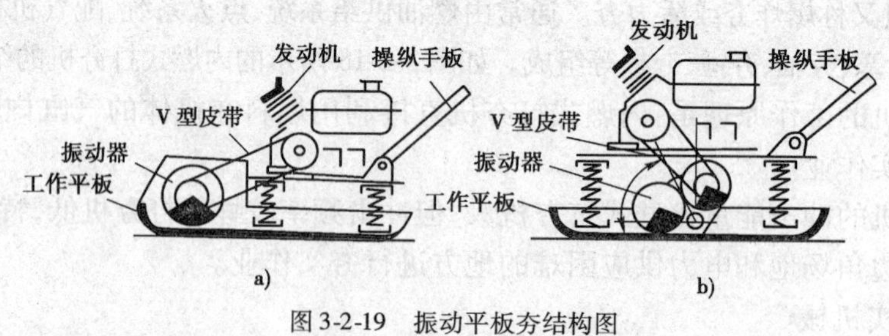

图 3-2-19 振动平板夯结构图
a)非定向振动式；b)定向振动式

4. 夯实机械的使用技术

1）蛙式打夯机的使用要点

(1)操作前应检查电路是否符合使用要求，地线是否接好。特别要检查偏心块和皮带轮是否安装牢固，工作是否可靠。

(2)操作人员都应戴上绝缘手套、穿上橡胶绝缘鞋，以防触电。操作作业时，应将电线尾

随打夯机移动,并保持 3 ~ 4m 的松余量不得扭结。

(3)蛙式打夯机不得在冻土、坚石和砖石混合料上夯实作业。

(4)夯实作业结束,应切断电源,卷好电线。

2)振动平板夯的使用要点

振动平板夯使用前的准备工作,可参照其他型式打夯机进行。

当工作中,发现振动频率下降、轴承过热、机械走偏等现象时,应及时停机,检查偏心振动子和轴承等部件,偏心块必须牢固地连接在转轴上,轴亦不得有弯曲,轴承不能松旷,否则必须进行校正或更换。夯板、支撑台板、减振弹簧均不得有变形、裂纹等缺陷,必要时应予平整、补焊、甚至更换。

电动式振动平板夯,可在 1 000 ~ 1 500 工作小时后进行一次全面保养,更换齿轮箱内的润滑油,其传动辆和万向节的润油可在 50 ~ 100 工作小时后进行。

3)内燃冲击式打夯机的使用要求与方法

(1)使用之前可用附备的专用装载小车将打夯机送到施工地点附近。

(2)将打夯机立放在平整的地面上,按起动方式上下按动(或提拉)手柄将机械作“空车”运动,并检查运动是否灵活,联接件有无松动,缸内是否有金属撞击声等。当气门杆锁销脱落,使气门掉入气缸内,或内弹簧折断、缩短使弹簧呈浮动状况时,均可听到金属撞击声或摩擦声,这时必须拆检打夯机,进行必要的修理,否则会造成机械事故。

(3)当“空车”检查无误后,可加注按一定比例混合配制的燃油,并擦净机身上的油渍,将机械移动到夯实地点,摆正停稳,即可进行起动工作。

(4)HB—80 型打夯机用专用起动手柄起动,HB—120 型打夯机可按压操纵手柄起动。当活塞上下移动 2 ~ 3 次,使燃油形成的混合气进入气缸,对于 HB—80 型打夯机,只要按动点火开关就能起动。对于 HB—120 型打夯机,因操纵手柄联动着磁电机外凸轮,每按压一次手柄均可使磁电机运转而产生电流,缸内火花塞即可发火,从而能自然起动。

(5)开始起动或起动后的工作中,都要特别注意打夯机的起跳和夯击,以免误伤操作者的头部和脚部。

(6)每次夯击后缸内燃气要放出,因而总有一响“嘭”声,这是机械的自然现象,无须紧张,只要谨慎操作,即可很快地掌握其性能,自如的进行工作。

(7)在工作中当需移动夯击位置时,只需将打夯机向需要移动的方位倾斜,即可使其向前自行跳进。

(8)内燃式打夯机使用的燃油是 66 号(或 70 号)汽油与 15 号机油的混合物,混合比例为 16:1 ~ 20:1,当工作时间较长或在炎热的夏季使用时,机油比例可适当提高。在汽油中加入机油的目的是为了润滑气缸壁,切不可直接使用汽油,否则会造成缸壁的迅速磨损。

(9)工作间歇时应擦净由于振动流落到机身和场地上的燃油,操作时亦不得引入火种,混配燃油或加油时不得吸烟,以免引起火灾。

(10)在使用中还要注意防止水分浸入,保管中亦要防止受潮,如须长期停放,应拆卸保养并涂以防锈油脂后再组装起来存放。

4)快速冲击夯实机的使用技术

多头式打夯机(快速冲击夯)在使用前应做好准备工作:选择较为宽敞的起动位置停稳机

械(尽可能在夯实地点附近);各润滑点要进行良好的润滑。其中内燃式多头打夯机在起动前,还要将油箱内加足按比例配好的燃油,然后起动内燃机,注意起动后不要急于起振,应待内燃机进入稳定运转状态,水温达正常工作标准后(40~80℃),再平稳的接合离合器,机械即可冲击土壤。这时可按夯击路线进行工作。在工作中要注意监听各部声音和注意观察机械的运行状态,除内燃机的正常工作声音以外,如发生金属连续振动、敲击声音和机械运行不稳等现象时,应停机检查各联接部分是否有松动,弹簧是否折断,活塞杆是否松脱等。

一般在连续工作1~2h以后应停机冷却,并进行工作间歇的检查、调整、紧固、润滑和保养工作。

各级保养和检修周期,应按所装用的内燃机保养和检修周期进行。除内燃机外,机械部分的主要保养和检修项目应包括以下内容:高级别的保养(三、四级),要全面拆卸机械,检查减速机构的齿轮和轴承的磨损情况,必要时予以更换或修理;检查弹簧组的弹力,如弹力不足、长度变短,应予更换;检查活塞、活塞杆的状况,如磨损过甚,应予更换。因滑套活塞和活塞杆在缸筒中起往复运动的导向作用,磨损间隙过大,会引起打夯机的工作运动不稳定。

技能实训12 了解其他压实机械的基本构造、工作原理及运用

实训目的	实训设施	实训方法	实训工艺步骤	技术要求及注意事项
使学生了解羊角碾、各种夯实机械等的基本构造和一般原理,熟悉其使用范围,能够正确选用	羊角碾、平板振动夯或蛙式打夯机各一台	现场参观、讲解	1)由操作人员或指导教师现场讲解; 2)学生认识和了解羊角碾、各种夯实机械; 3)了解羊角碾、各种夯实机械各部构造及工作原理; 4)了解羊角碾、各种夯实机械的适用范围; 5)了解如何选择和使用羊角碾、各种夯实机械; 6)回校总结,让学生交流参观感受	1)重点介绍羊角碾、夯实机械的适用范围; 2)操作夯实机械时(特别是平板振动夯)要注意电源安全; 3)注意学生人身安全

课题三 路面机械

一、稳定土拌和机

1. 概述

1)功用

稳定土拌和机是一种直接在施工现场将稳定剂与土壤或砂石均匀拌和的专用自行式机械。在高等级公路施工中,稳定土拌和机用于修筑路面的基层;在中低等级公路施工中,用于

修筑路面的基层或面层。稳定土拌和机还可用于处理软土路基。在港口码头、停车场、航空机场和其他建筑基础等工程中,稳定土拌和机也得到了广泛的应用。

稳定土拌和机的应用,不仅可以节约施工费用,加快工程进度,更重要的是可以保证施工技术要求和质量。

2)工作原理

稳定土拌和机由基础车辆和拌和装置组成。拌和装置是一个垂直于基础车辆行驶方向水平横置的转子搅拌器,通称拌和转子。拌和转子用罩壳封遮其上部和左右侧面,形成工作室,如图3-3-1所示。车辆行驶过程中,操纵拌和转子旋转和下降,转子上的切削刀具将地面的物料削切并在壳内抛掷,于是稳定剂与基体材料(土壤和砂石)掺拌混合。

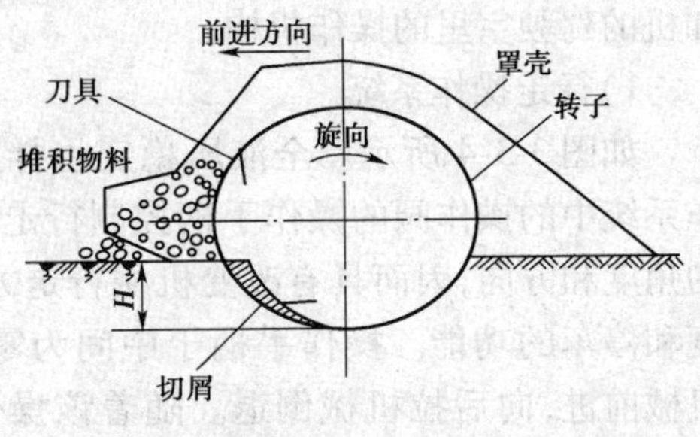

图3-3-1　拌和转子

3)分类

根据结构特征和工作特点,稳定土拌和机可以按以下几个方面进行分类:

(1)按行走部分的形式分为:履带式和轮胎式。

(2)按转子和行走机构的驱动方式分为:液压驱动式、机械驱动式和混合驱动式(机液结合)。

(3)按拌和装置在车辆上安装位置分为:转子前置式、转子中置式和转子后置式。

(4)按拌和转子旋转方向分为:正转转子和反转转子。

现代稳定土拌和机以轮胎式为主,其轮胎多为宽基低压的越野型轮胎,以满足轮胎在松软土壤上作业时对附着牵引性能的要求。国内某些拌和机的前轮为载货汽车轮胎,混合花纹,降压使用(前胎气压0.33MPa);后轮安装越野型轮胎,胎面为牵引花纹,胎内气压0.28MPa。

由于液压技术日趋完善,稳定土拌和机目前以全液压传动为多见。

目前常见的转子布置型式以中置式和后置式为主,其中后置式保有量较大。

稳定土拌和机作业时,拌和转子旋转方向与车轮轮胎前进时的转向相同者称为转子正转;反之称为转子反转。转子正转时,拌和转子从上向下削切土壤,行进阻力减小,有助于拌和机的行走,但是,当遇到地下有较大的拌和障碍物时,切削阻力增加很快,会对转子形成冲击载荷。反转转子由下而上翻其土壤进行切削,其切削阻力比正转小。

2.稳定土拌和机总体构造

稳定土拌和机的部件结构与作业装置的构造和安装部位可以有不同的型式,但任何形式的稳定土拌和机均由基础车、工作装置及操作机构等部分组成。有些稳定土拌和机还设置了稳定剂洒布计量系统。如图3-3-2所示为现代筑路工程中广泛使用的稳定土拌和机。

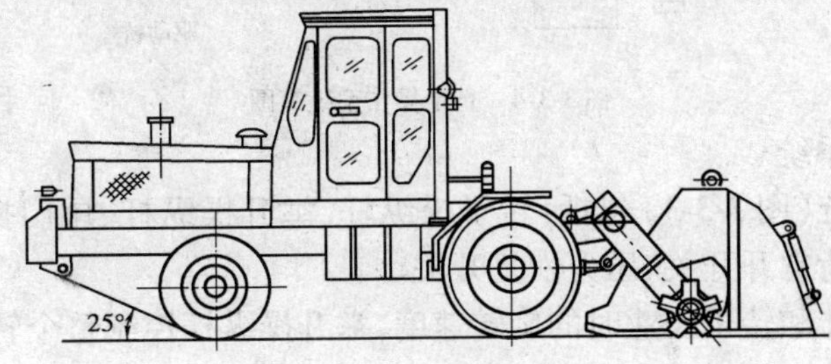

.图3-3-2　稳定土拌和机

3. 稳定土拌和机的驾驶操作系统

稳定土拌和机的驾驶操作系统包括行走操作系统、拌和转子操作系统。这两个系统的操作是由驾驶员在驾驶室内完成的。驾驶室内安装着驾驶操在机构和仪表，如图3-3-3所示为WBY210型稳定土拌和机的驾驶室里的操作机构。

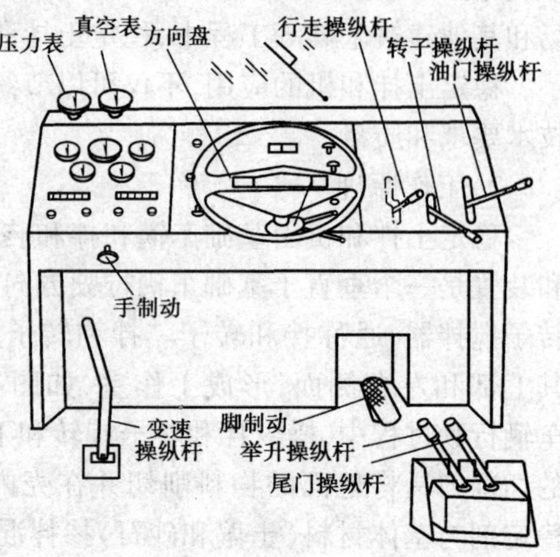

图3-3-3　WBY210稳定土拌和机操作机构

1）行走操作系统

如图3-3-4所示。全液压稳定土拌和机行走操作系统中的操作阀的操作手柄控制行走变量泵斜盘的角度和方向，因而具有改变机械行走方向、调节速度和停车的功能。操作手柄于中间为零位，向前推机械前进，向后拉机械倒退。随着该操作手柄前推或后拉行程的不同，相应改变行走变量泵斜盘角度的大小，从而改变了行走泵供给行走马达的液压油的流量。行驶中需要制动时，一般将操作手柄放回零位，由于液压传动系统本身的制动作用可使机械较快停下，必要时可辅以脚制动。

变速箱为两挡，由操纵杆通过推拉软轴进行变速操纵，操纵杆上抬为高速，下按为低速，且通过操纵手柄实现无级调速。机械运输工况使用高档，行驶速度范围0～24.5km/h；机械作业工况用低档，机械行驶速度0～3.4km/h。

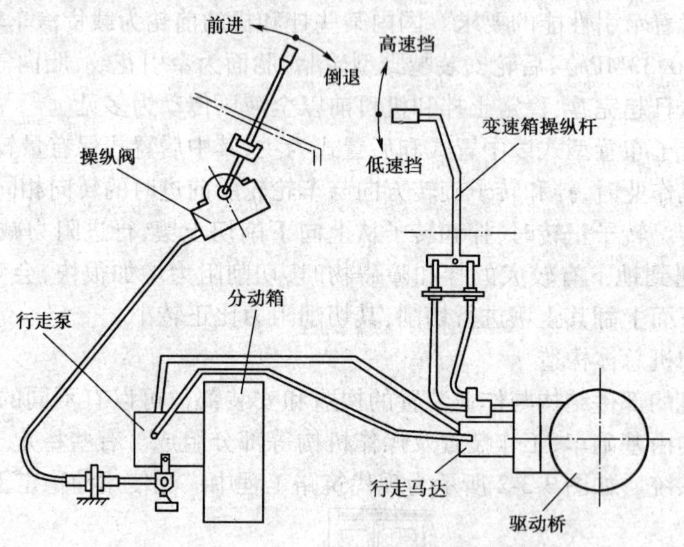

图3-3-4　行走操作系统简图

2）拌和转子操纵系统

拌和转子操纵系统（图3-3-3）包括：转子操纵杆、举升操纵杆、尾门操纵杆和浮动常开开关、浮动常闭开关、泄荷常开开关、压力恢复开关。

转子操纵杆控制拌和转子作业时的旋转速度，举升操纵杆控制整个转子总成的高度，尾门操纵杆控制罩壳尾门的启闭和开度大小。

4. 技术使用与技术性能

在拌和前应先检查稳定土拌和机的轮压,拌和刀具的磨损程度,以及拌和深度指针归零,再进行试拌。拌和深度控制以下层松铺土恰好拌和为止,误差要求 ±2cm。拌和由两侧向中间进行,拌和速度控制在 6m/min。若拌和后大块较多可拌和第二遍。每次拌和应有专人随机检查,挖验拌和深度。拌和完毕,要按取样频率取样,测定混合料中的石灰剂量、含水量,并做抗压强度试验。

国产和引进部分路拌用稳定土拌和机技术性能见表 3-3-1。

路拌用稳定土拌和机技术性能表　　表 3-3-1

型号		WB210	LD16031	WBY200	MPH100GS360	
发动机	型号			6135AZKS	GWC8V－71	NTA855
	功率(马力)	160	200	215	304	360
	转速(r/min)	1800	2200	1800	2100	2000
拌和宽度(mm)		2100	1600	200	2005	2009
拌和深度(mm)		100～300	400	400	370,485	400
工作速度(km/h)		0～1	0～3.97	0～3	1.4	0～3
行驶速度(km/h)		0～5.5	0～10	0～20	3.93	0～26
质量(kg)		15500	13500	13000	13850	18400
外形尺寸(长×宽×高)		6693×2830×2332	8353×2340×2650	8260×2670×3420	8535×3050×2565	9220×2450×3535
转鼓直径(mm)		1000	1200	1150	1220	1200
刀排数×每排刀数		12×4	10×4	14×6	70	50
转鼓转速(r/min)		137,164	175	0～150	150,280	0150
拌和转子数(个)		1	1	1	1	1
生产厂家		西安筑路机械厂	北京筑路机械修理厂	镇江路面机械制造厂	西德 BOMAG	日本小松

二、稳定土厂拌设备

1. 概述

1)功用

稳定土厂拌设备是专门用于将土粉碎,并与稳定剂(石灰、水泥、沥青、乳化沥青或其他化学剂)均匀拌和,以提高土的稳定性,用来修建稳定土路面或加强路基的机械设备。由于混合料的拌制是在固定场地集中进行的,使厂拌设备能够方便地具有材料级配准确、拌和均匀、节省材料、便于计算机自动控制统计打印各种数据等优点,因而广泛用于公路和城市道路的基层、底基层施工。稳定土厂拌设备也适用于其他货场、停车场、航空机场等工程建设中所需的稳定材料的拌制任务。

2)分类

(1)根据生产率大小可分为:小型(生产率小于 200t/h)、中型(生产率 200～400t/h)、大型(生产率大于 400～600t/h)和特大型(生产率大于 600t/h)四种。

(2)根据设备拌和工艺可分为:非强制跌落式、强制间歇式、强制连续式等三种。强制连续式中又可分为单卧轴强制搅拌式和双卧轴强制搅拌式。后一种是最常用的搅拌形式。

(3)根据设备的布局和机动性可分为:移动式(分总成移动式和部分移动式)、可搬式、固定式等结构形式。

2. 稳定土厂拌设备构造与原理

本课题介绍 WBC-50 型稳定土厂拌设备。

该设备的工艺流程如图 3-3-5 所示。需要拌和的各种不同规格的物料,可用各种装卸机械分别装进配料机的各个料斗内,每个料斗下都设有皮带给料机进行配料。由皮带给料机出来的物料落到水平皮带机上,然后再送到 10m 皮带机上。粉料供给系统供给所需要的粉料,它由大圆形筒仓、螺旋输送机、小存仓和叶轮给料机等组成。大存仓内的粉料经设在其下端的螺旋输送机送到小存仓中,然后再由叶轮给料机配料到 10m 皮带机上。配好的物料由 10m 皮带机送进搅拌机中进行拌和。如果需要增加混合料的含水量,可以通过供水系统向搅拌机内进行喷水。拌和好的混合料由 20m 皮带机输送到储料仓中暂存。储料仓的出料口设有推拉式闸门,以便自卸汽车在储料仓下装料。

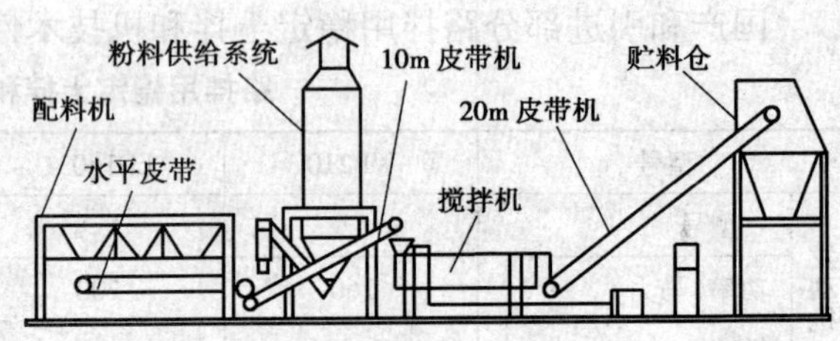

图 3-3-5　WBC-50 稳定土厂拌设备工艺流程图

整套设备各部分的运转,除了储料仓的闸门的启闭在储仓平台上操作和水泵电机的控制在控制柜上用于操作外,其他各部分的运转全在控制柜上可以单独手动控制,也可按程序自动控制。

3. WBC-50 稳定土厂拌设备主要性能参数

(1)整机　生产率:50 ~ 100t/h;总质量:约 25t;拌和集料的最大粒径:小于 5cm;占地面积:$3.5 \times 48 = 168\text{m}^3$;运转操作方式:手动单控和程序控制。

(2)配料机　料斗容积:4.9m^3;料斗数量:4 个;斗门最大开度(宽 × 高)(mm):340 × 200;皮带给料机最大生产率:$36.8\text{m}^3/\text{h}$。

(3)水平皮带机　长度:12m;生产率;$2.40\text{m}^3/\text{s}$;电机功率:1.5kW。

(4)粉料供给系统

①筒仓　直径 × 高:2.5 × 109m;容积:$33.3\ \text{m}^3$

②螺旋给料器　直径 × 螺距:0.3 × 0.24m;长度:3.5m;转速 60r/min;电机功率:2.2 kW。

③叶轮给料器　直径:0.4m;长度:0.4m;叶片数量:8 个;叶轮转速:19 ~ 45 r/min;电机功率:1.5 kW。

(5)10m 皮带机　型号:ZP60 - 10;长度:10m;生产率:$104\text{m}^3/\text{h}$;电机功率:2.2kW。

(6)供水系统　水箱容积:7m^3;水泵流量:$6\text{m}^3/\text{h}$;水泵扬程:24m。

(7)搅拌器　型式:双轴强制连续;容量:0.6m^3;转速:59r/min;叶片数量:32 个;最大生产率:100t/h;电机功率:17kW。

(8)20m 皮带机　型号:ZP60 - 20;长度:20m;生产率:$104\text{m}^3/\text{h}$;电机功率:5.5kW。

(9)储料仓　料仓容积:7.5m^3;卸料高度:2m;斗门开启方式:推拉式;斗门移动速度:

0.18m/s；电机功率：2.2 kW。

三、沥青洒布机

1. 概述

1）用途

在采用沥青贯入法或沥青表面处治法修筑、养护沥青路面时，沥青洒布机可用来运输和喷洒各种液态沥青。此外，大容量的沥青洒布机可用来作为沥青、乳化沥青的运输工具。

2）分类

（1）根据沥青洒布机的移动方式分为：手推式、拖式和自行式三种。

（2）根据沥青洒布机的用途可分为：养护用和筑路用两种。

（3）根据沥青泵的驱动方式可分为：发动机驱动和人工手压驱动两种。

（4）根据沥青的喷洒方式可分为：泵压喷洒和气压喷洒两种。

3）对沥青洒布机的性能要求

根据道路施工要求，对沥青洒布机的作业性能有以下几点要求：

（1）在沥青熔化基地能将热态沥青吸出，或转输沥青。

（2）将热态沥青能迅速运往工地，并保持其工作温度（420～440K），沥青温度降低时能对其进行加热。

（3）洒布沥青时有足够的压力（300～500kPa），使沥青喷洒均匀，并能调节其洒布率。

（4）洒布作业结束时能抽空管路中的残留沥青，以免沥青凝固、堵塞管路和喷嘴。

4）工作过程

沥青泵将沥青溶化池的热沥青吸入储料箱中；将沥青运输到工地现场；加热系统将沥青加热到工作温度；控制机构将喷洒阀门开启；沥青泵将沥青以一定压力输送至洒布管、喷嘴后按一定的喷洒率喷洒到路面上。作业结束后，沥青泵反向运转，将循环管路中的残留沥青吸送回沥青箱中。

2. 沥青洒布机的构造

自行式沥青洒布车主要结构如图3-3-6所示。它的整个工作装置都装在汽车的底盘上。工作装置由沥青储料箱、加热系统、传动系统、循环—洒布系统、操纵系统及检查、计量仪表等组成。另外，洒布车上还设置有手提式洒布器及手提式喷灯。

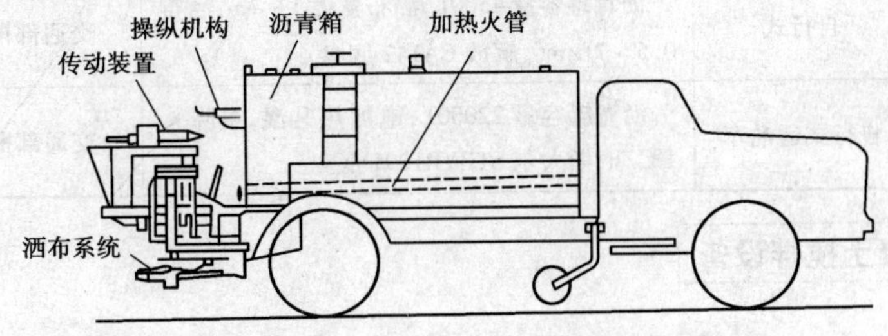

图3-3-6　沥青洒布机外形图

3. 沥青洒布机的使用要点

（1）沥青洒布机在工作前，首先要检查沥青泵是否被冷沥青凝固，如有凝固现象，则用手提喷灯将其烤热熔化，直到泵能运转自如为止。

（2）利用沥青泵加注沥青，并观察油位。

（3）喷洒前将喷管根据作业要求调至合适高度，一般为离地面25cm左右。

（4）操纵主三通阀及左右三通阀以实现全洒布或左、右半洒布。对于新式沥青洒布机可通过开闭喷嘴开关来完成不同洒布作业要求。确定沥青洒布机分层洒布量，见表3-3-2。

各种表面处治时的结合料用量 表3-3-2

铺砌层的处置形式	结合料用量（L/min）	喷洒次数	铺砌层的处置形式	结合料用量（L/min）	喷洒次数
单层表面处治	1.5～2.5	1	深贯入式6～8cm	8～11.5	3
双层表面处治	3～4	2	封层	1～1.5	1
浅贯入式4～5cm	5～8	2			

（5）沥青洒布机的作业速度参考表3-3-3。

沥青洒布机工作速度 表3-3-3

洒布量（L/m²）	泵生产率（L/min）					
	1090	870	651	560	447	337
	洒布宽度为2.5m时的洒布车行驶速度（m/min）					
1.5	290	232	174	150	126	90
2	218	174	133	112	89	68
2.5	174	139	106	90	70	56
7	62	50	38	32	26	19

（6）用燃烧器加热沥青时，应观察温度变化，并保证沥青在循环系统中能连续循环。

（7）每次喷洒完毕均要将循环—洒布系统管道中的残余沥青排吸干净；当天工作完毕，应将沥青储料箱、沥青泵和管道用煤油或柴油冲洗干净。

国内部分沥青洒布机的主要技术性能指标见表3-3-4。

国内部分沥青洒布机的主要技术性能指标 表3-3-4

型号	形式	主要性能参数	制造厂
CZL5040 GLQ CZL5040 SB	自行式	沥青罐容量1700L，洒布宽度1.5～3m，洒0.5～4L/m²，北京BJ130底盘	交通部郴州筑路机械厂
CZL5102 GLQ CZL5102 SC	自行式	沥青罐容量4500L，洒布宽度1～7m，洒布0.5～7L/m²，解放CA142底盘	交通部郴州筑路机械厂
CZL9350 GLQ CZL9350 YS	自行式运油车	沥青罐容量22000L，电加热升温，温降<1℃/h，斯太尔STEYR1291底盘	交通部郴州筑路机械厂

四、沥青混凝土搅拌设备

1. 概述

1）用途与功能

将不同粒径的碎石、天然砂或破碎沙等，按一定的比例配合成规定级配范围的矿料混合料，将矿料混合料加热后，与适当比例的热沥青及矿粉一起在规定温度下拌和所得的混合料称

为热拌沥青混凝土混合料。拌制沥青混凝土混合料的机械与设备称为沥青混凝土搅拌设备。沥青混凝土搅拌设备的功能是将不同粒径的集料和填料按规定的比例掺合在一起,用沥青作结合料,在规定的温度下拌和成均匀的混合料。常用的沥青混合料有沥青混凝土、沥青碎石、沥青砂等。沥青混凝土搅拌设备是沥青路面施工的关键设备之一,适用于公路、城市道路、机场、码头、停车场、货场等工程部门。

2)分类、特点及适用范围

沥青混凝土搅拌设备的分类、特点及应用范围如表3-3-5所示。

沥青混凝土搅拌设备的分类、特点及应用范围 表3-3-5

分类形式	分类	特点及适用范围
生产能力	小型	生产能力40t/h以下
	中型	生产能力30~350t/h
	大型	生产能力400t/h以上
搬运方式	移动式	装置在拖车上,可随施工地点转移,多用于公路施工
	半固定式	装置在几个拖车上,在施工地点拼装,多用于公路施工
	固定式	不搬迁,又称沥青混凝土工厂,适用于集中工程、城市道路工程
工艺流程	间歇强制式	工艺过程都是按一定的间隔周期进行(按份拌制),我国目前规定,高等级公路建设应使用间歇强制式搅拌设备
	连续滚筒式	工艺过程是连续进行的,生产率高,用于普通公路建设
	综合作业式	是以上两种的综合应用,配合比准确,燃料消耗率较低,大多采用

3)工艺过程及结构组成

(1)将砂石料烘干并加热到160~200℃,筛分后按质量比例称好份量。

(2)将沥青加热到120~160℃,并按容量或质量称好份量。

(3)将定量的沥青喷洒在定量的砂石料上,并加入适量的石粉予以仔细拌和。

根据以上工艺过程,沥青混凝土搅拌设备应有下列设备和系统组成:砂石料的烘干与加热设备,砂石料的筛分与称量设备,沥青的加热与保温设备,沥青的称量设备,石粉称量及输送设备,拌和器,相应的升运设备,传动系统和操作系统等。

2. 总体结构及特点

以连续滚筒式沥青混凝土搅拌设备为例,其总体结构如图3-3-7所示。其特点是沥青混

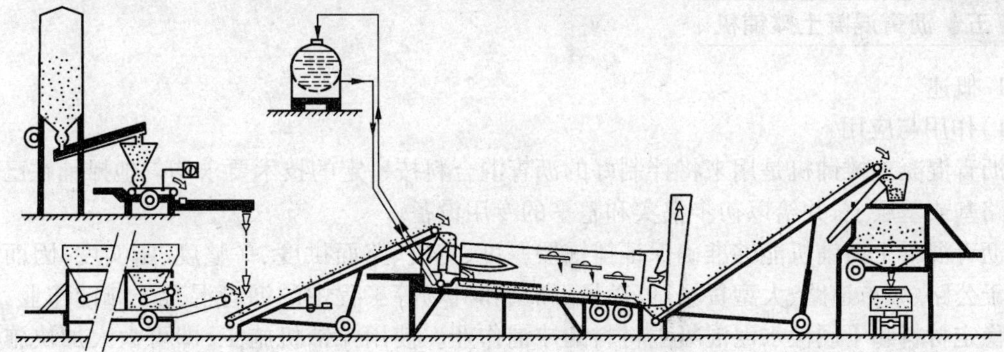

图3-3-7 连续滚筒式沥青混凝土搅拌设备

合料的制备在烘干滚筒中进行,即动态计量级配的冷集料和石粉连续从干燥滚筒的前部进入,采用顺流加热方式烘干加热,然后在滚筒的后部与动态计量连续喷洒的热态沥青混合料,采取跌落搅拌方式连续搅拌出沥青混合料。

与间歇强制式搅拌设备相比,连续滚筒式沥青混凝土搅拌设备工艺流程大为简化,设备也随之简化,不仅搬迁方便,而且制造成本、使用费用和动力消耗可分别降低15%~20%、5%~12%和25%~30%;另外,由于湿冷集料在干燥筒内烘干、加热后即被沥青裹敷,使细小粒料和粉尘难以逸出,因而易于达到环保标准的要求。

3. 使用中注意事项

1)工作前准备

拌和设备在工作前需进行全面的检查。如检查各部紧固螺栓是否松动;内部是否有余料;皮带是否跑偏;沥青管接头是否漏气;电气系统是否完好等。

2)运转中的有关规程

拌和机的起动应按运料规程的程序进行。当烘干筒达到一定的温度后才能启动冷料输送机和配料给料装置,并保持供料均匀。

拌和机在正式拌和成品前,为了预热壳体,要用热砂石料预拌2~3次。砂石料与石粉在拌和机内应预先干板10~15s后再喷入沥青拌和。在工作中,应向料斗和料仓均匀供料。

3)停机、清洗

拌和机在停机时,应将烘干筒、料斗和料仓以及拌和机内料卸空。每次工作完毕后必须立即用柴油清洗沥青系统,以防沥青塞堵管路和卡死沥青泵。

国内部分沥青混凝土搅拌设备技术性能见表3-3-6。

国内部分沥青混凝土搅拌设备技术性能 表3-3-6

型号	型式	生产能力(t/h)	整机质量(kg)	使用动力	操作方式	拌和方式	拌和器容量(kg)	拌和器型式	生产厂家
LB30	固定式	30	4000	电动机	电气系统自动计量拌和	强制拌和	600	叶浆双卧轴	西安筑路机械厂
HLB—20	移动式	20	11500	柴油机		强制连续	0.27m^3		郴州筑路机械厂

五、沥青混凝土摊铺机

1. 概述

1)作用与应用

沥青混凝土摊铺机是用来将拌制好的沥青混合料按一定的技术要求均匀地摊铺在已修整好的路基或基层上,并给以初步捣实和整平的专用设备。

沥青混凝土摊铺机能够准确保证摊铺层厚度、宽度、路面拱度、平整度、密实度,因而广泛应用于公路、城市道路、大型货场、停车场、码头和机场等工程中的沥青混凝土摊铺作业,也可用于稳定材料和干硬性水泥混凝土材料的摊铺作业。使用摊铺机施工,即可大大加快施工作业、节省成本,又可提高所铺路面的质量。

现代沥青混凝土摊铺机采用全液压驱动和电子控制、中央自动集中润滑、液压振动、液压

无级调节摊铺宽度等新技术，自动化程度高，操作简单方便，视野好，并设有总开关、自动找平装置、卸载装置、闭锁装置，保证了摊铺路基、路面的平整度和摊铺质量。此外，由于机械化摊铺速度快，且摊铺机上有可以加热的熨平装置，因此它在进行摊铺时，对气温的要求比人工摊铺时要低，所以可以在较冷的气候条件下施工。

2）分类、特点及适用范围

（1）按摊铺宽度分类

可分为小型、中型、大型和超大型四类，见表3-3-7。

按摊铺宽度分类表　　表3-3-7

类型	最大摊铺宽度	适用范围
小型	一般小于3600mm	主要用于路面养护和城市巷道路面修筑工程
中型	一般在4000～6000mm	主要用于一般公路路面的修筑和养护工程
大型	一般在12000mm	主要用于高等级公路路面的修筑工程
超大型	一般在7000～9000mm	主要用于高速公路路面的施工。使用装有自动调平装置的超大型摊铺机摊铺路面，纵向接缝少，整体性及平整度好，尤其是摊铺路面表层效果最佳。

（2）按行走方式分类

①拖式摊铺机　将收料、输料、分料和熨平等作业装置安装在一个特制的机架上组成的摊铺作业装置。工作时靠运料自卸车牵引或顶推进行摊铺作业。它的结构简单，使用成本低，但摊铺能力小，摊铺质量低，仅适用于三级以下公路路面的养护作业。

②履带式摊铺机　其优点是接地比压小、附着能力大，摊铺作业时很少出现打滑作业，运行平稳。其缺点是机动性能差、对路基凸起物吸收能力差、弯道作业时铺层边缘圆滑程度较轮胎式摊铺机低，且结构复杂，制造成本高。履带式摊铺机多为大型和超大型机，用于大型公路工程施工。

③轮胎式摊铺机　轮胎式摊铺机靠轮胎支撑整机并提供附着力，它的优点是转运速度快，机动性好、对路基凸起物吸收性能好、弯道作业易形成圆滑边缘。其缺点是附着力小，在摊铺路基较宽、铺层较厚的路面时易产生打滑现象，另外它对路基凹坑较敏感。主要用于道路修筑和养护作业。

（3）按动力传动方式分类

①机械式摊铺机　机械式摊铺机的行走驱动、输料传动、分料传动等主要传动机构都采用机械传动方式。这种摊铺机具有工作可靠、维修方便、传动效率高、制造成本低等优点，但其传动装置复杂，操作不方便，调速性和速度匹配性较差。

②液压式摊铺机　液压式摊铺机的行走驱动、输料及分料传动、熨平板延伸、熨平板和振捣器的振动等主要传动采用液压传动方式，从而使摊铺机结构简化、重量减轻、传动冲击和振动减缓、工作速度等性能稳定，并便于无机调速及采用电液全自动控制。随着液压可靠性技术的提高，在摊铺机上采用液压传动的比例迅速增加，并向全液压方向发展。

（4）按熨平板的延伸方式分类

机械加长式熨平板　它是用螺栓把基本（最小摊铺宽度的）熨平板和若干加长熨平板组装成所需作业宽度的熨平板。其结构简单、整体刚度好、分料螺旋贯穿整个摊铺槽，使布料均匀。因而大型和超大型摊铺机一般采用机械加长式熨平板，最大摊铺宽度可达8000～

12500mm。

液压伸缩式熨平板　它靠液压缸伸缩无级调整其长度，使熨平板达到要求的摊铺宽度。这种熨平板调整方便省力，在摊铺宽度变化的路段施工更显示其优越性。但与机械加长式熨平板相比其整体刚性较差，在调整不当时，基本熨平板和可伸缩熨平板间易产生铺层高差，并因分料螺旋不能贯穿整个摊铺槽，可能造成混合料不均而影响摊铺质量，因而采用液压伸缩式熨平板的摊铺机最大摊铺宽度不超过8000mm。

(5)按熨平板的加热方式分类

①电加热　由摊铺机的发动机驱动的专用发电机产生的电能来加热，这种加热方式结构简单、使用方便、无污染、熨平板和振捣梁受热变形小。

②液化石油气加热　这种加热方式结构简单、使用方便、但火焰加热欠均匀，污染环境，不安全，且燃气喷嘴需经常清洗。

③燃油加热　燃气加热装置主要由小型燃油泵、喷油泵、自动点火器和小型鼓风机等组成，其优点是可以用于各种工况，操作较方便，燃油易解决，但和燃气加热同样有污染，且结构较复杂。

2. 沥青混凝土摊铺机构造与工作原理

沥青混凝土摊铺机规格型号较多，各类型号的摊铺机结构也不相同，但主要结构一般都由发动机、传动系统、受料斗、刮板输送器、螺旋分料器、行走系统、熨平装置等组成。在结构布置上受料斗置于机械前面，用来接受汽车卸下的混合料。料斗的两侧壁连同斗底可以向中央倾翻过去，以便将两边的料向中央倾卸。刮板输送器位于料斗下面，用来将料斗内的料不断向后输送到摊铺室内。它由一块与斗底共用的底板和两副装在链条上的许多刮板所组成。链条的转动就使刮板沿底板向后移动，将斗内材料向后刮送至摊铺室内。螺旋摊铺器由两根大螺距、大叶片螺旋方向相反的螺杆组成，它们同向旋转时能将混合料自中间向两侧推移。熨平装置由竖板与箱形纵截面的底座组成，用来熨平混合料并做成所需路拱。

如图3-3-8所示，混合料从自卸汽车上卸入摊铺机的料斗中，经由刮板输送后转送到摊铺室，再由螺旋摊铺器横向摊开。随着机械的前进，这些被摊开的混合料又被振捣器初步捣实，接着再由后面的熨平根据规定的摊铺厚度，修整成适当的横断面，并加以熨平。

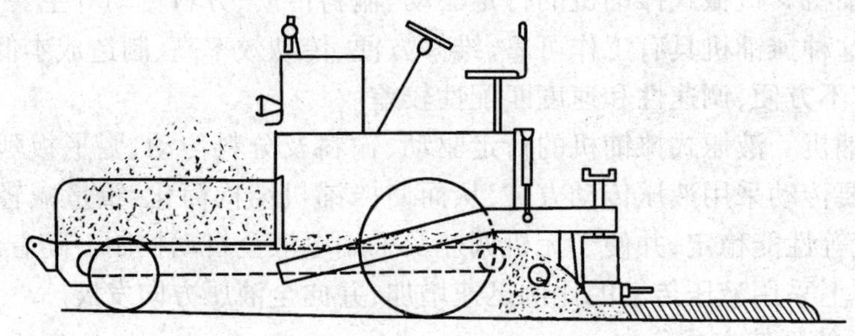

图3-3-8　摊铺机工作过程简图

自卸汽车在卸料给摊铺机时倒退到使其后轮碰及摊铺机的前推滚，或者倒退至摊铺机前20～30cm处停下，然后将变速器放置空档，升起车厢，由摊铺机推着汽车一边前进一边卸料。

卸料完毕,汽车驶开,更换另一辆汽车按同样的方法卸料。

3. 沥青混凝土摊铺机技术使用与技术性能

1)摊铺宽度的确定

施工前应根据摊铺路面的总宽度,计算好所需摊铺带的条数和每条摊铺带的宽度。在确定摊铺带宽度时应注意摊铺带数为整数,摊铺带宽度和摊铺机基本摊铺宽度不相等时,可以通过加长或缩短熨平板而获得。

2)摊铺厚度和熨平板仰角的调整

为了保证摊铺层厚度经压实后符合设计要求,一般按下列顺序调整摊铺厚度:

(1)在摊铺机开铺之前,可在熨平板两头的底部顺行驶方向放置宽5~10cm、长与熨平板宽度相同、厚度为摊铺层厚加压实厚的两个方木块。

(2)打开液压阀使熨平装置的升降油缸处于自由浮动状态,使分布在熨平板上的载荷全部由木块支撑。

(3)转动厚度调节手柄使熨平板底座的前端稍微抬起,达到与混合料相适应的仰角,以减少熨平板底座的前移阻力。一般把厚度调节手柄调到中立位置后,再向右旋转1.25圈即可。这样,当熨平板随摊铺机前移而滑下木块时,就可以在与木块同厚的半实摊铺层上继续前移,从而使摊铺层达到所需的厚度。另外,仰角还应根据混合料的种类、温度、摊铺厚度等条件的不同作相应变化。

3)摊铺层拱度的调整

摊铺机上大都设有拱度调整装置,摊铺机工作时,通过转动拱度调整器,调整到所需的拱度形状,并用熨平板底面拉线绳校对。摊铺层拱度可在调整摊铺层厚度和熨平板仰角时同时进行,无特殊情况,铺筑同一摊铺带时不再调整。

4)振捣板振动频率的选择

为了保证沥青混凝土摊铺层有足够的密实度和平整度,振捣板振动频率与摊铺速度应相匹配。实验证明:摊铺机每前进5mm,振捣板最少振捣一次以上,即摊铺机以3m/min工作速度施工,振捣板的振捣频率不应低于600次/min。

5)摊铺层厚度均匀性的控制

摊铺层厚度均匀性指摊铺层纵断面和横断面所具有的均匀厚度,主要通过保持恒定的摊铺速度和料斗内混合料有一定数量以及选择合适的闸门开度等方式进行控制。

6)摊铺速度的确定

一般国产摊铺机摊铺宽度为5m以下,厚度为5cm以下路面时,其速度控制在3.0~6.0m/min之间。进口摊铺机工作速度一般可达8m/min。

7)摊铺带长度的确定

一般情况下,用一台摊铺机同时承担路面两个半幅的摊铺工作。如果摊铺长度定得过长,在摊铺另半幅时,因第一条摊铺带的混合料已凝固,结合处温差大以致难以结合,出现纵向接缝;如果摊铺宽度过短,则影响生产率并增加横向接缝。摊铺带的合适长度与施工地点的气温有关,同时还应考虑施工线路总长度、摊铺速度、混合料摊铺温度、工作环境和交通环境等。

沥青混凝土摊铺机技术性能见表3-3-8。

沥青混凝土摊铺机技术性能表　　表 3-3-8

型号	LT－6	Spper1704	Super1700	P176	C300
型式	轮胎	轮胎	履带	轮胎	履带
摊铺宽度(mm)	2750	3000	3000	4050	12000
最大摊铺宽度(mm)	4500	7500	8000		
摊铺厚度(mm)	10～120	300	300	5250	5300
摊铺速度(m/min)	2.7～5.6	0～18	0～18	5.53～17.3	10.2～28.1
行驶速度(km/h)	16	20(max)	5(max)	0～14.2	0～10
发动机 型号	X4105	F5L413FR			
发动机功率(kW)	35.5	88.2		27.6	180
转速(r/min)	1500	2500		2300	2650
最小转弯半径(mm)	4200			5900	原地回转
整机质量(kg)	9450	14650	15700	6920	27000
熨平板振动频率(次/min)	1240	4080	4080		
工作能力(kg/h)	100000	500000	500000		
整机尺寸 长×宽×高(mm)	5500×2750×2450	5780×2500×3650		5230×1850×2450	6650×3050×2490
生产厂家	西安筑路机械厂	德国		意大利玛连尼公司	

六、水泥混凝土搅拌与水泥混凝土输送车

1.水泥混凝土搅拌机

1)概述

(1)搅拌机的分类、型号

水泥混凝土搅拌机是将水泥、砂、石和水按一定的比例,进行均匀拌和的机械。其种类很多,按搅拌原理分为自落式和强制式;按作业方式分为周期式和连续式;按搅拌筒的结构分为鼓筒形、双锥形、梨形、圆盘立轴式及圆槽卧轴式;按出料方式分为倾翻式和不倾翻式;按搅拌容量分为大型、中型、小型。

常用搅拌机的机型分类及代号见表 3-3-9,它主要由机型代号和主参数组成。

搅拌机型号分类及表示方法(ZBJ 04880—88)　　表 3-3-9

组	型	特性	代号	代号含义	主要参数
混凝土搅拌机 J	鼓形 G(鼓)		JG	电动机驱动鼓形搅拌机	出料体积(m^3)
		R(燃)	JGR	柴油机驱动鼓形搅拌机	
	锥形	Z(转)	JZ	锥形反转出料搅拌机	
		F(翻)	JF	锥形倾翻出料搅拌机	
	强制式 Q(强)		JQ	强制式搅拌机	
		D(单)	JD	单卧轴强制搅拌机	
		S(双)	JS	双卧轴强制搅拌机	

(2)搅拌机的特点和适用范围

各类搅拌机的特点和适用范围见表3-3-10。

各类搅拌机的特点和适用范围　　表3-3-10

类型	特点与适用范围
周期性	周期性进行装料、搅拌、出料。结构简单可靠,容易控制配合比及拌和质量
连续性	连续进行装料、搅拌、出料,生产率高。主要用于混凝土使用量很大的工程
自落式	由搅拌筒内壁固定叶片将物料带到一定高度,然后自由落下,周而复始,使其获得均匀搅拌。最适宜于拌制塑性和半塑性混凝土
强制式	筒内物料由旋转轴上的叶片或刮板的强制作用而获得充分的拌和。拌和时间短、生产率高。适用于拌制干硬性混凝土
固定式	通过机架底脚螺栓与基础固定。多装在搅拌楼或搅拌站上使用
移动式	装有行走机构,可随时转移。用在中小型临时工程
倾翻式	靠拌筒倾倒出料
非倾倒式	靠拌筒反转出料
梨式	拌筒可绕纵轴旋转搅拌,又可绕横轴回转装料、卸料。一般用于实验室
锥式	多用于大中型搅拌机
鼓筒形	多用于中小型搅拌机

2)自落式水泥混凝土搅拌机

(1)工作原理

工作机构为筒体,沿筒内壁周围安装若干搅拌叶片。工作时,筒体围绕其自身轴线旋转,利用叶片对筒内物料进行分割、提升、撒落和冲击等作用,从而使配料的相互位置不断进行重新分布而获得拌和。其搅拌强度不大、效率低,只适用于搅拌一般集料的塑性混凝土。

(2)主要结构

由电动机驱动的鼓筒式搅拌机是目前中小型建筑工地以及工程量不大的水泥混凝土路面中使用最普遍的机型。如图3-3-9所示为JG250型搅拌机。该机进料容量为400L,额定出料

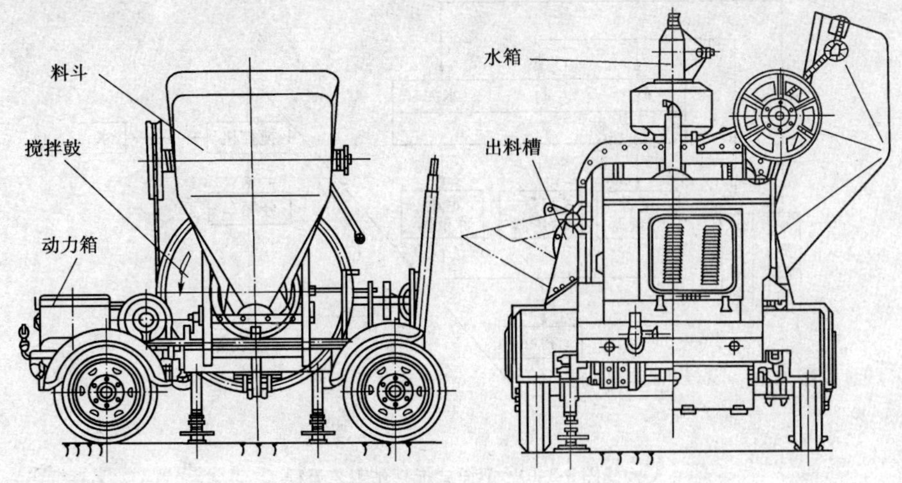

图3-3-9　JG250搅拌机

容量为250L，生产率为5～8m^3/h。结构主要由搅拌筒、进出料机构、供水机构、传动系统、底架和牵引系统组成。

3)水泥混合料拌和机使用要点

(1)为了保证混合料的质量，必须使碎石、沙子和水泥各份按要求称量准确，并在拌和前按要求调整好配水箱指示牌上指针的位置，以控制供水量。要严格掌握好拌和时间，同时要求进料斗卸料干净，否则会影响下一份混合料的配合比，降低拌和质量。

(2)在往进料斗内装料时，应注意装料顺序，即石料在下，水泥在中，砂子在上，这样料斗升起时不致引起水泥飞扬。

(3)工作完毕后应向拌和鼓内倒进一些石子和水将拌和鼓运转10多分钟再放出。否则鼓内余料凝固后很难清除。

2. 水泥混凝土搅拌站

1)水泥混凝土搅拌站的分类

混凝土搅拌站（或称搅拌楼）是用来集中搅拌混凝土的联合装置，也称混凝土工厂。因其机械化和自动化程度较高，生产率较大，故常用于混凝土工程量大、施工周期长、施工地点集中的大中型水利电力工程、公路路面和桥梁工程、建筑施工以及混凝土制品工厂中。

搅拌站按工艺布置形式可分为单阶式和双阶式两类。

(1)单阶式　砂、石、水泥等材料一次就提升到搅拌站最高层的料斗，然后配料称量直到搅拌成混凝土，均借物料自重下落而形成垂直生产工艺体系。它具有生产率高、动力消耗少、机械化和自动化程度高、布置紧凑和占地面积少等特点，但其设备复杂，基建投资大。故单阶式布置适用于大型永久性搅拌站。

(2)双阶式　砂、石、水泥等材料分两次提升，第一次将材料提升至储料斗；经配料称量后，第二次再将材料提升并卸入搅拌楼，其工艺流程如图3-3-10所示。它具有设备简单、投资少、建成快等优点；但其机械化和自动化程度较低、占地面积大、动力消耗多。故该布置型式适用于中小型搅拌站。本课题主要以双阶式为例介绍其组成。

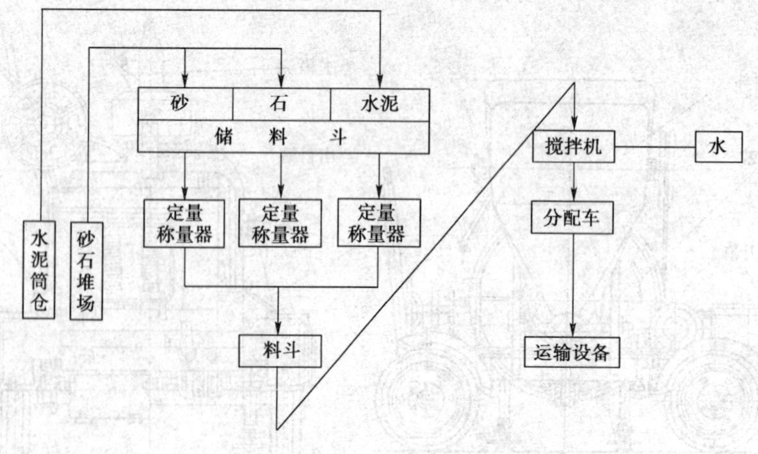

图3-3-10　双阶式搅拌站工艺流程

搅拌站按装置方式可分为固定式和移动式两类。前者适用于永久性的搅拌站;后者则是用于公路工程施工现场。

2)双阶式水泥混凝土搅拌站(楼)

双阶式水泥混凝土搅拌站主要由混凝土搅拌机、集料与水泥称量设备、供水及其称量设备、集料堆场、水泥筒仓、运输机械、控制系统等组成,如图3-3-11所示。

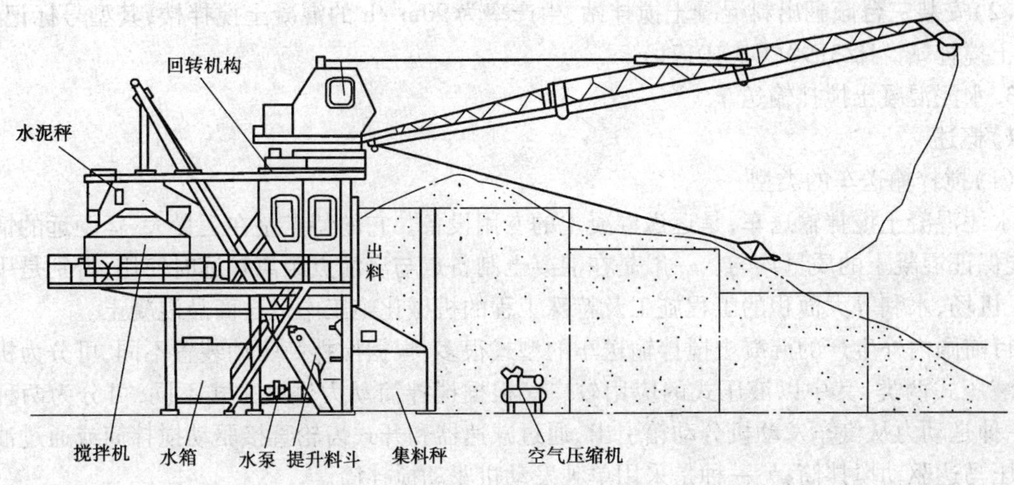

图3-3-11　双阶移动式混凝土搅拌站

3)混凝土搅拌设备使用技术

(1)注重抓好机组人员的选拔和培训

混凝土制备生产过程,实际上是一个小的系统工程,它是由上料、配料、称重、搅拌和卸料等各道工序组成的开环系统。任何一个环节发生故障,都会危及整个系统的正常工作。为确保正确的操作使用,必须组织专人进行管理操作,并在上机操作前经过专业培训,使对整套设备的结构组成、各部件的功能特点、操作要领和维护常识等有所了解,掌握正确的操作、维护方法。严禁在对机器一无所知的情况下盲目启动。

(2)设备的安装和运转前检查

由于混凝土搅拌设备各部件的工作重量较大,要保持其相对位置准确不变,整台设备应安装在预先浇筑好的混凝土基础上。设备在启动运转前,必须对传动系统的各零部件进行认真仔细的检查,排除一切可能的故障隐患,并按照日常保养规定,给所有的部位加注润滑油脂,给液压油箱加满液压油。之后应对工作循环进行单机手动调试,在确认程序无误后,可进行全套设备的空载运行试验,并对计算机控制系统的工作状况实际进行检查和确认。无任何异常现象后,方可开机工作。

(3)日常操作与维护

混凝土搅拌设备需建立一套严格的科学管理与操作规程,以规范操作人员的工作行为。操作规程的内容应包括班前的准备工作、班后的清理整顿事宜、机械运行的正确操作、管理与维护,以及对偶发故障的应急处理与记录等。管理制度的内容应包括如交、接班制度、安全生产制度和维护保养制度等。

4)搅拌站的型号

国家标准 GB 10171—88 确定了混凝土搅拌站的型号据称,该标准规定国产混凝土搅拌站型号由组代号、机型代号、主参数和变型或更新代号等组成,例如:

(1)安装一台锥形反转出料混凝土搅拌站生产率为 $20m^3/h$,第一次变型的混凝土搅拌站,其型号标记为:混凝土搅拌站　HZ1Z20A(GB 10171)。

(2)安装三台倾翻出料混凝土搅拌站,生产率为 $90m^3/h$ 的混凝土搅拌楼,其型号标记为:混凝土搅拌站　HZ3F90(GB 10171)。

3. 水泥混凝土搅拌输送车

1)概述

(1)搅拌输送车的类型

水泥混凝土搅拌输送车,是运送混凝土的专用设备。它的特点是在运量大、运距远的情况下,能保证混凝土的质量均匀。一般是在混凝土制备点与浇灌点距离较远时使用,特别是用于道路、机场、水利等大面积的工程施工及特殊工程的机械化施工中运送商品混凝土。

目前国内外生产的混凝土搅拌输送车的型式很多,根据搅拌筒驱动装置不同,可分为机械式和液压式两类,其中以液压式的应用较广。根据搅拌筒动力供给方式不同,可分为两种型式,一种是动力从汽车发动机分动箱引出,通过减速器和开式齿轮直接驱动搅拌筒或通过油泵及液压马达驱动搅拌筒;另一种是采用单独发动机驱动搅拌筒。

(2)搅拌输送车的输送方式

根据搅拌楼(站)至施工现场距离和材料供应条件的不同,搅拌输送车可以分为下列几种输送方式:

①新鲜混凝土输送

对成品混凝土的输送,适用运距 8~12km 以下。先将搅拌输送车开至混凝土搅拌楼(站)的搅拌机出料口下,搅拌输送车的搅拌筒以进料速度旋转进行加料,加料完毕后输送车驶出。在输送途中,搅拌筒对混凝土不断地慢速搅拌,以防止混凝土初凝和离析。输送车到达施工现场后,搅拌筒反转卸出混凝土。

②半干料搅拌输送

对尚未配足水的混凝土进行加足水量,边搅拌边输送。

③干料搅拌输送

若运距在 12 km 以上,通常是将已经称量的砂、石和水泥等干配合料装入输送车的搅拌筒内,待运送到离施工现场前 15~20min 时,开动搅拌筒并加水搅拌。到达施工现场后,便完成搅拌,可反转卸料。

④搅拌混凝土后输送

当配料站无搅拌机时,搅拌输送车可作搅拌机使用。把经过称量的砂、石和水泥等物料加入输送车的搅拌筒内,搅拌后再输送至施工现场。

2)搅拌运送车典型结构

混凝土搅拌输送车一般由运载底盘、搅拌筒、驱动装置、给水装置和操纵系统等组成,结构如图 3-3-12 所示。

4. 水泥混凝土输送设备

1) 水泥混凝土输送泵

(1) 水泥混凝土输送泵的特点

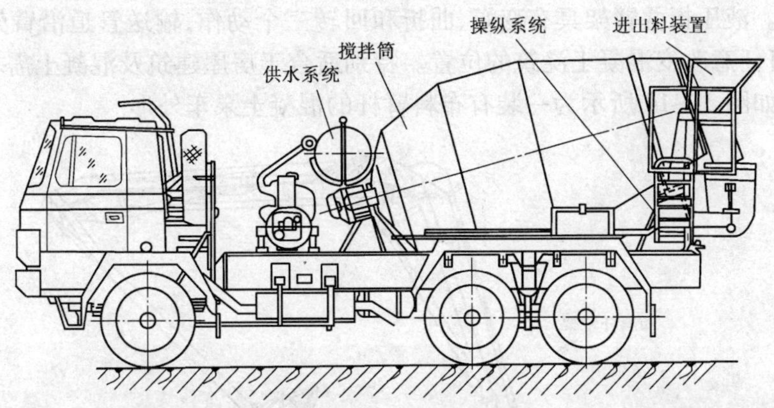

图 3-3-12　混凝土输送车

混凝土输送泵是输送混凝土的专用机械，它配有管道，将混凝土沿管道连续输送到浇筑现场。采用混凝土泵可将混凝土的水平输送和垂直输送结合起来，并能保证混凝土的均匀性和增加密实性。它的输送距离沿水平方向能达 205 ~ 300m，沿垂直方向可达 40m。如果输送距离很长，可串联两个或多个混凝土泵。

混凝土泵适用于大型混凝土基础工程、水下混凝土浇灌、隧道内混凝土浇灌、地下混凝土工程以及其他大型混凝土建筑工程等。特别是对施工现场场地狭窄，浇筑工作面积较小，或配筋稠密的建筑物浇筑，混凝土泵是一种有效而经济的输送机械。然而由于其输送距离和浇筑面积有局限性，混凝土最大骨料粒径不得超过 100mm，混凝土坍落度不宜小于 5cm，这些条件限制了其适用范围的扩大。

(2) 风动式混凝土输送设备简介

混凝土输送泵有活塞式、挤压式和风动式等几种型式。本课题以风动式为例作一简介。风动式混凝土输送设备是利用压缩空气将盛于密封容积内的混凝土压入输送管道，并沿管道压送到终端的减压器，经降低压力和速度后从减压器卸出。所以，风动式混凝土输送设备的全套设备装置包括：空气压缩机、储气罐、压送器、输送管、减压器等，如图 3-3-13 所示。

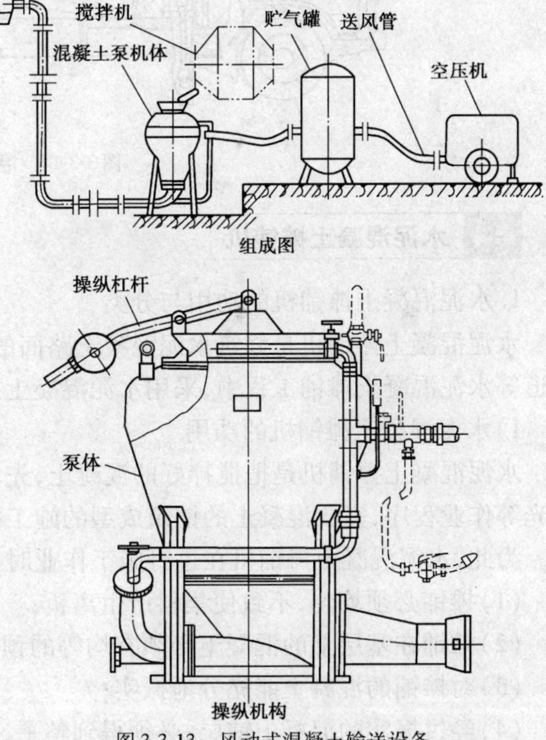

图 3-3-13　风动式混凝土输送设备

2）水泥混凝土输送泵车

混凝土泵车是将混凝土输送泵装在汽车底盘或专用车辆上，使之具有很强机动性能的混凝土输送机械。它有布料杆式和配管式两种类型。其中布料杆式泵车比配管式泵车具有更大的使用灵活性。液压折叠臂架具有变幅、曲折和回转三个动作，输送管道沿臂架铺设，在臂架活动范围内，可任意改变混凝土浇筑的位置。特别适合于房屋建筑及混凝土需求量大、质量要求高的工程。如图3-3-14所示为一装有布料臂杆的混凝土泵车外形。

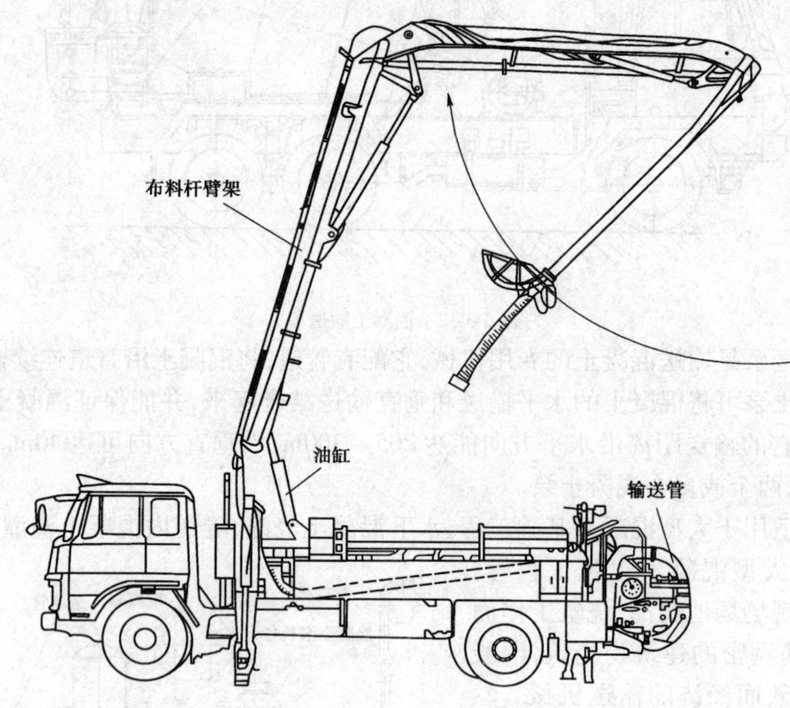

图3-3-14　混凝土泵车

七、水泥混凝土摊铺机

1.水泥混凝土摊铺机的功用与分类

水泥混凝土摊铺机是修筑水泥混凝土路面的主导施工机械，在城市道路、公路路面和机场跑道等水泥混凝土摊铺工程中，采用水泥混凝土摊铺机进行施工已非常广泛。

1）水泥混凝土摊铺机的功用

水泥混凝土摊铺机是把搅拌好的混凝土，先均匀地摊铺在路基上，然后经过振实、整平和抹光等作业程序，完成混凝土的铺筑成型的施工机械。

为此，水泥混凝土摊铺机在进行施工作业时，必须满足下列各项要求：

（1）摊铺必须均匀，不致使集料产生离析；

（2）摊铺在基层上的混凝土必须有均等的预留高度，供振实、整平和抹光之用；

（3）对摊铺的混凝土能充分地振实；

（4）经过振实的混凝土铺层，必须得到整平，并达到设计要求，其误差应在规定范围内。

水泥混凝土摊铺机既可以提高铺筑层的内在质量，也可以提高路面的外观技术水平，生产率高。

2）水泥混凝土摊铺机的分类特点

水泥混凝土摊铺机按行走方式的不同，可以分为轨道式和履带式摊铺机。轨模式摊铺机采用固定模板铺筑作业，而履带式摊铺机采用随机滑动的模板进行施工，所以又分别称为固定模板式摊铺机和滑模式摊铺机。

按摊铺作业的功能和施工对象，水泥混凝土摊铺机也可分为路面摊铺机、路缘边沟摊铺机和路基修整机等。在结构形式上，有的从属于滑模式，有的从属于轨模式。

2. 轨模式水泥混凝土摊铺机

轨模式水泥混凝土摊铺机是靠固定在摊铺基层上的轨道模板来控制摊铺厚度和平整度的。其优点是结构简单、造价低廉、工作可靠、容易操作、故障少、易维修以及对混凝土要求较低等；缺点是自动化程度较低，铺筑的路面纵坡、横坡、平直度和转弯半径的精度，在很大程度上取决于钢轨和模板的铺设质量，钢轨模板需要量大，装卸工作频繁而笨重。

轨模式摊铺机由摊铺机、整面机、修光机等组成的摊铺列车如图 3-3-15 所示。施工时列车在轨模上通过就可铺筑好一条行车带。轨模既是列车的行驶轨道，又是水泥混凝土的模板。摊铺机上装有摊铺器用来将倾卸在路基上的水泥混凝土按一定的层厚均匀的分布在路基上。摊铺机在摊铺水泥混凝土时，轨模式固定不动的。

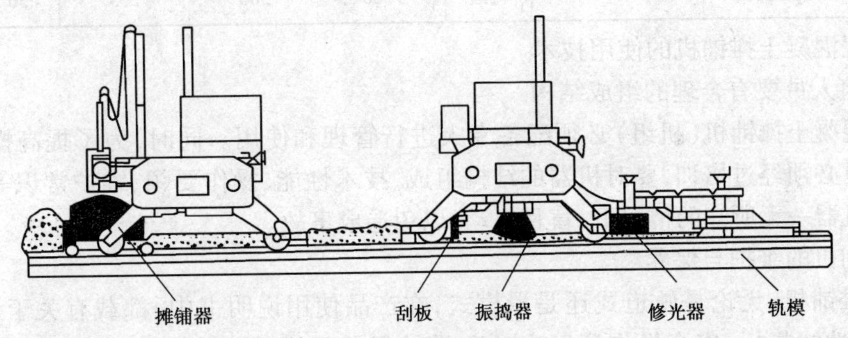

图 3-3-15 轨模式摊铺机

3. 滑模式水泥混凝土摊铺机

滑模式水泥混凝土摊铺机是一种自动化程度高、技术性能先进的施工机械，一般由机架、履带行走机构、操作控制系统和悬挂在机架下面的一整套作业装置组成。与轨道式摊铺机相比，在使用性能方面有以下优点：

（1）整机采用全液压驱动，操纵控制系统采用电液伺服、传感器自控技术，只需 1 ~ 2 人即可胜任施工作业。

（2）摊铺路面时，路拱、纵坡、横坡和弯道均可通过调整成型板和导引机构自动实现。整个路面可以全幅施工，一次成型。

（3）生产准备工作简单，无需铺设模板和轨道，只需架设钢丝基准导引拉线即可施工。

滑模式摊铺机的结构较为复杂，操作技术难度较大，对操作人员的素质要求比较高。同时对所用混凝土的级配和坍落度等技术指标的要求也比较严格。

滑模式摊铺机根据主机功率的大小和作业宽度、作业对象的不同,行走机构有双履带式、三履带式和四履带式等几种形式。其中四履带式摊铺机属于大型路面施工机械,通常发动机功率在250kW以上,作业宽度可达15m,作业厚度可达500mm;生产能力很大,每小时可摊铺混凝土540~2100m^3,它的每条履带均可绕其支臂与机架的铰接点水平摆动一定角度,以改变宽度尺寸,垂直摆动一定角度可调节机架离地高度,适用于双车道全幅施工、一次成型的规模较大的路面铺筑工程。

国内外部分水泥混合土摊铺机技术性能见表3-3-11。

水泥混合土摊铺机技术性能表　　表3-3-11

国名	制造厂	型号	型式	最大摊铺宽度(m)	最大摊铺厚度(mm)	最大摊铺能力(m/min)	功率(kW)	质量(kg)
西德	ABG	BV590NASS12	轨道	12.00	450	2.5	32.48	13~38
日本	KAWA	KCS75A	轨道	7.5	300	2.3	33	7
比利时	SGME	RCL	轨道	5.00	250		8	4
美国	CURBMA	CMSF	轨道	9.14	610	4.0	82	11
	COMACO	CP1500	滑模	3~4.5	300	80m^3/h	4	12.8
中国	江阴工程机械厂	S	轨道	9.00	300	2.5	56	

4.水泥混凝土摊铺机的使用技术

1)机组人员要有合理的组成结构

水泥混凝土摊铺机(机组)必须配备专人进行管理和使用。同时,为了提高操作质量,所有上机人员必须经过培训,要对机器的结构组成、技术性能、操作要领、维护常识等有所了解。严禁在对机器一无所知的情况下,盲目启动,以免造成事故。

2)摊铺机的维护与保养

每台摊铺机,无论是轨道式还是滑模式,在产品使用说明书中,都载有关于设备的结构特点、技术性能指标、安全操作注意事项和维护保养常识等内容。为了充分发挥摊铺机的效能,延长使用寿命,创造更好的经济效益,操作者必须严格按照使用说明书的内容,管好、用好设备。任何只管使用不管维护的做法都是有害的。各类工程机械的维护保养制度和规定,内容大同小异,可参照执行。以下针对水泥混凝土摊铺机的工况特点,强调几点注意事项:

(1)摊铺机须在技术状况绝对良好的状态下工作。燃油储备及其他配件更换周期必须在8h以上。因为,水泥混凝土具有快速凝固的特点,在作业过程中,不允许摊铺机因发生任何故障而导致的停机。

(2)每天工作结束后,对全部作业机构必须彻底进行清洗,清除停滞在机器任何部位上的混合料残留物。混合料在24h后可形成强度,如不及时清除,会给第二天的工作带来更大的麻烦,特别是光整机构的工作表面,如果沉积有混凝土残留物,会直接影响作业效果。

(3)属于班前例行保养的项目,如活动部位的润滑,绝不可有任何疏漏之处,这主要是由于摊铺机工作的环境湿度较大,加之水泥浆的飞溅,容易使机件的关节和调整机构锈蚀损坏而

失去灵活。为此班前的检查和加注油脂等工作更加重要。

技能实训 13　路面施工机械多媒体(现场)教学

实训目的	实训设施	实训方法	技术要求及注意事项
1)了解各种路面机械的类型、总体结构; 2)了解各种路面机械的施工组织与方法	稳定土拌和机、稳定土厂拌设备、沥青洒布机、沥青混凝土搅拌设备、沥青混凝土摊铺机、水泥混凝土搅拌及输送设备和水泥混凝土摊铺机	1)以班级为单位(若人数多时可分成2~3小组)观看路面机械施工的录像带、光碟。 2)有条件的学校也可组织学生到施工现场参观学习	1)注意观察,注意听讲; 2)观看后分组讨论; 3)写出认识和体会; 4)如果现场参观教学,注意安全,严格遵守机械的操作规程

单元四　公路路面养护机械

【知 识 目 标】

1. 公路养护机械的分类；
2. 常用养护机械的总体构造、工作原理、使用技术。

【能 力 目 标】

1. 能够选用各类养护机械；
2. 能够操作常用的公路养护机械。

一、公路养护及养护机械分类

1. 公路养护的工作内容

公路养护根据其工作内容不同，大致分为四类，见表4-0-1。

公路养护的工作内容　　表4-0-1

工作分类	日常养护	定期养护	临时抢修	养护大修改建工程
工作内容	1)清理和清扫道路及道路设施； 2)清除路边杂草及维护路边绿化带； 3)道路及附属设施损坏的小修及更换； 4)冬季冰雪的清除	依据公路使用寿命及使用情况所安排的路面大中修以及桥涵的检测和维修	自然灾害所引起的道路塌方，桥涵损坏及道路设施损坏的突击性抢修工作。另外，由于道路通行的特殊需要所进行的道路维修、加宽、加固等	1)由于原设计不合理所造成的路拱过大或不足，纵横坡不合理等的更改； 2)由于车流量的增加，造成各交叉路及公路连接口不适应情况的更改； 3)达到大修年限后，为提高公路等级标准所进行的大修扩建、改建工程

2. 养护机械的分类

一般养护机械的分类如图4-0-1所示。

从养护机械的分类可以看出，养护机械的类型很多，在现代养护工作中常见的养护机械有：路面清扫机、除雪机、沥青路面综合养护车、路面铣刨机等。下面我们就主要介绍这几种常

用的养护机械。

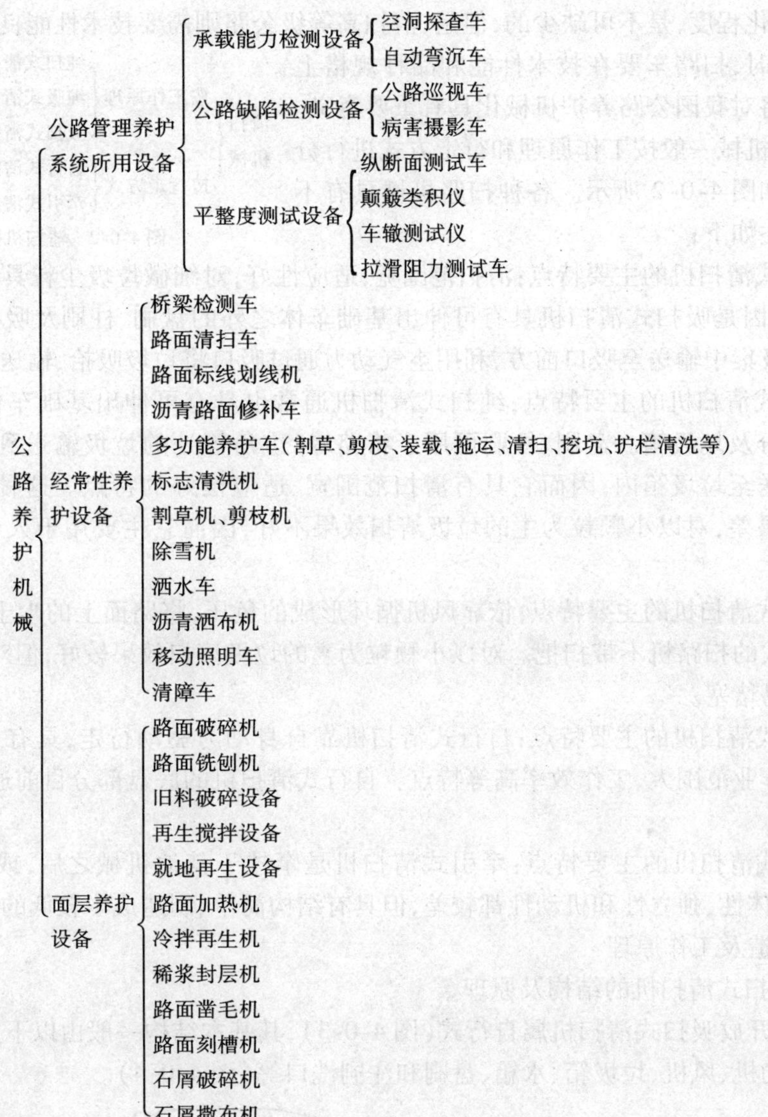

图 4-0-1　养护机械的分类图

二、路面清扫机

1. 用途、分类及特点

路面清扫机械主要用于城市道路和公路养护作业。我国清扫机械研制始于 20 世纪 70 年代，由城市环卫部门为日益发展的城市道路清扫需要而提出来的，后被推广应用于公路养护作业。近年来，随着高等级公路的发展，清扫养护作业是高等级公路养护作业中作业量最大且频繁的作业之一。在高等级公路上作业的清扫车应具以足够的行驶速度和作业速度，以便在前往作业地点和返回驻地的过程中，能够符合高等级公路对车辆行驶速度的要求，并在尽可能短的时间内完成养护作业，以尽量减少对交通的妨碍。以小型地盘和拖拉机为基础发展的各种悬挂和拖挂式小型扫路机具作为一般公路或市政道路清扫机械，对于提高我国公路养护机械化和环卫机械化程度，是不可缺少的，但是，清扫高等级公路则需要技术性能良好、作业速度快的扫路车。同时，扫路车要在技术性能和品种规格上形成系列，这将对我国公路养护机械化具有重要意义。

路面清扫机械一般按工作原理和行走方式进行分类，具体分类如图 4-0-2 所示。各种扫路机械具有不同的特点，分述如下：

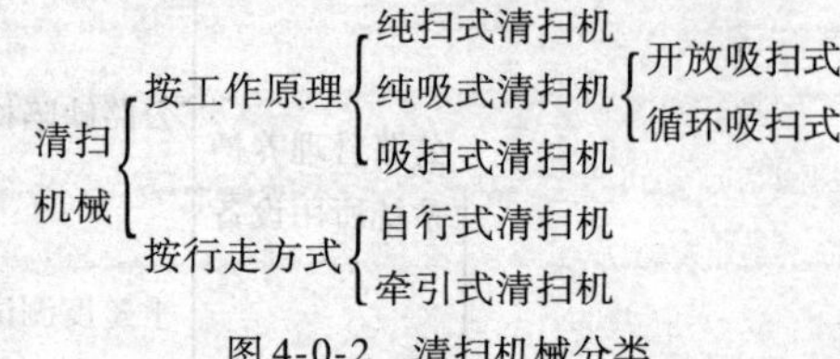

图 4-0-2　清扫机械分类

(1)吸扫式清扫机的主要特点：清扫范围宽，适应性好，对细微垃圾尘粒具有良好的吸拾、输送效果。原因是吸扫式清扫机具有可伸出基础车体之外的盘刷、柱刷及吸口，盘刷可将路缘、边角的垃圾集中输送至吸口前方，利用空气动力通过吸口将垃圾吸拾、输送至垃圾箱中。

(2)纯扫式清扫机的主要特点：纯扫式清扫机通常也具有可伸出基础车体之外的盘刷、柱刷、输送部分及垃圾箱。盘刷、柱刷可用于将路缘、边角等处的垃圾输送到输送带或链板上，最终被输送至垃圾箱内，因而它具有清扫范围宽、适应性好的特点。这种机型的主要缺点是：除尘效果差，对以小颗粒为主的垃圾清扫效果不好，因而它主要用于人口密集的街道、市区道路。

(3)纯吸式清扫机的主要特点：依靠风机循环形成的负压，将路面上的尘土吸入垃圾收集器内，这种形式的扫路机不带扫把。对以小颗粒为主的垃圾清扫效果较好，但对大颗粒垃圾吸拾效果不好，易堵塞。

(4)自行式清扫机的主要特点：自行式清扫机靠自身动力驱动行走，具有良好的整体性、独立性，具有作业范围大、工作效率高等特点。自行式清扫机的底盘部分目前通常由现有汽车底盘改进而来。

(5)牵引式清扫机的主要特点：牵引式清扫机是牵挂于其他机械之后，或靠人力推动行走，因此，其整体性、独立性和机动性都较差，但具有结构简单、制造成本较低的特点。

2. 基本构造及工作原理

1)开放吸扫式清扫机的结构及原理

绝大多数开放吸扫式清扫机属自行式(图 4-0-3)，其基本结构一般由以下几部分组成：自行式底盘、发动机、风机、垃圾箱、水箱、盘刷和注刷洗口等(图 4-0-4)。

图 4-0-3　开放吸扫式清扫机外形图

开放吸扫式清扫机的工作原理是:利用外置部件(盘刷、注刷)将垃圾聚集于吸口前方,利用吸口的吸力将垃圾吸入垃圾箱。

2)循环吸扫式清扫机的结构及原理

循环吸扫式清扫机与开放式基本相同,差别是没有水平柱刷和向上通入大气的出气口。如图4-0-5所示。它是把开放式的出气口引向原吸口部位,使原来的窄吸口成为一个宽吸口。宽吸口中不仅有向上吸取垃圾尘粒的吸管,还有向下吹气的吹管。空气由吸管吸入,经过除尘分离后重新送回吹管吹出,形成空气的循环流动,空气作为载体将路面上的垃圾尘粒送进垃圾箱,如此往复循环地工作(图4-0-6)。

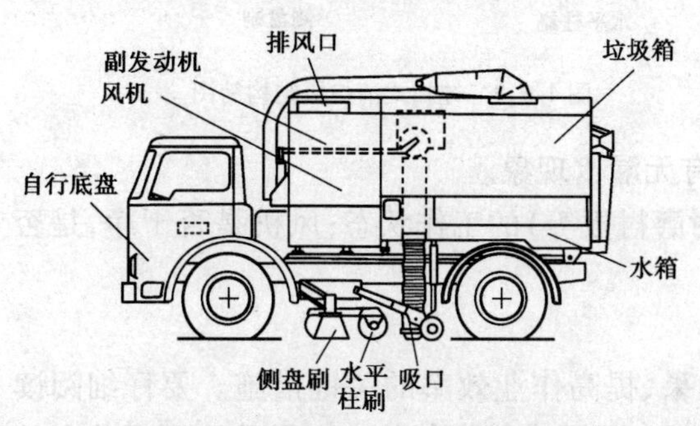

图4-0-4 开放吸扫式清扫机结构简图

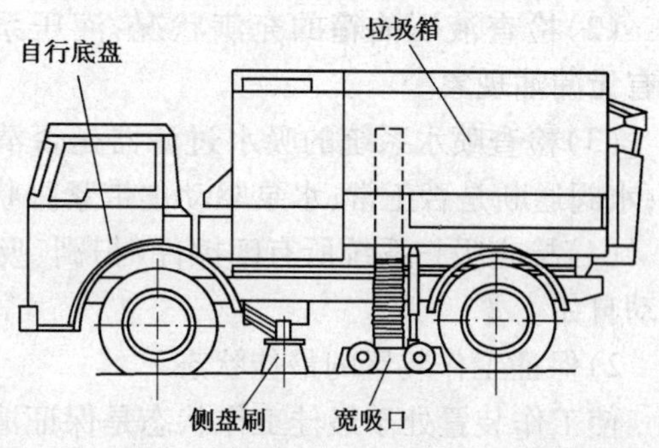

图4-0-5 循环吸扫式清扫机的结构简图

如图4-0-7所示为循环吸扫式清扫机的空气流程示意图。鼓风机产生的压力空气通过压力空气管吸入吸盘,在吸盘中通过压力缝,产生涡流,将路面上的杂物通过吸口吸入垃圾箱,在垃圾箱中将杂物过滤,鼓风机又将空气吸走再利用,如此循环不断。

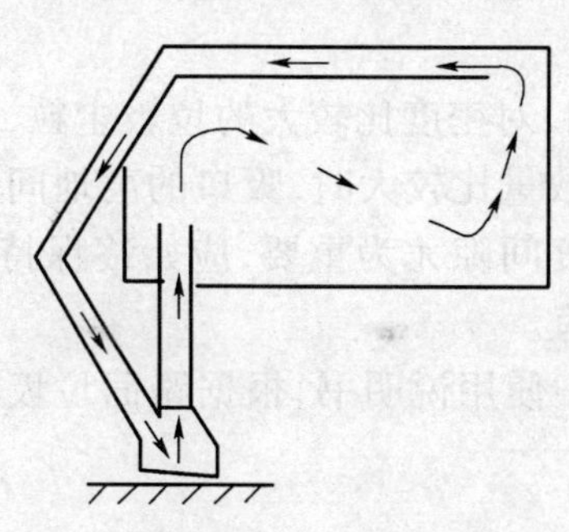

图4-0-6 循环吸扫式清扫机的气流路线

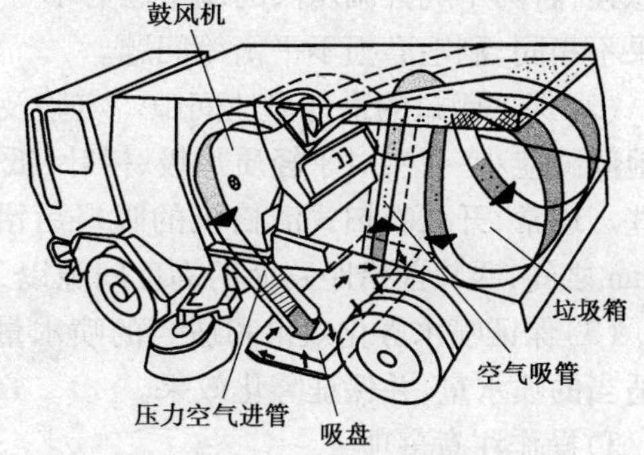

图4-0-7 循环吸扫式清扫机空气流程示意图

3)纯扫式清扫机的结构及原理

纯扫式清扫机有两种:自行式和拖式。自行式由自行底盘、发动机、盘刷、水平柱刷、输送皮带、垃圾箱、举行部分等组成(图4-0-8)。与吸扫式相比,结构上没有风动和吸口,其工作原理是:由盘刷、水平柱刷将垃圾聚集送至输送机构内,由输送机构送入垃圾箱内。

拖式清扫机结构比较简单,结构差异较大,这里不作介绍。

3.清扫机的合理使用

正确合理地使用清扫机,可以保证清扫机的作业性能,减少故障,提高使用效率,延长清扫机的使用寿命,防止事故发生,避免人员伤亡。为此,在使用清扫机之前必须仔细阅读使用说

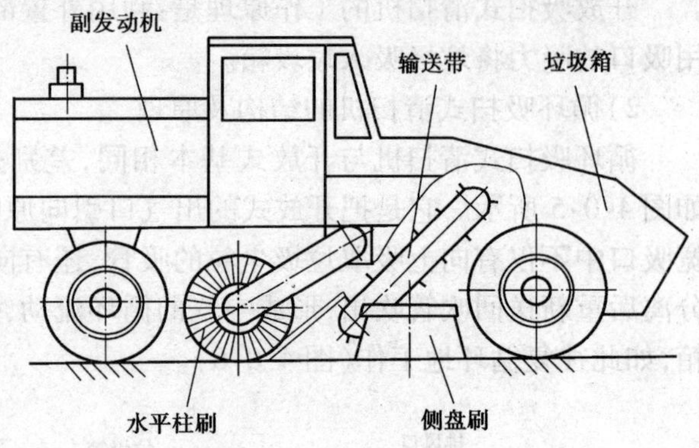

图 4-0-8　纯扫式清扫机结构简图

明书,严格遵守清扫机使用说明书要求的操作规程。

1)做好使用前的准备工作

(1)给底盘发动机和副发动机加注燃料油及润滑油;加注冷却水;检查空气滤清器的堵塞情况;检查齿轮箱润滑油液面;冷却风扇驱动皮带的张紧状况;油门控制是否正常;有无漏水漏油现象。

(2)检查液压油箱的充满状况:液压系统有无漏油现象。

(3)检查喷水系统的吸水过滤器是否清洁;水阀通断是否正常;水泵驱动皮带紧张状况;有无漏水现象。

(4)检查吸扫系统所有摩擦件(扫刷、吸口、耐磨衬板等)的工作状态;风机是否干净,是否转动自如。

2)保证工作装置的最佳状态

使工作装置处于最佳工作状态是保证清扫效果、提高作业效率的关键措施。要仔细阅读清扫机的使用说明书,掌握各种装置的结构和工作原理、要求的理想状态以及达到理想状态的具体调整方法。

(1)保证侧盘刷接地方位正确和水平柱刷两端接地压力相等。清扫机侧盘刷的结构设计能够保证其具有三自由度的可调性,能够调出盘刷的最佳接地方位。水平柱刷两端由两个气缸悬挂,若两个气缸调压阀的调定压力不等,柱刷两端的接地压力就不等,这将造成两端扫除效果不相同,刷毛磨损不平衡等问题。

(2)保证吸口的最佳离地间隙。实验及工程实践证明,对密度比较大的垃圾尘粒,吸口的离地间隙应小一些,对于轻质垃圾、树叶、纸屑等,特别当数量比较大时,吸口的离地间隙应大一些。通常,开放吸扫式清扫机的吸口后沿距路面的高度间隙尤为重要,应始终保持在 6 ~ 10mm 之间,吸口前沿距路面的高度间隙以 35 ~ 40mm 为宜。

(3)保证喷水雾化效果和适当的喷水量。要按照清扫使用说明书,根据路面垃圾状况选择适当的喷水量,并保证雾化效果。

3)操作注意事项

(1)箱体举升时,必须撑起安全支架。

(2)底盘气压不足时,不准启动副发电机。

(3)贮水箱无水、液压油箱无油时,不准启动副发动机。

(4)车辆左右倾斜时不准升起箱体。

(5)箱体升起时,车辆不准行驶。

(6)清扫机作业时,要打开警示灯,提醒后方驶来车辆驾驶员的注意。

(7)吸扫装置处于工作位置时,禁止倒车。

(8)对紧附在路面上的垃圾,需打开功能开关,增大侧刷对地面的压力进行清扫。

(9)遇有较大块状垃圾时,需打开功能开关,这时吸口前部抬起,可将其吸入。

(10)作业中,遇有吸口不能吸入的物体(如纸箱、木板、钢筋等)时应停车将这些物体拣起。

(11)清扫车在作业过程中,如过载警告灯亮(或警告喇叭响),表明垃圾储存箱已满载。这时,应将清扫刷和吸口收回在锁紧位置,关闭副发动机,驶离清扫路段,倾倒垃圾。

(12)卸垃圾时,清扫车必须停在平坦、坚实的地方,严格按照先打开箱门,再倾翻垃圾储存箱的程序来进行。

(13)车辆熄火前,必须使液压油泵取力器处于断开状态。

技能实训14 了解路面清扫机的基本构造、工作原理及运用

实训目的	实训设施	实训方法	实训工艺步骤	技术要求及注意事项
使学生认识和了解路面清扫机的基本构造、工作原理及使用范围,学会选用路面清扫机	路面清扫(车)机一台	现场参观讲解	1)由操作人员或指导教师现场讲解; 2)学生认识和了解路面清扫机; 3)了解路面清扫机各部构造及工作原理; 4)了解路面清扫机适用范围; 5)了解如何区分开放吸扫式、循环吸扫式路面清扫机; 6)回校总结,让学生交流参观感受	1)重点介绍路面清扫机的安全使用知识; 2)现场演示操作; 3)注意学生人身安全

三、除雪机

1.用途与分类

除雪机械是为了清除道路积雪和路面结冰的专用设备,是寒冷地区的公路、城市道路、机场道路养护的必备机械。

除雪机的种类和品牌很多,为了能集中反映其特性,我们用列表的方法进行分类,并介绍其适用范围。

1)按工作装置分类(表4-0-2)

除雪机按工作装置分类表　　表4-0-2

除雪机名称	特点	适用范围
犁板式除雪机	以雪犁或刀板为主要除雪方式。可推雪、刮雪	可装在卡车、推土机、平地机、拖拉机、装载机等底盘上,适应各种条件下的除雪
螺旋式除雪机	以螺旋和刮刀为主要除雪方式	新雪、冻结雪、冰辄
转子式除雪机	以高速风扇转子的抛雪为主要除雪方式,抛雪或装车	新雪或同犁式机配合
组合式除雪机	多种除雪方式的组合	新雪、压实雪
清扫式除雪机	以旋转扫路刷为主要除雪方式	高速路、机场进行无残雪式除雪、薄雪
	以鼓风机高速气流为主要除雪方式,吹出路面	公路新降雪
	以化学溶剂消雪	降雪前撒于路面、降雪后可以撒灰渣
加热式熔雪机	把雪收集加热熔化成水	特殊场合除雪

2)按主机特性分类(表4-0-3)

除雪机按主机特性分类　　表4-0-3

名称	特点	适用范围
旋转除雪机	工作装置由积雪螺旋和风扇和转子等传动件组成,一般为装载机底盘	除厚雪或同犁板式除雪机配合作业
除雪卡车	在卡车地盘上装各种除雪犁板和作业装置	新雪、压实雪、公路、广场、街道
除雪平地机	刮雪刀片在平地机机体中部	主要是清压实雪
除雪推土机	在推土机前装各种除雪犁板,有履带式和轮胎式	消除较厚雪
扫雪机	工作装置为扫刷或扫刷加吹气	新雪、薄雪、高速路、机场
路面除冰机	工作装置有螺旋刀切削式和转子冲击式,底盘一般用装载机	压实雪、冻结雪、冰辙
手扶式除雪机	无驾驶室	人行道及狭小地方除雪
融雪车	在卡车上装有螺旋集雪装置、燃烧加热装置、融雪槽等	街道除雪
消融剂撒布车	在卡车底盘上装有料仓、输送器、撒布圆盘等装置	撒布防止结冰和融雪的药剂或起防滑作用的沙子
装雪机	有斗式装雪机、皮带式装雪机、螺旋式装雪机	必须把雪运走的地区
固定除雪装置	在特殊地段要装的永久性除雪装置	特殊地段

2. 国内外除雪机械的发展概况

1)国外除雪机械的现状及发展趋势

国外发达国家除雪机的品种规格较为齐全。近年来,由于社会对冬季道路养护提出的更高要求,各类除雪机的保有量在发达国家迅速增长,在性能方面朝着自动化和一机多能方面发展。一些大型专用除雪机械已开始开发使用,现已能生产出超大功率的旋转除雪机,并不断提高机械的作业安全性和操作舒适性,其主要发展趋势有以下几个方面:

开发高性能专用底盘,普遍采用液力变矩器、动力换档装置和全自动电液控制系统。可在除雪工作时实现自动变速换档功能,使作业速度自动适应除雪作业的负荷变化,不仅减轻了驾驶员的负担,还能保证高速除雪的要求。

开发多功能的除雪车,如在除雪车上搭载抛雪装置、高雪堤处理装置、药剂撒布装置等多

种作业装置,以提高作业效率和减少更换除雪装置的时间。

2)国内除雪机械的现状及发展方向

我国对除雪机械的开发生产起步较晚。20 世纪 70 年代前有些厂家和公路部门虽研制过一些样机,但未能推广;到了 80 年代中期转子除雪机研制成功。80 年代后期,除雪机发展速度有所提高,但规格品种较少,以拖挂顶推式、螺旋转子式除雪机为主,最近几年,一些厂家参照国外先进技术,已研制出了适合我国除雪作业急需的犁式和转子式除雪机、拖式洒盐机等。但是,与世界先进国家相比,我国除雪机在产品数量及性能等方面差距较大,且远不能适应我国目前的公路除雪需求。

我国北方大部分地区每年都有 3 ~5 个月的降雪期,几十万公里的道路存在着清除积雪问题。因此,我国除雪机的研究和发展方向应在以下几方面作出努力:

①加强雪的力学性质研究,建立道路气象系统。及时获取路面温度、湿度、风向、风速等方面的信息,准确地掌握路面状况,以便灵活、高效地使用除雪机械。

②向小型化、高速度的方向发展 。

③向多功能、机-电-液一体化的方向发展。

④不断提高安全性、舒适性。

⑤打破专利封锁,加强技术合作。

3. 基本构造及工作原理

现在以国内常用的除雪机为例分别介绍其主要结构和工作原理。

1)犁式除雪车

犁式除雪车就是把犁刀安装在拖拉机、卡车、装载机、推土机、平地机或专用底盘上的除雪机的总称。犁刀一般安装在车辆前部,中部或侧面,有单向犁,V 形犁,变向犁,刮雪刀及复合犁,工作装置的提升、降落靠液压控制,这种车结构简单,换装容易,机动灵活,效率高,适宜于清除新雪。

采用载重汽车底盘的犁式除雪机,一般称为犁式除雪车(图 4-0-9)。犁式除雪车的基本工作装置为除雪犁,除雪犁主要有:①单向犁;②V 形犁;③变角度犁;④复合犁。分别适用于干线公路、山区公路、街道等不同场所的除雪。

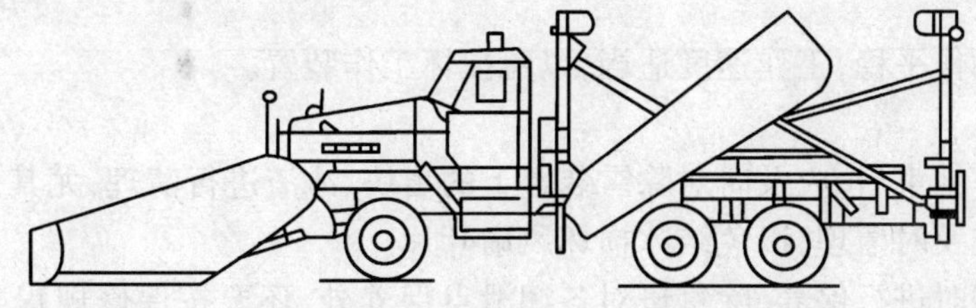

图 4-0-9　犁式除雪车外形图

2)旋转除雪机

(1)旋转除雪机结构及工作原理

旋转除雪机就是把各种旋转除雪装置安装在汽车、拖拉机、装载机等工程车辆或专用底盘上的除雪机总称,其典型结构如图 4-0-10 所示。

旋转除雪机主要由工作装置及底盘车辆组成。工作装置由集雪螺旋、抛雪风扇、抛雪筒及其连接装置组成。集雪螺旋主要完成积雪的切削、输送,其叶片一般布置为左右旋向,便于雪从两边向中间运动至抛雪风扇处。抛雪风扇叶片为辐射状,进入风扇的雪在高速旋转叶片离心力作用下,沿着叶片表面运动至风扇壳体顶部开口处抛出,由抛雪筒导向合适区域。旋转除雪机多采用底盘车辆液压系统驱动工作装置的各部分,容易调整除雪速度,传动操作容易实现。

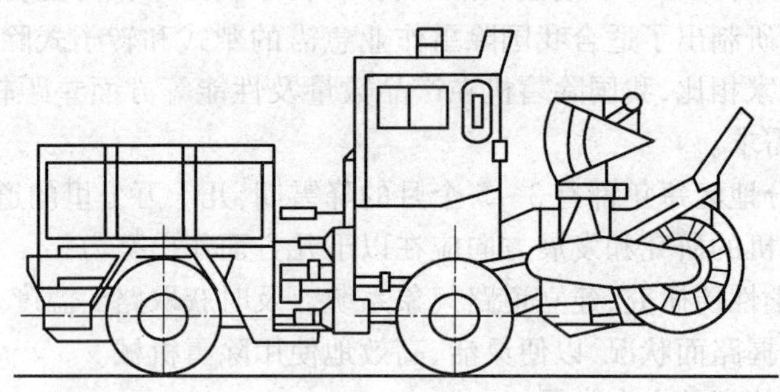

图 4-0-10　旋转除雪机外形结构图

(2)旋转式除雪机工作装置结构

包括 6 种形式,即:①螺旋式;②转子式;③单螺旋转子式;④双螺旋转子式;⑤立轴螺旋转子式;⑥除雪转子。

4. 除雪机的使用技术

1)注意事项

①详细阅读除雪机使用说明书,了解各种机型的特点和技术要求;

②在使用除雪机作业前,先要了解除雪路段的雪质、厚度、硬度及路面障碍情况,安排好作业计划;

③使用前还要检查各系统的工作状态是否正常,有无松动及漏油情况;

④调整工作装置、雪橇及支撑轮,使工作装置底部于路面之间的间隙满足路面不平需要,这个间隙一般为 1 ~ 2mm 较为适宜;

⑤顶推拖挂式除雪车,要考虑牵引车的抗滑性能及雪雾对驾驶视野的影响,必要时安装防滑链;

⑥操作时要动作平稳,工作速度适当,以免损坏工作装置。

2)维护保养

①除雪机工作结束后,应及时对除雪装置上的雪块、冰渣进行清理,尤其是轴承、转子叶片与壳体接触面更应及时清理,以免结冰损坏风扇叶片;

②除雪机应按时进行保养,除每班对各润滑点保养外,还要按保修规程 200h 进行一次一级保养,600h 进行一次二级保养,1800h 进行一次三级保养;

③除雪机闲置时,应对各部件进行防锈蚀处理,并将机器晾干后停放到库房内;

④除雪机停放在库房时,应使液压油温保持在一定范围内,从而保证液压系统随时可以进行工作;

⑤除雪机使用的液压油,不仅要考虑其粘度等级,还必须考虑油液粘度指数,相对来说粘度指数高的工作油所适应的温度范围大。

技能实训15　参观除雪机

实训目的	实训设施	实训方法	实训工艺步骤	技术要求及注意事项
使学生认识和理解除雪机类型、构造和一般工作原理,熟悉除雪机适用范围,能够正确选用	除雪机一台	现场参观讲解	1)由操作人员或指导教师现场讲解; 2)学生认识和了解除雪机; 3)了解除雪机各部构造及工作原理; 4)了解除雪机适用范围; 5)了解如何区分犁式除雪机和转子式除雪机; 6)回校总结,让学生交流参观感受	1)重点介绍各类除雪机的不同点; 2)因季节原因,可现场模拟演示; 3)注意学生人身安全

四、沥青路面综合养护车

1.用途、分类及特点

1)用途

沥青路面综合养护车是一种对路面进行综合性修理和保养的养护机械,是沥青碎石路面沥青混凝土路面进行日常养护不可缺少的机械化养护设备。

沥青路面综合养护车主要用于公路和城市道路中沥青路面的修理和保养作业,是一种作业效率高、机动性好、可完成路面的破碎、清理、补料、压实等多工序作业的自行式综合性养护机械。我国公路通车里程逐年增长,原有路面铺层较薄,自然灾害频繁发生,路面养护任务十分繁重。根据我国国情,合理选用成套机械化养护设备,可以提高机械化养护程度,最大限度地改善路面状况,保证路面养护质量,提高车辆通行能力。

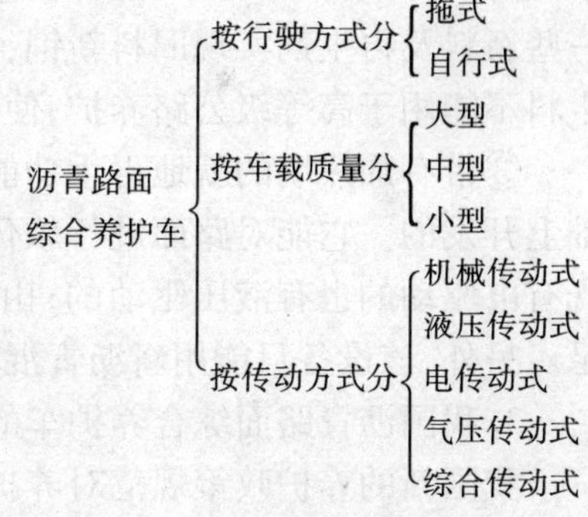

图4-0-11　沥青路面综合养护车分类图

2)分类

沥青路面综合养护车的分类如图4-0-11所示。

3)特点

拖式沥青路面综合养护机具有结构简单、节省动力、造价低等特点,但其机动性和操作条件差。

自行式沥青路面综合养护车具有机动灵活,便于操作的优点。

机械传动直接驱动工作装置的方式因其效率低,准确性较差而逐步被淘汰。气压传动的缺点是效率低、振动大,不易操作和控制。

液压和电力传动具有简单方便,容易操作等特点,是沥青路面综合养护车常用的传动方式。其中,由发动机驱动发电机,再用电能驱动作业机具的传动方式,布局简单,使用方便,更受广大用户的欢迎。

2. 国内外概况

(1)国外概况

国外沥青路面养护机械已有百年的历史,用于高等级公路的沥青路面小修作业综合养护机型也有60~70年的历史。它们按功能和作业方式可分为以下几种:

①带有红外加热功能的路面综合养护车,其代表机型为美国热动力公司的修路王。

②带有热混合料箱及路面破碎压实工具的路面综合养护车,其代表机型是美国诺贝尔公司生产的TP4型综合养护车。

③喷射式修补养护车,其代表机型是美国乐仕高公司的路面修补车,此种车适用于较小坑洞的修补工作。

④综合作业修补养护车,其代表机型是美国LeeBoy公司生产的1200′S沥青路面综合修补车。此种车适用于小面积修补作业。

2)国内概况

随着我国公路建设事业的快速发展,特别是高等级公路通车里程的不断加大,国内对路面养护机械越来越重视。20世纪80年代起步的一些公司已经试制了大量相关产品投放市场。投入力度比较大的企业有:沈阳市北方交通工程公司、西安筑路机械厂和镇江筑路机械厂等。就综合养护车而言,国内目前开发的养护车主要集中在以下几类:

①TP4型　全液压操纵,具有贮料、破碎、压实设备及其他路容路貌维护设备。它是在西安筑路机械厂引进美国阿克苏·诺贝尔公司技术生产后由国内各企业开发的产品。

②沥青混合料再生功能养护车　其特点是具有旧料再生功能,能对一般旧沥青通过添加一些新料及再生剂实现旧料新铺,具有破碎、再生、压实装置及其他附件。由于这种设备的再生料不能用于高等级公路养护,使用场合受到了很大的限制。

③带有加热墙的就地再生功能养护车　是在仿美国的修路王和“保路威”系列产品的基础上开发的。它能对路面进行软化、耙松、添新料、压实等一条龙作业,节能、环保。驱动方式既有电驱动的也有液压驱动的;由于开发时间过短,在产品的可靠性方面还存在着较大的不足。另外,该设备只能用新沥青混合料,若养护现场无料则不能正常工作。

3. 我国沥青路面综合养护车的发展方向

我国新的养护政策规范对养护机械的总体要求是提高路面养护机械化的水平,它特别强调养护机械的快速反应和高效、高质量作业等方面的能力。另外,随着人们对环境保护意识的加强,市场也呼唤环保型养护机械的出现。

我国沥青路面综合养护机械在新形势下的功能要求包括以下几个方面:快速转移、就地加热、旧料再生、路面铣刨、新料摊铺、路面压实。根据这几种功能和养护作业的方式和工艺,我国未来综合养护车应当向以下几个方向发展。

(1)向适用于道路预防性养护的综合养护机械方向发展。

(2)适用于道路大面积翻修的养护机械方向发展。

4. 沥青路面综合养护车的基本构造与工作原理

沥青路面综合养护车一般都由基础车、动力设备、传动系统、装运和切削装置、作业机具、操纵及控制机构等部分组成。

基础车提供人员乘座,操作驾驶,承载所有设备、装置和作业机具。

现以湘潭公路机械厂20世纪90年代生产的新型XTG5071－DYD型沥青路面综合养路车(图4-0-12)为例,介绍其基本构造和工作原理。

XTG5071－DYD型沥青路面综合养路车是一种自行式沥青路面专用养护机械,具有开挖和破碎沥青路面、沥青混合料保温运输、沥青混合料填补、液态沥青保温运输、沥青喷洒、路面压实等多种功能。养路车结构紧凑、装备轻便,备有发电机组,工作装置全部采用电力和液压传动。发电机组可在夜间为施工提供照明或为其他小功率电动设备提供电源。

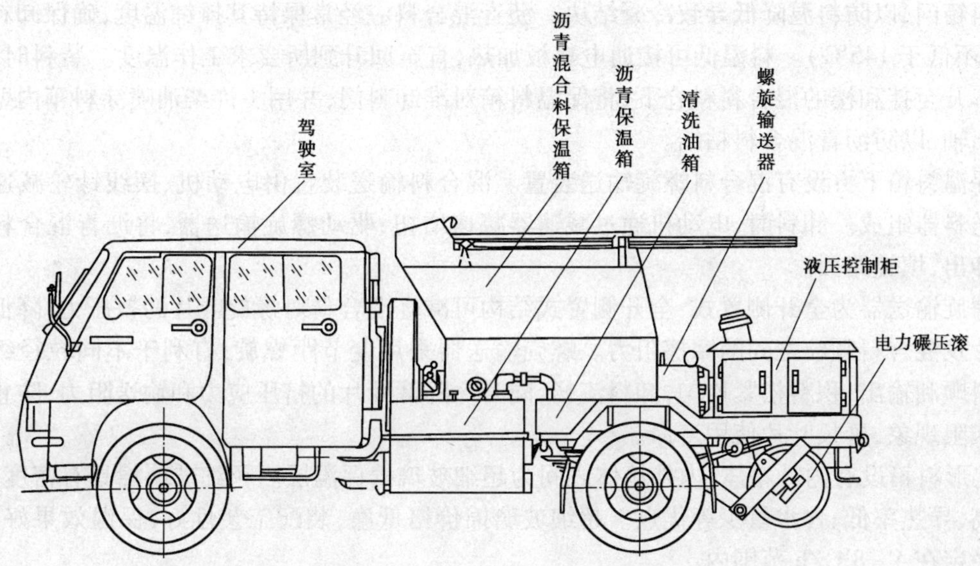

图4-0-12　XTG5071-DYD型沥青路面综合养路车

该综合养路车采用双排座汽车通用底盘,可兼作中、短途路面查巡车,是公路、市政专业养路队和大道班机械化养路的理想养护设备。

XTG5071－DYD型沥青路面综合养路车采用NJ1061型双排座二类汽车底盘作基础车,养路工人可乘坐养路车上下班。养路车后部备有柴油发电机组、电器控制柜、沥青混合料保温箱、沥青保温箱、电动破碎器、电动快速冲击夯、电动碾压滚及其提升液压油缸的油泵电机等电动工作装置,电控柜还可接通沥青混合料保温箱和沥青保温箱的电热板,分别给沥青混合料和液态沥青加热保温。由于各种作业机具都采用电力或液压传动,因而传动机构简单,结构紧凑,工作装置轻便,且便于布置。采用电力传动方案具有工作可靠、维修方便、操作轻便灵活等特点。

沥青路面维修应按一定工序进行。维修前应对路面进行勘察和检查,并圈定维修范围,首先凿边、破碎旧路面、开挖"天窗",然后清除废旧沥青和碎石,并用快速冲夯将底层夯实。底层夯实后,再喷洒一层沥青油,将保温沥青混合料卸入"天窗"内,铺平后用碾压滚反复碾压,使之密实、平整,恢复路面行车性能。

XTG5071－DYD型沥青路面综合养路车的主要工作装置及其功能分别叙述如下:

(1)旧路面破碎装置

旧路面破碎装置通常采用破碎镐。破碎镐有液压冲击镐、电动冲击镐和气动工具等几种。液压冲击镐结构质量偏大,操作费力,劳动强度较大;电动冲击破碎器轻便,破碎力大,使用方便,适用性好。XTG5071 - DYD 型综合养路车配有两具 HM1301 型电动破碎器,只要接通电源,电动镐头即可对路面产生强烈冲击,其冲击频率为 20Hz,足以凿裂和捣碎原有沥青路面。

(2)沥青混合料保温与输送装置

沥青混合料保温箱安装在综合养路车的后上方中部,上面设有滑轨式箱门,箱门侧设有手动式定位销。箱体保温层内装有电加热板,当环境温度低于 10℃时,在装入沥青混合料之前应接通电热板的电源,对混合料保温箱进行预热(预热半小时左右)。沥青混合料装入后,应关闭料箱门,以防料温降低导致冷凝结块。沥青混合料应经常保持其摊铺温度,确保卸料流畅(料温不低于 145℃)。料温低可接通电热板加热,直至回升到所要求工作温度。装料时,应将养路车开至拌和楼的混合料料仓下,将保温料箱对准卸料门,并用少许柴油喷涂料箱内壁和螺旋输出轴,以防沥青混合料粘结。

保温料箱下方设有混合料螺旋输送装置。混合料输送装置由电动机、摆线针轮减速器和螺旋送料器组成。卸料时,电动机通过减速器减速增扭,驱动螺旋输送器,将沥青混合料从卸料口卸出,填补路面。

螺旋输送器为全开侧置式,全开侧置式结构可减轻混合料对螺旋叶片的挤压力,降低物料与叶片及混合料颗粒之间的摩擦阻力。螺旋输送器采用变节距螺旋,有利于不同粒径级配的混合料顺利输出,积料松紧均匀,卸料流畅,同时令降低叶片的挤压应力和输送阻力,防止出现物料卡阻现象,延长叶片使用寿命。

V 形料箱设有内外箱体,内外箱体之间为超细玻璃棉保温层。超细玻璃棉具有密度小、气孔率高、导热率低、含水量少等优点。超细玻璃棉价格低廉,装配工艺性好,保温效果好,其温降可稳定在 4 ~ 8℃/h 范围内。

螺漩叶片与箱体内壁之间留有适当的间隙,均匀和合理的间隙可保障料流输送畅通,阻力小。间隙过小,混合料中的骨料容易楔入缝隙,其中多数集料将被叶片粉碎,而少数高强度集料则可能损坏叶片,导致螺旋轴和箱体变形,加剧零部件磨损,增加功率消耗,降低生产效率,甚至发生机械故障。

(3)沥青保温、洒布系统

沥青保温、洒布系统由沥青保温油箱、沥青泵及电动机、电加热板、单喷管、清洗油箱、配油管路等组成。

热态沥青可从沥青罐中卸入沥青油箱,也可从沥青油池中抽吸至沥青油箱内。

沥青油箱具有良好的保温特性,在常温下装满沥青时,其温降不大于 4℃/h。当石油沥青温度低于 130℃,或煤焦油温度低于 90℃时,则应接通电加热板对沥青加热。但沥青油温不宜过高,油温过高会导致沥青老化变质。

沥青油泵安装在沥青保温油箱内,由沥青泵电动机驱动,既可抽吸和喷洒沥青,又可用清洗柴油清洗洒布管路。沥青泵安装在沥青保温油箱内,不仅使沥青洒布系统结构紧凑,便于布置,而且改善了沥青油泵的工作条件,提高了保温效果。当沥青泵长时间没有运行,内部残存沥青凝固无法转动时,应通电加热沥青,当沥青温度高于 120℃时,方可驱动沥青油泵正常运转。

在填铺沥青混合料之前,应在开凿的路面“天窗”底层和周边喷洒一层沥青,用以提高新旧路面的粘结力和整体承载性能。喷洒作业全部结束,应开启清洗油箱阀门,及时清洗洒布管

路中的残留沥青，以防残留沥青凝固在洒布管内。用清洗柴油冲洗前，必须将洒布管内残余沥青抽尽，以减轻管内残余沥青对清洗柴油污染的程度（清洗柴油可循环使用）。

（4）冲击和电动碾滚压实装置

XTG5071－DYD型沥青路面综合养护车备有快速冲击夯和电动碾滚两种压实装置。快速冲击夯由电动机驱动，可对路面底层和填料进行夯实。接通手扶式快速冲击夯的电源即可进行压实作业。冲击夯实机操作轻便灵活，转移十分方便。电动碾压装置安装在综合养护车的后下方，采用液压操纵，电力驱动。

5. 沥青路面综合养护车使用技术

1）一般使用说明

不同类型的沥青路面综合养护车的底盘、结构、功能及配备的机具不同，其具体使用技术也有所不同，沥青路面综合养护车的使用应遵照使用说明书的有关规定。

2）技术培训

使用沥青路面综合养护车除了至少有一名正式汽车驾驶员外，还要有根据沥青路面综合养护车所要求的数名养护修补作业操作人员，这些人员必须经过专门的业务技术培训，了解沥青路面综合养护车结构和工作原理，在使用中能够熟练操作、保养、排除故障。

3）出车前的检查

每次出车上路进行沥青路面修补时，出车前都要认真检查，检查内容有以下几方面：

①按规定进行车辆的例行保养；

②检查液压油、燃料油、清洗油及水是否加到要求的数量；

③检查后装入修补沥青路面所需要的砂石料、混合料、沥青等材料，能满足作业时间内的使用要求。

④检查所有的作业机具是否齐全，安放是否牢固。

4）整车要求

自行式沥青路面综合养护车的基础车，一般都是选用通用的载重汽车做为基础车，所有有关使用技术及新车检查、磨合、驾驶与操作、保养要按基础车技术标准和使用说明书中的规定执行。拖式沥青路面修补车的使用技术按照全挂车的标准与使用说明书进行。

5）主要工作装置

自行式沥青路面综合养护车在路上行驶进行路况巡查和长距离转移作业地点时，除行驶以外的动力装置要停止工作，取力器与基础车变速脱档。修补车在进行作业前，先将动力装置发动，待运转和输出动力正常后再开始工作。各使用动力的装置和机具应尽量避免同时启动使用，总负荷要低于动力输出功率，并尽量减少有动力输出无负荷的时间。取力器挂上档后，要避免发动机空转，以免降低油泵使用寿命和引起故障。

6）混合料箱

①装入混合料箱的混合料温度不能低于要求的使用温度，一般在150℃以上。

②装混合料时，料门或箱盖要全打开，对准进料口进料，防止混合料散落在箱外。

③及时关闭斗门或箱盖，以便保温和防止杂物混入料箱内。

④收工回到住地，要把剩余在箱内的混合料全部排除干净。

⑤及时清除粘结在混合料箱内内壁的残余混合料。

7）沥青罐

①向罐内装沥青时，先将沥青罐放气孔打开，确定沥青泵、管路、阀门都通畅，无凝结的沥青后开动沥青泵，吸入管头要有过滤器。

②装入罐内的沥青，除了质量性能指标符合要求外，其温度也要达到要求，一般石油沥青在160℃以上。

③装入罐内的沥青的数量达到总容量的80%即可，最低液面应使加热管路在沥青面以下100mm。

④养护车行驶中不能对罐内沥青加热，停车后才能加热。加热时要打开放气孔，并调节阀门启动沥青泵，使沥青在罐内循环，在动态中加热，以利热交换，使沥青均匀受热。

⑤每个工作台班结束前，要将罐内剩余沥青排除干净，并调节阀门用清洗油将沥青泵、管路、阀门洗净，不能有残余沥青。

8）拌和装置

①混合料拌和前，要启动拌和装置空转几分钟，待运转平稳后，再投入混合料拌和。

②混合料拌和均匀后，要当即出料，不能久留在拌和装置内。

③不连续进行拌和混合料时，要将拌和装置内残留的混合料清除干净。

9）作业机具

①沥青路面综合养护车上所配备的各种作业机具的使用技术，均要遵照各种机具的使用说明书进行；

②各种作业机具在修补行驶和转移时，都要安放在固定位置，并且要锁紧牢固，行进时不能发生撞击。

③收工时，要将各种作业机具清理干净，不能粘结沥青或污物。

技能实训16 了解沥青路面综合养护车的基本构造、工作原理及运用

实训目的	实训设施	实训方法	实训工艺步骤	技术要求及注意事项
使学生了解沥青路面综合养护车的性能、一般构造和原理，能够正确使用沥青路面综合养护车	任何型号的沥青路面综合养护车一辆	现场参观讲解	1）由操作人员或指导教师现场讲解； 2）学生认识和了解沥青路面综合养护车； 3）了解沥青路面综合养护车各部构造及工作原理； 4）了解沥青路面综合养护车的适用范围； 5）了解沥青路面综合养护车的正确使用方法； 6）回校总结，让学生交流参观感受	1）重点介绍沥青路面综合养护车的特点、适用范围； 2）要求学生能够掌握沥青路面综合养护车的一般保养知识； 3）注意学生人身安全

五、沥青路面铣刨机

1.用途、分类及适用范围概述

沥青路面铣刨机是一种利用装满小块铣刀的滚筒旋转对路面进行铣削的高效的路面维修养护设备。用它来铣刨需要维修的破损路面，对沥青路面和水泥路面均适用，铣刨后形成整

齐、平坦的铣刨面和齐直的铣刨边界,为重新铺设沥青混合料或混凝土创造条件。修复后新老铺层衔接良好、接缝平齐。另外还可用于变形沥青路面的平整、路面切槽及混凝土路面拉毛等作业。采用路面铣刨机可以迅速地切除路面的各种病害,并且剥离均匀,不伤基础,易于重新铺筑;切下来的沥青混合料渣可以直接用于路面表层的铺设,如果这些料渣已低于要求,还可以与新的沥青加温拌和后,再重新铺筑高质量的面层。因此,这种路面施工设备不仅效率高,而且节约大量的原材料。

在对沥青路面进行机械化维修养护过程中,沥青路面铣刨机可用来完成以下工作:

(1)对沥青路面进行大面积铣刨破碎,同时将旧料回收再生利用,以便重铺新料,使路面得以重新翻修。

(2)对局部损坏需修补的路面进行铣刨作业,使其成为规则的方形坑槽,以便修补后接缝整齐、美观。

(3)对路面油包、油浪、车辙等常见病害进行铣平修整作业,以提高路面的平整度和通行能力。

(4)对光滑摩擦系数较低的路面进行拉毛作业,以获得一定的路面粗糙度。

有些沥青路面铣刨机还被允许用来铣刨水泥路面及水泥稳定土路基等。鉴于沥青路面铣刨机的上述功能以及其机动灵活、工作质量好、效率高、可回收旧料等特点,使其成为高等级公路和城市道路机械化养护必不可少的设备之一,也是旧沥青路面再生利用的重要设备之一。

沥青路面铣刨机的分类及适用范围如图4-0-13所示。

沥青路面铣刨机
- 按铣削形式分
  - 冷铣式:适用于普通
  - 热铣式:用于路面再生作业
- 按铣削转子的旋向分
  - 顺铣式
  - 逆铣式
- 按行走机构分
  - 四轮式:用于中小型,适于较窄路面作业
  - 履带式:用于大型铣刨机,适用于大面积再生作业

图4-0-13 沥青路面铣刨机的分类及适用范围

2. 国内外沥青路面铣刨机的发展状况

1)国外沥青路面铣刨机的发展概况

20世纪50年代,日本研制了国产1号电热式铣刨机,它是在平地机上安装了一个加热装置,后部装备铣刨器,边加热边铣刨,加热宽度为2m,铣深只有20mm,工作速度也只有0.12km/h。20世纪60年代后,日本又在平地机上改装成了世界上第一台冷式沥青路面铣刨机,铣刨宽度为2m,深度30~50mm。

进入20世纪70年代以来,随着沥青路面旧料再生技术的发展,德国、美国、瑞典、意大利等国家也相继开发了沥青路面铣刨机。其中德国维特根(Wirtgen)作为以生产铣刨机为主的专业公司,除生产热铣刨机外,冷铣刨机已形成了完整系列,规格品种多达几十种。并在世界各国得到广泛使用,我国进口的铣刨机绝大多数为该公司产品。

2)国内沥青路面铣刨机的发展概况

我国于20世纪80年代开始研制路面铣刨机,目前主要结构形式有两种:一是在拖拉机上加铣削装置而构成的简易铣刨机;二是自行式铣刨机。目前仅有铣削宽度为500mm和1000mm两种规格,且产品生产效率较低,精确度较差,与国外相比有较大差距。

1987 年江苏镇江路面机械厂参照国外机型研制出了 LX50 型铣刨机。铣刨宽度为 50mm，铣刨深度为 60mm，行走为液压驱动，工作装置为机械驱动。1990 年天津市道桥处机修厂也研制出了 LX－1000 型铣刨机，铣刨宽度 1m，铣刨深度 80mm，行走、工作均采用机械驱动。随后的 10 来年，我国正处于筑路的热潮当中，国产铣刨机因市场容量有限，没有得到相应的发展。

近几年，随着我国公路建设的发展，高等级路面的机械化养护已越来越得到重视并被广泛采用。沥青路面铣刨机也得到了较快的发展。1999 年，合资后的镇江华晨华通路面机械有限公司在吸收国外先进技术的基础上率先研制出了有较高技术水平的 LXZY1000 型铣刨机，铣刨宽度为 1m，并采用全液压驱动。随后徐州工程、徐州路遥、山东德工和维坊通用等厂家也相继开发出了 1m 铣刨机，徐州工程机械集团更是从德国 Wirtgen 引进了 2m 机型的生产技术。2000 年镇江华晨华通公司又研制开发了国内第一台 1m 带回收装置的铣刨机，结束了国产铣刨机无回收装置的历史。该公司近期又推出了 1.3m 带回收铣刨机，使国产沥青路面铣刨机向全系列方向迈出了重要的一步。

3. 沥青路面铣刨机的结构及工作原理

1）一般结构及原理

一般铣刨机主要由发动机、车架，驱动悬挂、转向、制动、铣削转子、液压系统、集料系统组成。图 4-0-14 是履带式沥青路面铣刨机的外形图。铣刨机的型号不同会导致其结构的差异，但工作原理是基本相同的，即由发动机输出动力，带动液压泵，驱动液压马达及液压油缸；使切削转子旋转达到铣刨的目的。

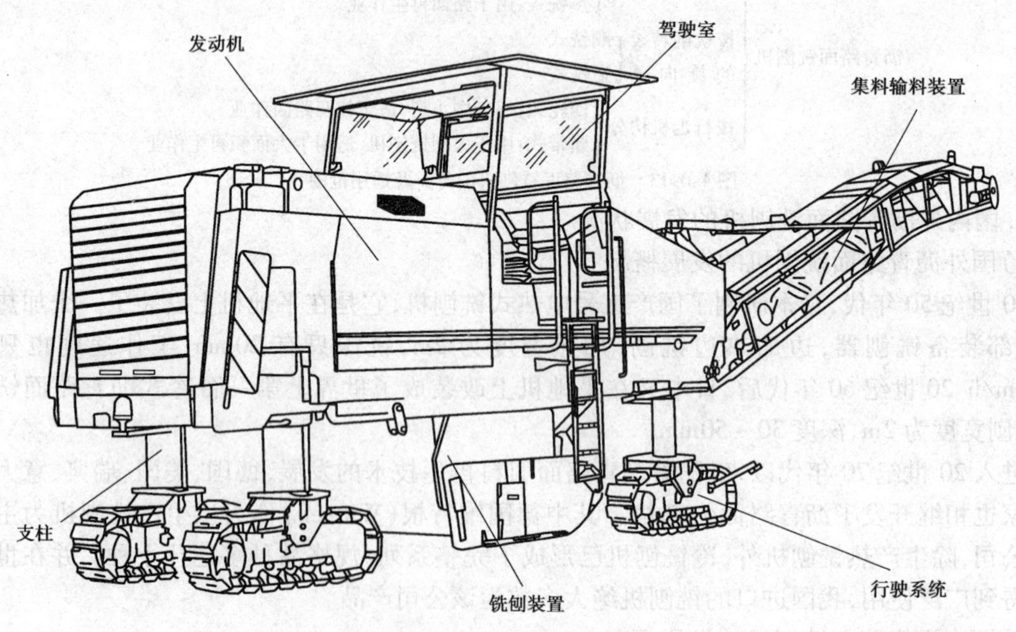

图 4-0-14 履带式沥青路面铣刨机外形图

2）国外沥青路面铣刨机的结构特点

①发动机 国外一般中小型铣刨机常选用德国道依茨风冷柴油机，大型机选用美国卡特

尔勒等公司的水冷柴油机，功率小的 30～40kW，最大可达 550kW。风冷柴油机由于其启动性能好、结构紧凑、体积小在中小机型上得以广泛应用。

②行走驱动系统 轮胎式铣刨机一般都采用实心胎，具有机动灵活、转运方便和适宜狭小区域作业等优点。履带式机型附着力大，自找平性能好，但机动性稍差。国外一些较新型的铣刨机采用轮胎和履带可以互换的行走机构，以提高机器的适应性和使用性能。

③铣刨机工作装置 铣刨机一般采用转子式铣刨鼓结构，有顺铣和逆铣两种。绝大多数采用逆铣，刀具由几十个甚至 100 多个按左、右螺旋线均匀排列在铣刨鼓上。铣刨鼓的驱动有机械式和液压式两种。机械式由发动机输出动力后，经皮带传送给位于铣刨鼓内的齿轮减速器，再驱动铣刨鼓。国外大部分机型均采用这种方式，因为功率利用率较高。

④自动回收装置 为减少铣刨后的清扫工作量，大中型铣刨机有些甚至 500mm 铣宽的铣刨机都配带旧料自动回收装置，将铣削下来的旧料通过皮带输送机直接卸入运输车辆内。

⑤国外一些新型的铣刨机大量采用了一些先进技术，比如全轮驱动技术及机电液一体化控制技术、智能化故障诊断和维护系统，以提高机器的使用性能、减轻操纵者的劳动强度。为了提高铣刨机纵向和横向的铣刨精度，有些机型还装有精确的自动找平装置。

3）国内外沥青路面铣刨机主要性能参数

铣刨宽度和铣刨深度是铣刨机的主要性能参数。国外铣刨机的铣刨宽度从 300～4200mm，范围很广，其中应用最多的为 1m 和 2m 机型。为了使一台机器能适应不同的铣刨宽度，有些铣刨机的铣刨宽度被设计成有级可调的，通常是在转子上装有可拆卸铣刨瓦，通过拆装铣刨瓦来调整铣刨宽度。但在实际施工过程中，真正要求铣刨宽度经常改变的并不多见，况且铣刨瓦拆装起来非常麻烦，工作量也很大。德国 Wirtgen 公司曾推出一种 4200LVari 型铣刨机可在 2600～4200mm 范围内无级调节，结构较复杂，使用操作也不方便。

国外标准型铣刨机的铣刨深度一般在 0～250rmn 之间，有些铣刨深度可达 300mm，甚至 500mm。对一般路面养护施工而言，一次性铣刨深度在 0～120mm 范围之间是足够的，铣刨深度在 0～300mm 及以上的机型主要是为拓宽机器的应用范围而考虑的，如进行路面的整体再生，稳定土拌和作业等。

4. 沥青路面铣刨机的使用技术

铣刨机在使用与管理上应注意如下事项：

（1）铣刨机在使用时应配套好相应的辅助作业机械。有自动收料装置的铣刨机只需要配备装料卡车则可，而无自动收料装置的铣刨机应别配小型装载机及装料卡车。

（2）铣刨机必须由专人操作，操作人员必须经过严格的技术培训，熟悉整机各系统性能及操作规程，以防发生机械设备故障和人员设备安全事故。

（3）铣刨机在使用前必须对各部件进行空运试验，在确认各部件运转正常且各部件无泄漏的情况下方可进入正常工作。

（4）按使用说明书的要求对发动机进行日常维护修养，并注意在正常技术条件下使用。作业过程中应注意以下事项：

①一次铣削路面的最大切削深度不得超出铣刨机的限值；

②转移工作点或空驶前必须将铣刨转子提升离地面；

③铣削转子运转过程中严禁倒机；

④作业过程中铣刨机严重抖动或铣刨转子处发出异常声响时,可能铣到钢筋等坚硬物,应立即停机并提升铣削转子检查;

⑤严禁在铣刨机卸料皮带装置上悬挂任何重物或利用卸料装置的提升摆动功能将铣刨机作起重工具用;

⑥近距离自行转移工地时,年料皮带装置必须与机身成直线,不得左右偏斜;

⑦定期停机打开铣刨转子罩壳后挡板检查铣削刀具是否松动、脱落、折断或过度磨损,并及时更换,以免由于铣削刀具的缺损而引起铣刨转子损伤。

(5)铣刨机的液压系统应保持清洁,注意经常清洗或更换过滤装置,操作时若发现油压不正常,应立即停车检查。一般人员不得随意调整系统的油压。

(6)各运转部件应按说明书要求在工作前或工作结束后对其进行润滑保养。

(7)更换铣刨机铣削刀具的顺序是:

①操作总升降手柄,使铣刨鼓离开地面;

②使发动机停止运转;

③踏下离合器,使之分离;

④开启铣刨鼓后罩壳并将罩壳支撑;

⑤用冲子和手锤或用专用工具卸下损坏的铣削刀具;

⑥装上新的铣削刀具,关闭防护罩。

(8)对于轮式铣刨机,铣削转子设置在两后轮中间是为了能使铣刨机紧靠路边,完成道路边缘的铣刨工作,铣刨机的左右升降机构,能使右轮绕伸缩套筒轴线旋转 180°露出铣刨鼓,平时右后轮置于外侧位置,用插销固定。当需进行路边缘铣刨作业时,操纵左右升降机构,让铣刨鼓支承到地面上,使后轮提升到最大高度,抽出插销后用手扳动右轮,使其转动 180°后固定好,开动铣刨机使铣削转子靠向路缘石,即可对道路边缘进行铣刨作业。

技能实训 17 了解沥青路面铣刨机的基本构造、工作原理及运用

实训目的	实训设施	实训方法	实训工艺步骤	技术要求及注意事项
使学生认识和理解沥青路面铣刨机的基本构造、工作原理及适用范围	LXZY1000B(LX-1000B)型转子式液压沥青路面铣刨机	现场参观讲解	1)由操作人员或指导教师现场讲解; 2)学生认识和了解沥青路面铣刨机; 3)了解沥青路面铣刨机各部构造及工作原理; 4)了解沥青路面铣刨机适用范围; 5)了解如何选择和调整沥青路面铣刨机各工作参数; 6)回校总结,让学生交流参观感受	1)沥青路面铣刨机高度较高,无人监控时严禁学生攀登; 2)让学生熟悉铣刨刀具的更换方法; 3)注意学生人身安全

单元五　桥涵工程机械

【知识目标】

1. 桥涵工程机械的分类和用途；
2. 桩工机械的基本构造和原理；
3. 各类起重机械的适用范围；
4. 离心式水泵的基本构造和原理；
5. 各种钻挖孔机械的用途和适用范围；
6 架桥设备的基本知识。

【能力目标】

1. 能够选用各类起重机械；
2. 能够操作和使用排水机械；
3. 能够根据不同地质情况选用钻(挖)孔机械。

一、桥涵工程机械的用途与分类

在现代化的桥梁工程施工中，已普遍、大量地使用各种机械设备，特别是一些桥梁工程的专用设备代替以往的手工操作，极大地提高了工作效率，缩短了工期。实际上一些大跨深水及结构形式较特殊的桥梁，在确定施工方法时往往是以相配套的机械设备为依据的，即施工方法的确定有时要取决于机械设备。换句话说，采用何种机械设备也就决定了其施工方法。先进机械设备的大量应用使得各种类型桥梁的施工方法和施工手段更加丰富，可供选择的施工方案的范围也更加广泛，由此推动了先进施工技术的发展。

1. 桥涵工程机械的用途

桥梁施工分为下部施工和上部施工，不同部位的施工所采取的施工方法也不同，因而应用的施工机械就不同。

在下部施工方法中，有桩基础、沉井基础、沉箱基础和地下连续墙等，我们侧重介绍桩基础施工。桩基础施工又分为预制桩和灌注桩两大类，若采用预制桩施工方法将预制桩沉入地下的施工机械有：柴油打桩机、蒸汽打桩机、液压打桩机、振动沉拔桩机和静压沉桩机等桩工设备。若采用灌注桩施工方法，则根据不同的钻孔方法而采用不同的钻机。

在桥墩以上的结构物施工即上部施工中，采用的施工方法主要有：顶推施工法、滑模施工法、悬臂拼装（或现浇）施工法和预制梁吊装施工法等，方法不同采用的机械也不同。

总之,桥涵工程机械主要适用于桥梁基础施工(包括沉拔桩、钻孔、灌注等)、桥梁预制、桥梁安装和桥面铺设等方面。

2. 桥涵工程机械的分类

由于桥涵施工方法很多,因而桥涵施工机械品种也繁多,一般分类见表5-0-1。

桥梁施工机械分类表　　表5-0-1

分类方式	机型
按功能分	混凝土机械、起重吊装机械、钢筋加工机械、预应力张拉设备、桩工设备、钻孔设备、泥浆系统及其设备、挖泥(砂)设备、浮运设备、梁桥施工机械、拱桥施工机械、斜拉桥施工机械、悬索桥施工机械、桥梁检测机械、排水设备
按部位分	桥梁施工通用机械设备、桥梁基础施工机械设备、桥梁上部结构施工机械

二、桩工机械

1. 桩工机械的用途与分类

桩工机械就是利用桩锤的冲击能把预制桩沉入路基的设计位置,以此提高地基承载能力的建筑施工机械。

目前,根据常用冲击式打桩机械所用的动力方式的不同,一般将冲击式打桩机械分为柴油锤、蒸汽锤和液压锤三个大类。其特点及适用范围见表5-0-2。

冲击式打桩机械分类特点及适用范围　　表5-0-2

分类	柴油锤	蒸汽锤	液压锤
特点及适用范围	不用外围附属设备	须用一定产量的蒸汽锅炉与之配套使用	须用液压工作站
	结构紧凑	设备庞大	不够紧凑
	具有长时间热机工作性能	长时间热机工作性能较差	
	排放废气污染环境	锅炉易于实现消尘出烟	无废气污染
	限打0°~20°的斜桩	能实现在任意角度内打斜桩、水平桩或拔桩	

2. 柴油打桩锤

1)柴油打桩锤的构造与工作原理

柴油打桩锤是各种冲击式打桩机中应用最为广泛的一种。柴油锤的构造基本上是一个单缸二冲程柴油发动机,利用活塞的上下往复运动或活塞固定使缸体上下往复运动作为冲击体进行冲击打桩。因而,分为导杆式和筒式柴油锤,其结构形式如图5-0-1所示。常用的是筒式柴油锤。

2)柴油锤的应用

柴油锤的正确选择,对提高工作效率至关重要。选择桩锤,必须考虑桩的规格、基础规格和土质条件等因素。一般选用柴油打桩锤,采用桩质量与锤质量之比约为0.7~2.5时,则可提高工作效率。选择一般桩的限制总打击次数,钢桩在3000次以下,钢筋混凝土桩在1000次以下,预应力混凝土桩在2000次以下。采用适当质量的桩锤进行打桩,在接近打桩结束时,每次打入量应小于2mm,这样可充分发挥桩的承载力。

3. 蒸汽锤

1）分类

蒸汽锤是利用饱和蒸汽作动力的冲击式打桩机。蒸汽锤根据其冲击体的不同分为缸体冲击式与活塞冲击式，在国外两者都很普遍，在我国一般都是气缸体冲击式，还可分陆上型和水上型。最主要是按动作方式分单作用和双作用两种结构形式。单作用式蒸汽锤，不论是气缸体冲击式还是活塞冲击式的单作用蒸汽锤，都是在冲击体上升时耗用动力。下降时则依靠冲击体本身自重呈不完全自由落体冲击桩头。双作用式蒸汽锤的活塞不论上升或下降冲击均由蒸汽推动。与单作用式蒸汽锤相比，双作用蒸汽锤在冲击体下降时。除冲击体重力外，还要受到蒸汽压力的强制推动，增加了冲击能。

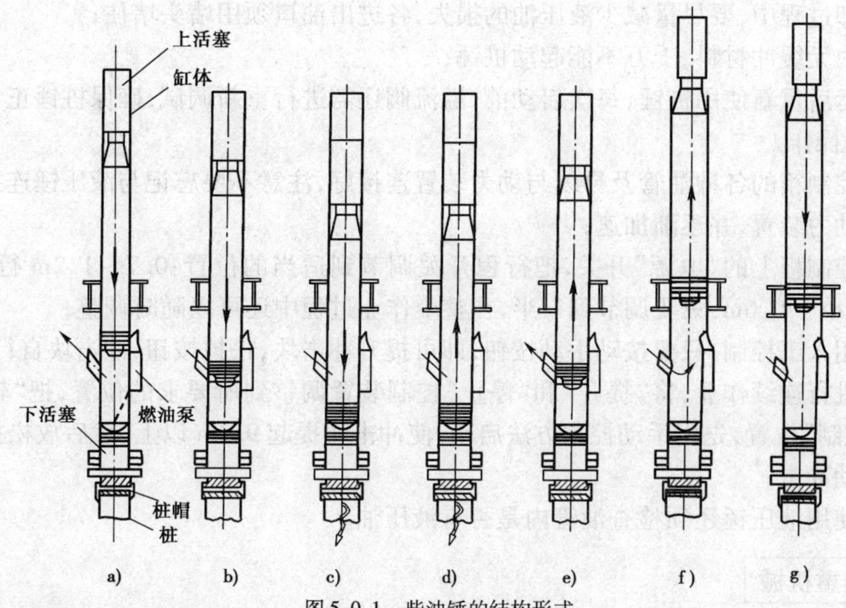

图 5-0-1　柴油锤的结构形式

2）蒸汽锤使用技术要求

（1）桩锤起动前，必须对配汽阀门和桩锤等进行润滑；

（2）打桩前，可先打几锤，并调整好冲程，开始打桩时，冲程一般不得超过 800mm，然后视桩的贯入度大小调整冲程；

（3）打桩过程中应经常检查吊锤用的制动环和钢丝绳，两个制动环上厂应保持同步；

（4）配汽阀门与锤体连接的弹簧损坏 3 根以上时，应停锤更换后，方可继续作业；

（5）桩锤沿龙门的滑道上下，严禁载人：

（6）打桩过程中，配汽阀与蒸汽管连接法兰、气缸盖与活塞导杆、气缸盖与气缸体之间不应有漏气现象；

（7）每根桩施工完毕，必须立即将蒸汽管路内的残余蒸汽放尽；

（8）当最终贯入度小于 2mm 冲击时，应停止锤击。如果桩未打到应有深度就需更换更大吨位桩锤。

4. 液压锤

液压锤是以压力油作为动力的冲击式打桩锤。可分为单作用式与双作用式两种。

1)分类

单作用式是通过液压油将冲击体提升到一定高度后,快速释放,冲击体以自由落体方式冲击桩头。而双作用式液压锤是冲击体通过液压油提升到一定高度后,由液压系统的控制,改变方向的液压油推动冲击体以更高的加速度冲击桩头,这时的冲击能除了冲击体的重力外,还有压力油的推力。

2)使用技术要求

(1)一般要求

①桩锤在运输过程中,必须平行放置,拴好保险绳;

②溢流阀要调节正确,并安装好油路和连接信号线;

③在拆卸过程中,要尽量减少液压油的损失,各进出油口须用堵头堵住;

④桩帽内无缓冲材料,千万不能起动桩锤;

⑤经搬运后重新使用桩锤,每次启动前,溢流阀还需进行重新调试,确保桩锤正常运行。

(2)桩锤操作

将桩锤控制箱的各种油管及导线与动力装置连接好,注意不要忘记与液压锤连接导线;

①启动动力装置,并逐渐加速;

②打开控制板上的“电源”开关,把行程开关调节到适当的位置:0.7~1.2m 行程应调节至最大位置,小于0.6m,只要调节到一半,在整个作业过程中还可以随时调整;

③如采用人工控制,只要按动手动按钮,即可提升冲击块,松掉按钮,冲击块自行下落;

④如果进行连续作业,将“提升”和“停止”控制装置调整到所要求的位置,把“输出”开关拨到“自动控制”位置,先用手动控制方法启动,使冲击块提起9.2m 以上,然后放松按钮,桩锤就会连续自动冲击;

⑤首次使用液压锤还须检查油管内是否有液压油。

三、起重机械

1. 起重机械的用途与分类

1)起重机械的用途、工作特点

起重机械是以间歇、重复工作方式,将重物通过起重吊钩或其他吊具悬挂在承载构件帧口钢丝绳、链条)上进行起升、下降,或升降与运移的机械设备。

起重机的最大特点是短周期的循环作业。一个工作循环包括:取物、起升并运行到卸货点、下降、卸料,然后空车返回原地。一个工作循环的时间一般只有几十秒到几分钟,最长也不过一二十分钟。工作循环时间的长短不仅取决于起重机各机构的运动速度,而且依赖装卸物料的辅助时间的大小。

2)起重机械的分类

根据国家标准《起重机械名词术语——起重机械类型》(GB 6974.1—86),起重机械分为轻小起重设备、起重机和升降机三大类,每大类根据分类方式不同,又分为若干类型。

(1)轻小起重设备(图5-0-2)。

(2)起重机:有6种分类方式,见表5-0-3。

- 轻小起重设备
  - 千斤顶
  - 滑车
  - 起重葫芦
    - 手拉葫芦
    - 手板葫芦
    - 电动葫芦
    - 气动葫芦
  - 卷扬机
  - 悬挂单轨系统

图5-0-2 轻小起重设备分类

起重机分类表　　表5-0-3

分类方式	机型	详细分类
按构造分	桥架型起重机 流动式起重机 悬臂起重机 缆索型起重机、臂架型起重机、铁路起重机（轨道起重机）、浮式起重机、甲板起重机、桅杆起重机	桥式起重机、门式起重机、半门式起重机 履带起重机、汽车起重机、轮胎起重机 柱式起重机、壁上起重机、自行式起重机
按取物装置和用途分	吊钩起重机、抓斗起重机、电磁起重机、冶金起重机、堆垛起重机、集装箱起重机、 安装起重机、救援起重机	
按运移方式分类	运行式起重机 固定式起重机、爬升式起重机、便携式起重机、随车起重机、辐射式起重机	拖行、自行式起重机
按工作机构驱动方式分类	手动起重机、电动起重机、液压起重机 内燃起重机、蒸汽起重机	
按回转能力分类	回转起重机 非回转起重机	全回转、非全回转起重机
按使用场合分类	车间起重机、机器房起重机、仓库起重机 贮料场起重机、建筑起重机、工程起重机、港口起重机 船厂起重机	船台起重机、船坞起重机、舾装起重机

2. 建桥工程中所用的简单起重设备

简单起重设备一般只备有起升机构，用于起升重物。构造简单、重量轻，便于携带，移动方便。常用的简单起重设备有液压千斤顶、滑车和卷扬机等。

(1)液压千斤顶　它是一种起重高度很小的最简单的起重设备，结构简单，工作平稳，有自锁能力，适用于起重高度不大的各种起重作业。

(2)葫芦　又叫滑车。常用的葫芦有链轮与链条传动和滑轮和钢索传动两种，操纵方式有手动和电动之分。手动链轮式葫芦也称“倒链”，一般起重量为0.5～10t，在施工中广泛应用于对构件的吊装或机具的安装等起重作业。

(3)卷扬机　又叫绞车，它主要用于提升和拖拽重物。它可以单独使用，也可以配合滑车作起重机构使用。卷扬机实际上是一个卷筒再配上齿轮或涡轮减速器而组成的简单的起重设备。电动式卷扬机如图5-0-3所示，由机架、卷筒、减速箱、制动器和电动机等部分组成。

3. 桅杆起重机

桥梁施工工程上常用的桅杆起重机有悬臂式、缆绳式、井架式等。桅杆起重机的最大优点是：结构简单、维修方便、装拆容易、成本低廉、起重量较大，能在比较窄的工地上使用。其缺点是工作效率低、性能差、灵活性较差。下面介绍悬臂式桅杆起重机。

如图5-0-4所示是一种最基本的桅杆起重机。它由起升系统、变幅系统和起重臂（或称为

悬臂)组成。这种起重机的起重量一般为0.2~30t。起重臂长3~38m,通常为单根钢管或桁架。它可以安装在正在建造或建成的建筑框架、塔身或其他框架上。为使起重臂回转,可在其顶端套上缆绳。

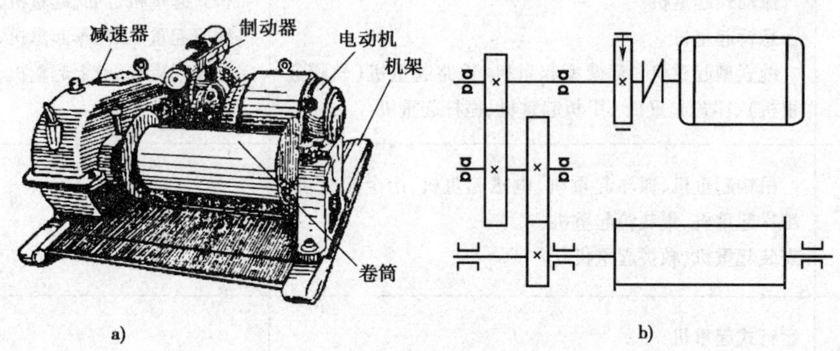

图5-0-3 电动式卷扬机

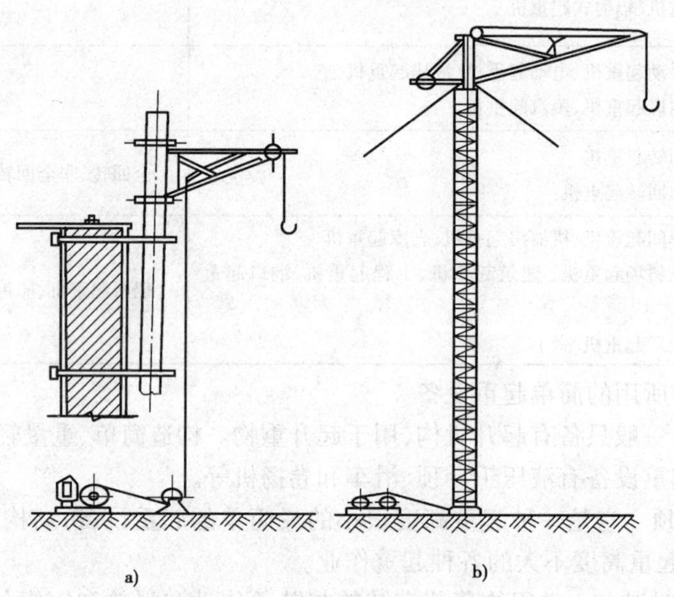

图5-0-4 悬臂式桅杆起重机

4. 汽车式起重机

1)汽车起重机的分类及特点

汽车式起重机是安装在标准的或专用的载货汽车底盘上的全旋转臂架起起重机。其车轮采用弹性悬挂,行驶性能接近于汽车。一般在车头设有驾驶员室外,绝大多数还在转台(或转盘、回转台等)上设有起重机驾驶室。

汽车起重机采用内燃机作动力,其行驶传动都采用机械式,而起重机作业部分的动力传递则采用机械式、电动式、液压式几种。起重机的起升、变幅、旋转、臂架伸缩、支腿伸缩等机构,目前绝大多数采用液压传动。除小型汽车起重机以外,为减少行使时的外形尺寸,臂架都做成伸缩箱式形结构或折叠式桁架结构。

汽车起重机行使速度高，越野性能好，适用于流动性大的作业场所。其工作区一般应在侧面和后方。但是起重机效率较低，不能配套双绳抓斗使用。在散货装卸作业场合受到限制。

汽车起重机的分类情况如图 5-0-5 所示。

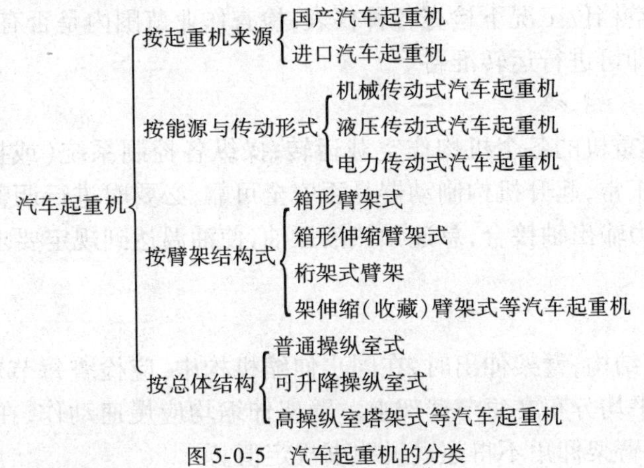

图 5-0-5　汽车起重机的分类

2)汽车起重机的基本构造

伸缩臂液压汽车起重机通过称液压汽车起重机，其结构特点是吊臂由多节箱形端面的臂相互套叠而成，利用装在臂内的液压缸可以同时或逐节伸出或缩回，全部缩回时，臂最短，可以有最大起重量；全部伸出时，臂最长，可以有最大起升高度或工作半径。小吨位液压汽车起重机采用载重汽车的标准底盘作下车，大、中型起重机需要用专用汽车底盘。支腿装在底盘大梁上，作业时，支腿支地，以保持机械作业的安全平稳。液压汽车起重机的动力多直接利用底盘发动机，发动机通过机械传动带动整机运行，通过液压传动带动其他工作机构。如图5-0-6所示为 QY50 型液压汽车起重机的外形图。

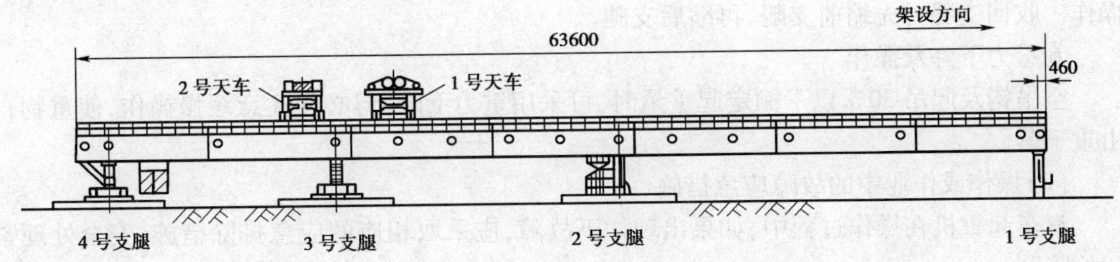

图 5-0-6　QY50 型液压汽车起重机的外形图

液压汽车起重机的性能特点是：液压传动性能好；液压元件之间用管道连接，因此转台上机构布置方便；各个机构既可作单独动作，又可以联动；操作轻便省力，一切操纵可以由一人完成；整机可以在很短时间内做好调整工作，投入作业；转移时只需要吊臂放到运输位置就可以在公路或城市道路上行驶，具有很好的机动性。

3)汽车起重机的使用技术要点

(1)机构与操作

对汽车起重机的使用，一般要求按照制造厂商依据某一标准编制的使用说明书使用。尤其是进口的汽车起重机，应该在新机投入使用前由有关部门将随机文件翻译成中文，便于操作时阅读。并要求操作使用者注意以下几个方面：

①作业前的检查维护

在起重机作业前，要按照使用维护说明书的规定，先对起重机进行维护检查及准备工作，随后起动发动机，在空档位工况下检查各种仪表，检查作业范围内是否有空间架空电力线或障碍物。确认无误后，即可进行运转准备。

②空载运转

分别开动汽车起重机的各个机构作空载运转，操纵各控制系统（或操纵装置），检查各机构的操纵，动作是否正常，起升机构制动器是否安全可靠，必要时进行调整，对于液压汽车起重机，还要将油泵与动力输出轴接合，怠速预热液压油，使油温达到规定要求，保证液压系统油液流畅。

③臂架伸缩

对于伸缩式臂架结构，臂架伸出时，在同步伸缩机构中，应检查每节臂架伸出的长度是否相等，以保证应力能平均分布在每节臂架上。臂架伸缩均应慢速动作，在负载工况，一般应禁止伸缩臂架。起重机臂架仰角不得超过说明书规定值。

④吊重后的检查与调整

汽车起重机起吊额定载荷，应在货重离地 200～300mm 高度停止起升，检查货物质心位置、吊索绑扎、偏载、制动器性能、整机稳定性、臂架变形情况以及支腿承压等是否正常可靠，确认无误后方能继续起升。如果发现货物重心偏移、吊索及绑扎有可疑之处、制动器出现打滑溜钩、支腿支承地面松动下陷、整机异常倾斜等情况，应立即下降载荷后及时调整，杜绝事故隐患。

⑤支腿动作顺序

汽车起重机一般不允许不打支腿作业，伸出支腿时，可按先伸后支腿，再伸前支腿的顺序操作。收回支腿时先缩前支腿，再缩后支腿。

⑥重力下降及操作

空吊钩及起吊 30% 以下额定起重量时，可采用重力下降，但必须注意缓慢操作，使重物自由重下落。

(2)操作或作业中的故障应急措施

汽车起重机在操作过程中，如果出现如下故障，应采取相应的应急排除措施，安全处理紧急故障。

①液压汽车起重机转台不能回转

对于液压汽车起重机转台不能回转故障，应急排除措施是：拆开液压马达与蜗杆之间的联轴器柱销或螺栓，使液压马达与联轴器脱开，用手及手动工具转动蜗杆，使转台转动。

②臂架不能下降

对于液压汽车起重机，可以松开变幅驱动油缸上腔的油管接头，然后缓慢将接头拧紧，臂架则随之下降。

③臂架伸出后不能缩回

对于全液压汽车起重机，可以松开臂架伸缩油缸的上腔油管接头，然后松开平衡阀与下腔之间油道中的任意 1 个接头，再缓慢地起升基本臂使伸缩臂架收回。

④臂吊钩不能下落

在作业过程中如遇到吊钩不能下落,可以先拆下起升抄构中的齿轮减速器与液压马达连接的弹性柱销,使两者脱开。然后,稍稍放松制动器使吊钩慢速下落,防止留钩,但其条件是制动器必须安全可靠。

⑤支腿伸出后不能缩回

在作业完毕或工作现场转移时遇到起重机的支腿不能收回,此时,可以拆开支腿油缸上的双向液压锁中的单向阀阀芯,即能收回支腿。

起重机工作完毕,必须松开稳定装置,前后支腿收回原处。臂架全部收回并下落支承于垫有缓冲橡胶的臂架支承上方。吊钩可采用两种方式安放:一种将悬挂在汽车前端保险杠的拴挂点,钢丝绳松紧适度;另一种将吊钩组放置到起重机转台上的吊钩安放架上。

(3)起重机的安全使用

①起重机作业时,必须有专人指挥,并有统一信号。

②吊装的重物必须绑扎牢固,吊钩的吊点应在重物的中心,提升速度要均匀平稳,重物下落要低速轻放。

③严禁重物或动臂下站人。

④起升重物时卷筒上的钢丝绳应排列整齐。放出后钢丝绳在卷筒上的余量不得少于3圈,并要经常检查钢丝绳的牢固性。

⑤在吊装作业时,禁止同时绳将动臂和重物,只有将重物放下后,才能升降动臂。

⑥在作业时,应注意观察天气变化,雨、风等天气应停止作业。

⑦起重机在行驶与作业时,为了保证它的稳定性,须注意:在作业时,起升重量、动臂的最大仰角不得超过规定要求;汽车式起重机不能吊物行驶;起吊重物左右回转式,应注意平稳;停机面应平整,作业前放下支腿支好;起重机作业完毕,应将转盘对正,动臂下落,扣上保险;转移行驶要谨慎驾驶。

四、排水机械

排水机械又叫水泵或抽水机,它是把原动机的机械能转换成抽送液流能量(速度能和压力能)的机械。

1.水泵的用途和分类

水泵广泛应用于各项给水和排水工程,在建桥时它可用于桥基施工时的抽水和排除施工地段的积水。水泵的种类很多,按作用原理可分为叶片式和容积式两大类。

叶片式水泵是利用叶轮的叶片和水相互作用来输送液体。其中离心式水泵应用最为广泛。离心式水泵是利用叶轮叶片的旋转所产生的离心力连续不断地吸水和压水。

容积式水泵是利用工作室容积周期性的变化来输送液体,如活塞泵。

离心式与容积式水泵相比,具有体积小,重量轻、噪声小、效率高及使用方便等优点,因此广泛适用于路桥工程中。

离心式水泵种类很多,根据叶轮数目由多级、双级和多级三种。根据吸水口的数目有单吸式、双吸式和多吸式三种。根据水泵叶轮有无盖板来分有开式、半开式和闭式三种。根据安装的位置来分普通泵、深井泵和潜水泵三种。

2. 单级离心式水泵的构造与工作原理

如图5-0-7所示。它主要由泵壳、叶轮和泵轴三大部分组成。带有弯曲叶片的叶轮用键固定在泵轴的一端,泵轴装在泵座的轴承内,可以自由旋转的叶轮被包围在泵壳的里面。泵壳为一个具有弯曲槽道的涡形体,上面有出水管,中部连接进水管,进水管上安有滤网。泵轴由电动机驱动。

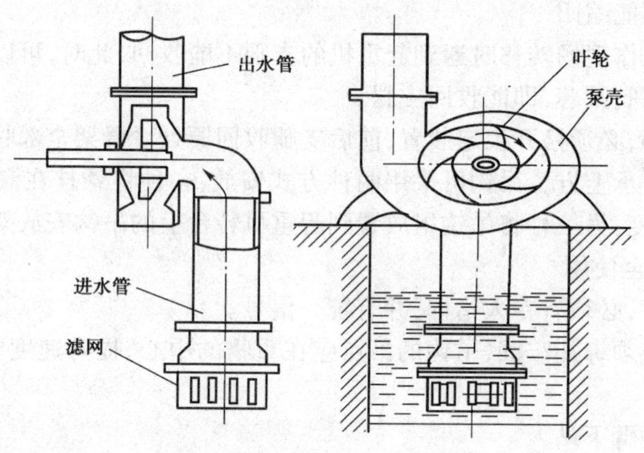

图5-0-7　离心式水泵工作原理

离心式水泵工作时,在进水管与泵壳内全部充满水之后,当叶轮顺时针方向旋转时,由于离心力的作用,泵壳中央的水被叶轮的叶片甩向四周,这些被甩向四周的水就顺着泵壳内的蜗形槽流出来,从出水管流出,这就是水泵的压水过程。泵壳中央的水被叶轮甩出以后,在叶轮中部便产生了真空,它与水面上的大气压形成压力差,于是水池中的水就被大气压力压进进水管而流入泵壳中心,填补该处的真空,这就是水泵的吸水过程。叶轮不停地旋转着,这个过程不断重复,这就是离心式水泵的工作原理。这种离心式水泵的工作特点是,当叶轮高速旋转时,水以很高的速度从叶轮中心向外甩出,即将叶轮旋转的机械能转换成水流的速度能。由于泵壳成涡形体,其截面向出水管方向逐渐变大,故出水口的水的流速也逐渐变慢,使水的压力增高,及又使水的一部分速度能转换成压力能。所以在它完成吸水和压水的一个工作循环中,要经过两次能量转换。

离心式水泵在开动之前,应先灌满水,否则叶轮只是带动泵内的空气旋转,因空气的重度很小,由此产生的离心力甚小,无力把泵内和管路内的空气全部排出,即不能在泵内产生真空,因而吸不上水来。

3. 离心式水泵的使用常识

(1)选用水泵:一般根据所需水泵的流量(水泵在单位时间内的出水量)和扬程(水泵能泵水的高度)即可查阅水泵技术性能表来选定。

(2)水泵的安装位置根据吸水扬程确定。

(3)在一台水泵的扬程不能满足要求时,常将两台(型号相同或流量相近)串联使用。

五、钻挖孔机械

1. 冲击钻机

1)冲击钻机的分类

冲击钻机(俗称磕头钻)系灌注桩基础施工的一种主要钻孔机械,是利用钻机的曲柄连杆机

构,将动力的回转运动转变为往复运动,通过钢丝绳带动钻头上下运动,再通过钻头的冲击作用,将岩石或卵石破碎,钻渣随泥浆(或用取渣筒)排出。冲击的作用主要是成孔、进尺、制浆和造壁。

冲击钻机按其构造形式可分为四种:

(1)卷扬机带动冲锤,其驱动滚筒分为电机驱动滚筒和液压马达驱动滚筒;

(2)冲击式钻机,用各种底盘携带机械机构实现冲击动作;

(3)冲击反循环钻机;

(4)旋转钻机附带冲击功能。

按冲击方式又可分为三种:卷扬冲击、曲柄连杆冲击和液压缸冲击。

2)冲击钻机的特点及使用范围

冲击钻机用于钻孔灌注桩施工,最适合于卵石、漂石及岩层,尤其在卵石、漂石地层条件下具有明显的优点,它造价低、结构简单、施工简便,在国内是许多施工企业钻孔桩施工主要选用的设备之一。也可用于土质土壤等其他地质条件,但选用时应比较其综合经济效益。

由于冲击式钻机的钻进是将岩石破碎成粉粒状钻渣,功率消耗很大,钻进效率极低。因此除在卵石层中钻孔时采用外,其他地层中已被冲击反循环钻机或其他形式的钻机所代替。

冲击反循环钻机是在传统无循环冲击钻机的基础上发展起来的新机型,这种钻机将传统的冲击无循环钻进工艺改成先进的冲击反循环钻进工艺,克服了无循环钻进造成的孔底重复破碎的致命弱点,使钻效提高数倍之多。典型的冲击反循环钻机有 CJF-20 型冲击反循环钻机。其构造主要由离合器、分动箱、主卷扬机、副卷扬机、冲击机构、钻塔、底盘、排渣系统、钻头、液压控制系统和电控系统等组成。

2. 全套管钻孔机

全套管施工法是由法国贝诺特公司在 40 多年前发明的一种施工方法。配合这个施工工艺的设备称为全套管钻孔机,它主要用于在桥梁等大型建筑基础钻孔桩施工时使用,施工时在成孔过程中一面下沉钢质套管,一面在钢管中抓挖粘土或砂土,直至钢管下沉到设计深度,成孔后灌注混凝土,同时逐步将钢管拔出,以便重复使用。

按结构形式全套管钻机分为两大类:一是整机式,这种形式是以履带式或步履式底盘为行走系统,同时将动力系统、钻机作业系统等集成于一体。二是分体式,这种形式是以压拔管机构作为一个独立系统,施工时必须配备其它形式的机架,才能进行钻孔作业。

全套管钻孔机可以钻直径在 0.6 ~ 2m,长度在 50m 以内的桩孔。

全套管钻孔机在粘土层、砂砾层、大卵石层的地质条件下施工最为理想。对孤石层、硬粘土层、岩基地质虽有困难,但仍可行。当遇有 5m 以上中间砂层时,会使砂层松动,造成拔起套管困难。不适宜于水上施工。它的显著特点是:不论垂直孔或是斜桩孔,只要任意设定,就能保证成孔的优异直线性;能既容易又准确地确认挖掘深度和地层。

3. 回转式钻孔机

回转式钻孔机,如图 5-0-8 所示. 由带转盘的基础

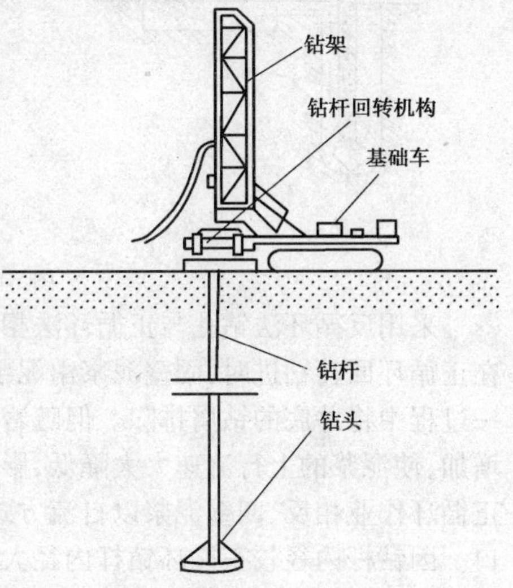

图 5-0-8　回转式钻孔机

车、钻杆回转机构、钻架、工作装置(钻杆和钻头)等组成。这类钻机适用于砂土层和不超过25~40mm粒径的碎卵石层。特别是在砂土层中钻孔,比冲击式钻机进尺速度高。

回转式钻孔机是利用旋转的工作装置切下土壤,使之混入泥浆中排出孔外。根据排除渣浆的方式不同,回转式钻孔机分为正循环和反循环两类。常用反循环钻孔机。

正循环钻孔机的工作原理如图5-0-9所示。钻机由电动机驱动转盘带动钻杆、钻头旋转钻孔,同时开动泥浆泵对泥浆池中泥浆施加1200~1400kPa的压力使其通过胶管,提水笼头,空心钻杆,最后从钻头下部两侧喷出,冲刷孔底,并把与泥浆混合在一起的钻渣沿孔壁上升从钻井口排出流入到沉淀池。钻渣沉淀后,较干净的泥浆又流回到泥浆池,如此形成一个工作循环。要想使切削下的钻渣全部浮出,就必须重复研磨,这就严重影响了钻孔效率.

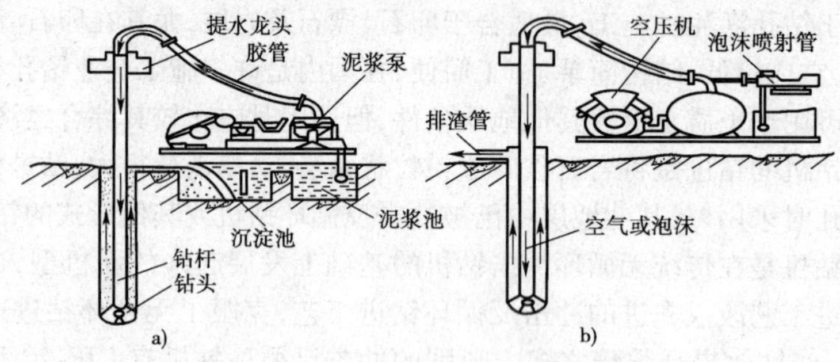

图5-0-9 正循环钻机工作原理图

反循环钻机的工作原理如图5-0-10所示。这类钻机工作泥浆循环与正循环方向相反,夹带杂渣的泥浆经钻头、空心钻杆,提水笼头、胶管进入泥浆泵,再从泵的闸阀排出流入泥浆池中,而后泥浆经沉淀后再流入钻井中。

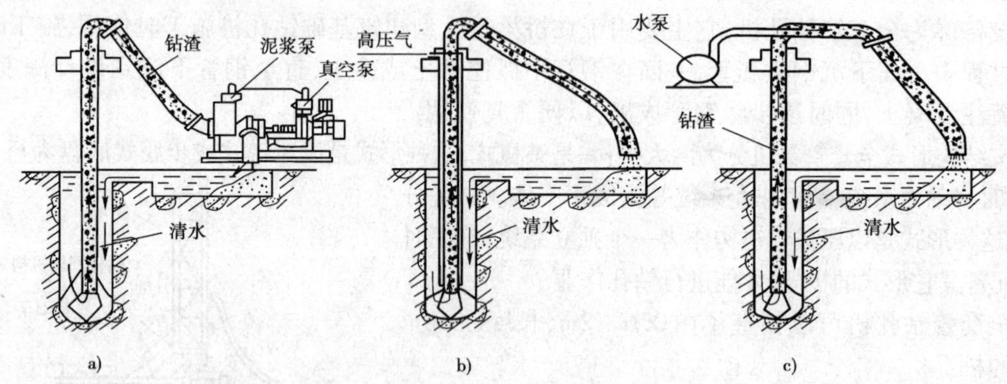

图5-0-10 反循环钻机工作原理图

采用反循环法钻孔与正循环法相比,钻进效率可增加2~15倍,钻进费用可大幅度降低。在正循环回转钻进时,固壁泥浆由泥浆泵送出,由钻杆与孔壁之间的环状间隙返回井口,在这一过程中将井底的钻屑排除。但随着钻井的直径逐渐增大,钻孔与孔壁之间的环状间隙不断增加,使泥浆的上行流速大大降低,影响井底岩屑的排出,降低了钻井速度。反循环钻井时,与正循环作业相反,四壁泥浆以自流方式从供浆池流入井底,然后夹带钻屑通过钻杆中空返回井口。因钻杆内径较正循环钻杆内径大得多,只要管路中有足够的抽吸力可达到很高的上升流速,比正循环作业时大4~5倍。所以这类钻机排渣快,且能吸出粒径较大的钻渣。

实现反循环有三种方法：

(1)泵吸反循环(图5-0-10a)：利用砂石泵的抽吸力迫使钻杆内部水流上升，使孔底带有钻渣的钻液不断补充到钻杆中，再由泵的出水管排出至集渣坑。由于钻杆内的钻液流速大，对物体产生的浮力也大，只要小于管径的钻渣都能及时排除，因此钻孔效率高。

(2)压气反循环(图5-0-10b)：使将压缩空气通过供气管道送至钻杆下部的空气混合室，使其与钻杆内的钻液混合，在钻杆内形成比管外较轻的混合体，同时在钻杆外侧压力水柱的作用下，产生一种足够排除较大粒径钻渣的提升力，将钻渣排出。这种作业有利于深挖掘，当深度小于5～7m时不起扬水作用，还会发生反流现象。

(3)射流反循环(图5-0-10c)：利用水泵为动力，将500～700kPa的高压水通过喷射嘴射入钻杆内，从钻杆上方喷射出去，利用流速形成负压，迫使带有钻渣的钻液上升而排出井外。此方法只能用于10m之内的钻削作业。

钻头是回转钻孔的主要工具，视钻孔的土质及施工方法的不同有不同的形状，应合理选用。

4. 螺旋钻孔机

螺旋钻孔机其原理与麻花钻相似，钻头的下部有切削刃，切下来的土沿钻杆上的螺旋叶片上升，排到地面上。这种钻的切土与提土是连续的，所以成孔速度快。在土质为Ⅰ、Ⅱ、Ⅲ类、而地下水位有较低的地区多采用螺旋钻孔机。

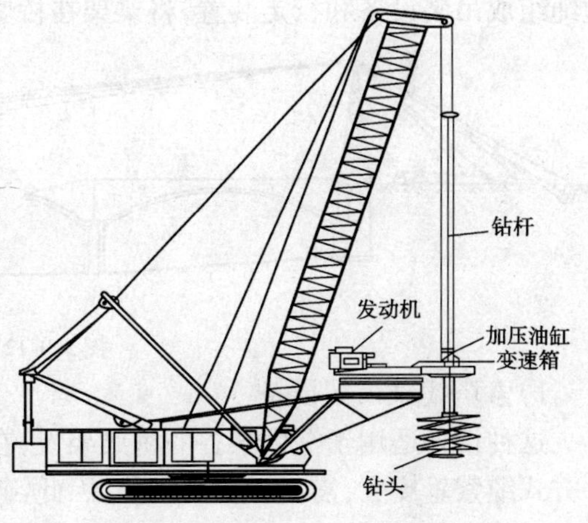

图5-0-11　履带式液压短螺旋钻机

如图5-0-11所示是一种在履带式底盘上的液压短螺旋钻机。钻杆由卷扬机带动升降，加压油缸在钻进时给钻杆时加向下的压力，以便顺利钻进。钻杆下部有一段前部装有切削刃周围焊有螺旋叶片的钻头，钻头的长1.5m左右。发动机通过变速箱驱动钻杆旋转，其旋转扭矩可达500kN·m，钻深可达80m。

六、架桥设备

架桥设备是一种将预制的钢筋混凝土梁段吊装到桥梁墩台支座上的专用施工机械。我国目前的桥梁施工方法中，主要采用将现场预制的桥梁构件，通过架桥设备在桥墩上进行架设安装。架桥设备虽说设备各异但概括起来可以分为导梁式架桥设备、缆索式架桥设备和专用架桥机三大类。

1. 导梁式架桥设备

这类架桥设备是利用拼装成的导梁作为承载移动支架，在配置部分起重装置与移动机具来实现架桥。根据导梁结构组成的不同特征，该种设备又分为以下三种类型：

1)用贝雷架组装成导梁的桥梁设备

该设备通常称之为“公路常备架桥设备”，由于采用贝雷架拼装成导梁，因此具有拼装简便，又可兼作它用等优点，但主要缺点是：设备质量大，利用系数低(约为0.4左右)。

2)用万能杆件组装成导梁的架桥设备

用万能杆件组装成导梁的架桥设备在国内使用也较为普遍,它采用万能杆件组拼导梁,同样也配置部分起重与移动机具,属于非定型临时设备。与贝雷导梁架桥设备相比,其基本杆件轻,加工简单;采用高强度螺栓连接,非弹性变形小;并能在叠层及加强弦杆后组拼承载能力较大的导梁,可适应较大跨度预制梁的架设。

3)用战备军用桁梁组装成导梁的架桥设备

它采用现有战备军用桁梁组拼成导梁,在配置起吊与移动装置构成。由于这种设备的导梁采用重型结构单元拼装,导梁的承载能力大,因此适用于大跨度桥梁的架设。但这种设备的质量过大,利用系数较低(小于0.4),整机移动困难;而且在架设大跨度桥梁时因导梁前端悬臂挠度较大,纵移就位困难。

2.缆索式架桥设备

这类架桥设备(图5-0-12)是利用万能杆件或圆木拼成索塔架式人字形扒杆,用架设的钢丝绳组成吊装设备和行走装置,将梁架在桥墩上,直接就位或横向就位。

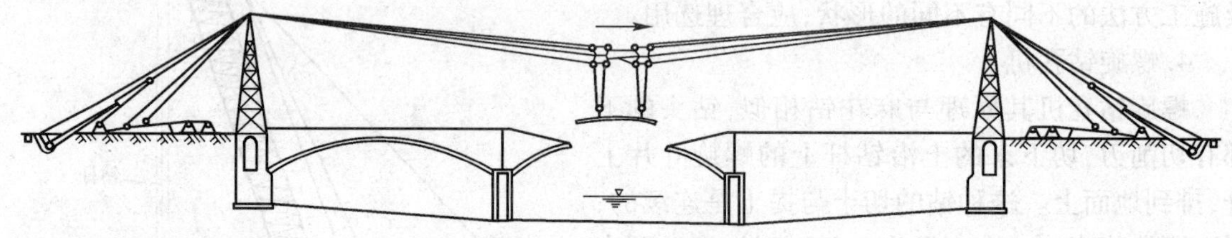

图5-0-12　缆索式起重机

1)索塔缆索吊架设备

这种设备适用于深山峡谷的桥梁架设,在下部结构施工期间缆索吊又可作运送设备。这种方式缆索垂度大,需搭设较高塔架,因此,起吊质量不大,除非条件受限制,一般不宜采用。

2)人字扒杆架设梁

该方法简单,采用圆木或木杆和其他钢材组合成人字形扒杆,两只扒杆件用钢丝绳在空中相连组成起吊设备,梁的纵移使用卷扬机前方牵引来完成,梁吊装在墩台上后,横移就位完成一个吊装循环。该方法适用于缺乏大型设备,相应桥梁跨径不大,构件较轻又易就地取材的边远地区。

3.专用架桥机

专用架桥机是在导梁式架桥设备的基础上,通过对其结构和起吊、行走设备进行改善而发展起来的专用施工机械。架桥机形式多样,分类形式也不尽相同,这里我们按结构形式将其分为悬臂式、简支式和导梁式等几种形式。

悬臂式架桥机一般由机身、吊臂、行走部分、起重设备等4大部分组成。作业时按照先吊平衡重、后吊桥梁,先落桥梁、后落平衡重的原则进行。通过吊臂悬出机身的铁扁担将梁起吊,运行到桥头后落梁就位。这种架桥机结构简单、容易制造、操作简便,使用时故障少。但在架梁过程中,需要铺设岔线喂梁和吊梁走行,轴重很大,要求桥头线路标准很高,增加了临时工程工作量;另外,这种架桥机重心较高,稳定性较差,容易发生翻机事故。所以,从20世纪60年代后期逐步被其他形式架桥机所取代。

简支式架桥机一般由机臂、前后支撑、起重设备等几部分组成。前后支撑的叫法不一,有

的称 0 号柱、1 号柱、2 号柱，有的称前支腿、中支腿、后支腿。作业时，利用前后支撑与机臂构成一个简支受力体系，通过吊梁小车在机臂上的行走，提梁、移梁、落梁就位。简支式架桥机又可分为单臂式和双臂式两种形式，双臂式往往用于吨位较大的架桥机。随着桥梁形式的不断发展，起重吨位的不断增大，这种形式的架桥机逐渐取代了悬臂式架桥机，从桥面，可以实现路基与墩台的直接纵移，低位导梁则不能直接纵移到路基上，因此在架设第一跨和最后两跨时要做特殊处理。下面以 DF450/32 型双臂简支式单线箱梁架桥机为例介绍其基本结构和原理。

DF450/32 型架桥机是郑州大方实业有限公司制造的双臂简支式单线箱梁架桥机，该架桥机可与 DCY450 型运梁车配套使用。通过改造，可架设 20m、24m、32m 混凝土单线箱梁，同时能够完成变跨、错置梁的架设。架梁时，运梁车驮运箱梁从后部进入架桥机下方喂梁，吊梁小车提梁向前纵移到跨中，然后横移到所架梁位进行落梁。该机的主要技术性能见表 5-0-4。

DF450/32 型架桥机主要技术性能　　表 5-0-4

起吊能力	450t	架桥机自行过孔走行速度	0 ~ 1.5m/min
主梁挠度	≤L/700	运梁车驮运架桥机走行速度	0 ~ 3km/h
适用坡度	≤12%	整机总电容量	166kW
适用曲线半径	≥1500mm	架梁作业最大功率	70kW
吊梁纵移速度	0 ~ 3m/min	整机总质量	(32m)339t
吊梁横移速度	0 ~ 0.38m/min		(24m)313t
吊梁升降速度	0 ~ 0.42m/min	外形尺寸	(32m)68.6m × 8.9m × 9.7m
起重大车空载速度	0 ~ 6m/min		(24m)52.6m × 8.9m × 9.7m

DF450/32 型架桥机由主梁、起吊系统、四支腿、集控室、驾驶室等组成，如图 5-0-13 所示。主梁为机臂，是架桥机主要部件。起吊系统通过走行机构具有纵移、横移功能。1 号支腿为前支腿，与主梁铰接，3、4 号支腿与主梁刚性连接，2 号支腿可以沿主梁纵向移动，实现架桥机的步履式行进，通过调整 2 号支腿和 3 号支腿的相对位置可完成不同跨度箱梁的架设。走行机构采用电机—减速机—开式齿轮—行走轮传动方案。架梁时，主梁前端通过 1 号支腿支撑于前一跨墩台上，2、4 号支腿支撑于已架梁面上，形成两孔一联的架梁形式。

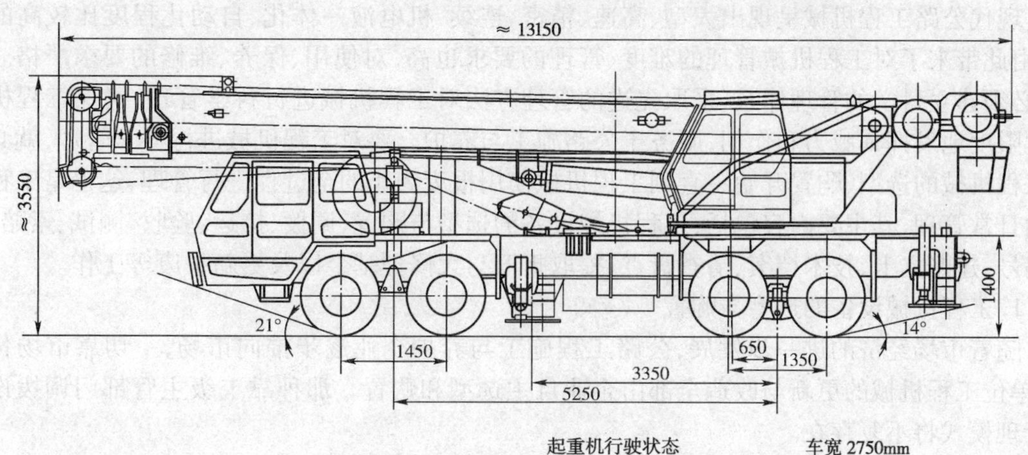

图 5-0-13　DF450/32 型架桥机外观

单元六 工程机械管理基本知识

【知识目标】

1. 机务管理的程序和常识；
2. 公路施工与养护机械的合理使用；
3. 公路施工与养护机械安全使用常识；
4. 工程机械保养的基本知识；
5. 工程机械维修管理知识。

【能力目标】

1. 能够进行工程机械机务管理；
2. 能够通盘选择公路施工与养护机械；
3. 能够合理安排对工程机械进行保养和维修。

一、公路施工与养护机械的科学管理

在现代公路施工与养护过程中，机械化作业已经成为公路施工的主要手段和发展方向，工程机械装备水平的高低在公路工程招投标中已起到重要作用，如何管好、用好工程机械，已成为决定工程质量优劣、工程施工周期长短和工程成本高低的关键。

现代公路工程机械呈现出大型、高速、精密、连续、机电液一体化、自动化程度比较高的特点，由此带来了对工程机械管理的难度、管理的要求也高，对使用、保养、维修的要求严格。为此，必须建立科学的管理体系，采取先进的管理方法对工程机械进行科学管理，确保工程机械最大限度地发挥其威力和作用，服务于公路施工与养护。要对工程机械进行科学管理，就必须从工程机械的选型、购置开始一直到工程机械使用报废为止的全过程进行管理，这也是工程机械的日常管理，其主要内容包括：工程机械设备的选型与购置、调拨、接运、验收、测试、索赔、分类编号、建账立卡、技术档案、清查盘点、提取折旧与大修理基金以及更新报废等工作。

1. 工程机械设备的选型与购置

随着市场经济的进一步发展，公路工程施工与养护企业逐步推向市场，一切靠市场化运作，单位工程机械的更新与改造全部由企业自主选型和购置。那种靠上级主管部门调拨设备的管理模式将不复存在。

为了适应市场发展和招投标的需要，公路施工与养护企业必须不断筹措资金，经过认真选型和论证，有计划的购置和调剂增购工程机械，并对原有的工程机械逐步进行更新。

1)工程机械的选型

选型是工程机械管理的最初工作。设备使用的可靠性和维修方便程度主要反映于先天阶段,即机械设备设计、制造的工作质量。因而选型的好坏,直接影响到今后工程机械的使用与管理。选型的前期工作主要有:①收集机型资料;②研究工作状况和使用环境;③分析本单位的实际水平。

选型要考虑以下几方面的因素:

①先进性。应具备技术先进、结构合理、操作简便等性能,切不可购置技术落后、淘汰、过时的产品。

②经济性。一是考虑购价低廉,特别是选购国外产品时,更要全面了解比较;二是考虑机械本身应具备结构紧凑、重量轻、体积小、耗能低等经济性能,以便减轻安装、使用方面的费用。

③可靠性。是指精度、准确度的保持性,考虑机械零件的耐用和安全可靠性等。

④环保性。不能够买超过国家规定的噪声和排污标准的机械设备。

⑤维修费用低。维修费用占机械使用费用支出的比重较大。为了降低维修费用,要选择结构简单、零件组合合理、维修时零部件容易采购、便于拆卸、检查和通用化、系列化、标准化高,零件互换性强的机械产品。

⑥灵活性。所选设备要适应不同的工作条件和环境,操作灵活,适应多种作业的需要。

⑦配套适用性。一是机械设备本身的配套,二是机械设备的组合作业配套。

2)工程机械购置

工程机械购置的重点是签订供货合同,其依据是中华人民共和国合同法。合同签订时,在不违法的前提下,要充分反映本企业的利益要求。具体应注意以下几方面:

①合同签订者要熟悉有关的合同法规,防止上当被骗。

②合同内容应完善准确,应将产品品种、型号、规格、等级、质量标准、数量、价格、付款方式、包装、交货期、交货方法、运输方式、验收方法、违约责任等一一准确填写,不得含糊、模棱两可。对于进口设备应当要求供货方提供设备保养、维修的有关技术资料和必要的维修配件。

③合同要由懂技术的专人管理。

④关键合同应由公证处进行公证,以便发生纠纷时提请仲裁。

⑤加强合同资料管理。自合同签订开始,包括有关合同文件、会谈纪要、往来传真、信函等原始资料都要加强管理,以便发生纠纷后索赔、诉讼。

合同一旦签订,即具法律效力,必须认真履行。

2. 机械设备的调拨、出租和转让

机械设备的调拨是指上级主管部门对所管理或购入的机械设备向下级单位进行调剂、调配的一种活动。一般分为有偿调拨和无偿调拨两种方式。调拨设备的程序一般是:

上级下达机械设备调拨通知单 ⇨ 调入单位办理接收手续 ⇨ 调出单位核减 ⇨ 调入单位增加固定资产 ⇨ 调入单位验收、入账、建档

机械设备调拨方式是在计划经济条件下常用的方式。随着市场经济的发展,今后调拨的形式将逐渐减少,代之而来的是机械设备的出租和转让。

机械设备的出租系指不涉及机械设备产权的跨部门或跨系统的临时有偿调动形式。各级

公路施工与养护部门暂不使用的机械，在出租时凭合同双方共同承担一定义务，并由租出单位向租用单位收取合理的台班费用。这也是解决工程机械闲置的一种有效方式，随着市场的进一步放开，工程机械的出租业务将越来越频繁。

机械设备转让的手续基本与有偿调拨相同。

3. 设备的验收

不论是购置的新设备，还是调拨或转让的旧设备，以及自制的具备固定资产条件的机械设备，在进入本单位固定资产产权范围以前，都必须由机务部门组织验收，详细检查其技术状况、附属装备和随机工具。填报固定资产验收单，验收合格后作为完成投资的依据，经负责人在验收表上签字后，即可交付使用。这是工程机械管理工作的第一个环节，也是保证日后机械设备安全正常使用的第一道关口，所以必须充分重视。

验收应按有关规定认真进行，对进口机械要注意合同要求的索赔期。一般机械设备及其附件的数量检查核实索赔期为90天，质量检查索赔期为一年。在此期间应做好使用初期质量、效率、运行中存在的问题、故障情况等方面的资料收集工作。

验收的依据包括订货合同、发票、货运单、装箱单、说明书、出厂合格证等。工程机械设备的验收一般按（图6-0-1）的程序进行。

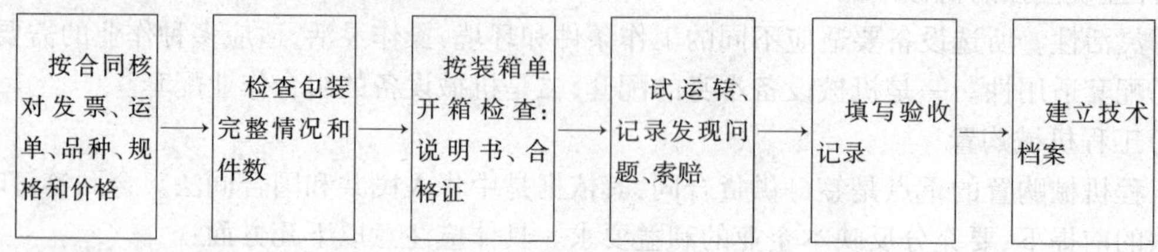

图6-0-1　工程机械设备的验收程序

4. 设备的分类编号

为了容易识别和便于管理，避免相互混淆，对构成固定资产的工程机械设备应逐台统一编号。分类编号标准由一级管理机构制定。

对机械设备的分类编号一般采用二节或三节号码制，即每节号码由若干位数字组成，分别表示固定资产的类别、组型及形式、建制单位编号和同类机械顺序号。节与节之间用短横线相连（图6-0-2）。

工程机械设备的类型、品种繁多，目前分类标号的方式暂无统一标准。为了便于管理，对公路施工与养护部门所辖的工程机械设备分类编号主要依据《公路养护会计制度》的有关规定。《公路养护会计制度》把公路养护部门的固定资产划分为7大类（表6-0-1）。其中施工机械、运输设备、生产及动力设备是公路养护部门机械管理的主要对象。

5. 机械设备的建账立卡和年终清点

为了能随时掌握本单位机械设备的总拥有量、原值、来源、增减情况、分布情况以及每台机械设备的主要技术数据，各级公路养护部门的机量管理职能机构均应对构成固定资产的机械设备，从调入之日起建立机械设备台账，作为掌握机械设备最基本情况的手段。机械设备台账是按机械设备分类列账，以机械设备编号为顺序登记的。机械设备台账的项目内容有：类

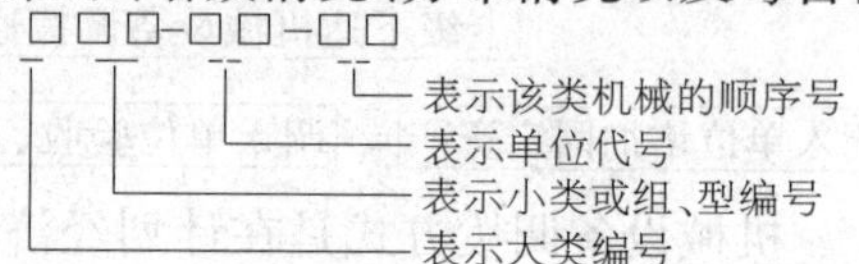

图6-0-2　设备的三节号码制编号图

别、序号、统一编号、名称、规格型号、制造厂、出厂日期、出厂编号(主机)、设备来源、调入日期、原价、净值、动力部分以及内部调配动态记录等等,应按机械设备实际情况正确及时地填写登记。

公路养护固定资产分类情况表　　表6-0-1

大类编号	名称	大类编号	名称
1	房屋及建筑物	5	生产及动力设备
2	施工机械	6	仪器及试验设备
3	运输设备	7	其他固定资产
4	渡口设备		

除了设备台账以外,由于设备不是一次性领用消耗的物件。为了及时掌握它的动态过程,如分布、运转时间、维修情况、事故、操作人员的变化等等,机务部门还要建立机械设备卡片。卡片分大、小两种,都是一机一卡。大卡片除了记录在台账上的编号、名称、规格、技术性能等静态数据外,还要记录机械调动、机手变更、运转、维修、改装、事故等动态情况,并按编号顺序装订在卡片簿内,以便随时查阅。当机械设备外调时,大卡片应随机转移。机械设备报废时,应附在报废申请表后送审。小卡片只记录某些主要的静态数据,分插在卡片夹内。机械设备在养护单位内部各使用单位之间调动时,卡片随之从调出单位栏内取出插入调入单位栏内。这是掌握机械设备分布情况最灵活、方便、有效的方法。

机械设备账、卡在性质上和财务物资账同样重要,必须指定专人根据有关资料认真填写,专人负责,不得随便修改并增减内容。账、卡、物三者必须相符。财务部门应建立公路养护机械固定资产卡片,亦为"一机一卡",卡片中应记录折旧和大修理基金提取情况,以反映固定资产价值的变更情况。机务部门的账卡应与财务部门掌握的固定资产账中相应部分相符。如发现有不符的情况,要查清原因,追究责任,并按规定的手续进行调整,制订措施堵塞漏洞。不得用随意改账的方法掩盖工作中实际存在的问题。

有些单位机械设备经过一定时间使用后,由于调动、拆套换用、外借、丢失等原因,往往在数量上与完整性上发生一些变化。为了检查使用单位对机械设备的使用、保管情况,巩固和提高经济核算基础,保护国家财产的安全和完整,按照国家对固定资产清查盘点的规定,公路养护单位每年年终要对机械设备进行一次全面的清查盘点。通过清查盘点,要查明实物,调整账目,核实分布情况和价值,做到账卡相符、账物相符。在清查盘点工作中,应注意下列几点:

(1)必须坚持做到"实物见面,核对编号"的原则。

(2)对于大型机械,要特别注意清点附件,有条件时最好结合清点在集中保管方面采取措施予以改进,至少也应作出记录,避免因人员调动再次出现混乱现象。

(3)在清点中发现的盘亏盘盈现象,除按规定的手续予以调整外,更主要的是要分析产生这种现象的根本原因,从制度上予以改善,以杜绝再次发生的可能。

6. 机械设备的技术档案

一台机械设备,在其整个寿命周期内,有一系列具有财务依据性及技术参考性的单据、数据、文字记录、图纸、计算书等等文件资料,这些都是机械管理工作的主要依据。把这些资料集中保存与系统管理就成为机械设备的技术档案。

1)技术档案的主要作用

技术档案是机械设备整个寿命周期全过程的历史性记录。它的主要作用是：

①根据实际使用情况，核查主要装备管理措施的正确性，总结经验，吸取教训，逐步提高装备管理水平。

②为正确使用、维修、培训、改造等提供技术资料。

③反映机械设备使用性能、技术状况，为充分发挥机械设备效能，编制机械使用计划、保修计划、配件计划及进行大、中、修技术鉴定和事故分析等提供可靠的依据。

④为调拨、转让提供技术、财务依据。

2）技术档案的具体内容

技术档案的具体内容可以分为原始性资料与积累性资料两大部分，见表6-0-2。

技术档案的具体内容　　表6-0-2

原始性资料	积累性资料
①新增设备审查计算书及购调申请单。②自制自改设备方案论证、技术设计计算书及图纸、试制总结、试运转测试记录及技术鉴定等。③合格证、出厂试验记录及文件、使用说明书、维修说明书、随机附具附件清单、易损零件图册、配件编号目录等。④设备进场试验验收记录、安装调试总结、接交清单及有关手续签署文件。⑤有条件收集到的部分或全套加工装配图纸等。⑥其他具有长期参考价值的静态技术数据资料	①设备运行、消耗等分期总结分析资料。②历次大（中）修记录、修竣验收单、大（中）修费用核销清单等检修资料。③机械事故记录分析、处理经过。④设备检查评比记录资料。⑤关于机械结构、个别零部件材质改变、代用等局部技术变更资料。⑥其他在使用、维修过程中发生的有保存参考价值的资料

3）技术档案的管理

技术档案的管理是档案能否正常发挥作用的关键，它要达到以下几个目的：

①资料完整、齐全、精干、高质、保存完好。

②凡属积累性资料，必须及时补充、更新。一旦积累性资料出现遗漏、陈旧、脱离现实情况等现象，将失去指导作用。

③技术档案的管理要以方便使用为原则，以充分发挥其作用。

为此，在技术档案管理上应遵循以下原则：

①要适当缩小建档范围，以利于集中精力提高管理水平。

②技术档案要实行双重管理，除了由专人负责保管、正确填写外，还要由主管技术员（或工程师）分类负责分管机械技术资料的及时补充、更新并定期检查技术档案的填写质量。

③凡是拥有多台同规格的机械设备，将说明书、操作规程、维修手册等共性资料在同类档案中只需保存一、两份即可，其余部分应放手外借，方便使用。

④技术档案只有在设备调出时才调出建制单位，平时应始终保存在机管部门。一般规定在设备大修时要随机进厂。

4）机械履历书

机械履历书是技术档案的简化形式，基层使用单位的机管部门或机管人员普遍采用。机械履历书的内容为：

①机械规格说明：由机管部门于建立履历书时一次填登。

②随机工具及附属装置记录：由机管部门登记，机长（保管人）签章认可，随时登记签认。

③交接记录：变更使用单位或保管人，交接手续清后填登，由交接双方及监交人签章。

④运转记录：由机管部门或机管人员根据班运转记录按月填写一次。

⑤小修保养记录：由机管部门根据保修任务单，按月填写一次。

⑥修理记录：每次大（中）修时，由承修单位提供必要数据，由主管人员摘要填写。

⑦事故登记：由机务部门根据事故报告摘要填登。

⑧变更装置记录：于变更装置后由机管部门填登。

⑨检验记录：机械进行技术检验时，由检验负责人填登。

⑩其他基层使用单位机务部门认为必须填登的内容。

7.提取机械设备折旧和大修理基金

凡构成固定资产的养护机械，须经各级财务部门核算、计提折旧基金与大修理基金，并把提取的机械折旧基金作为机械设备更新改造资金来源之一。提取的机械大修理基金应由机械管理部门统一掌握使用，以保证大修理计划得以实现。

折旧费是机械设备在规定的使用期限内陆续收回其原值的费用，应正确掌握提取折旧的范围、折旧计算方法、折旧基金使用范围和利用累计折旧额来衡量机械设备损耗程度。

(1)提取折旧费的范围。包括在用的构成固定资产的所有机械设备。其中不需用（未使用、多余、积压、库存）和连续停用 3 个月或半年以上的机械设备，经过批准后可不提折旧费。经批准提前报废的机械设备，可一次性补提折旧费，报废后不再提取。

(2)折旧计算方法。具体采用什么样的折旧制度，必须综合考虑各方面的因素后才能确定。它不仅是企业经营管理的主要内容，而且是国家的一项主要经济政策。世界各国采用的折旧制度，根据每年的提取额是否均等以及速度的快慢分类，如图 6-0-3 所示。

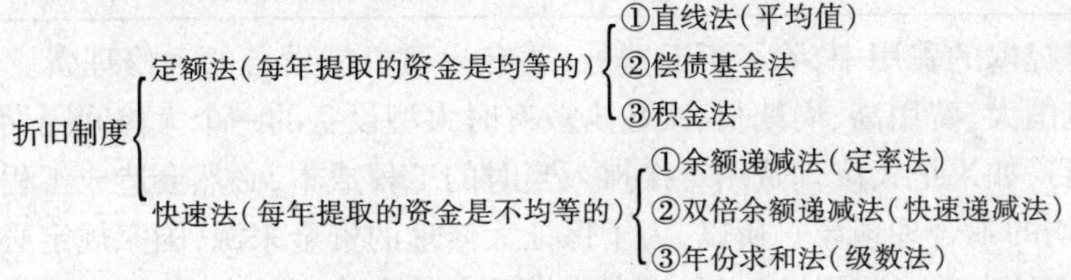

图 6-0-3　折旧制度的分类

我国现行制度规定采用平均年限法（即直线折旧法）和工作量法。当采用平均年限法时，由于各种机械设备的使用年限各不相同，具体计算每台机械的折旧额过于繁琐。为了简化手续，一般采用分类综合折旧率计算法：

某台（或某类）机械年折旧额 = 某台（或某类）原值 × 年折旧率 × 100%

大型公路养护机械设备也可根据实际工作台班和交通部颁布的《公路工程机械台班费定额》中规定的每台班折旧额计算提取，即：

某台机械年折旧额 = 年度实际工作台班 × 每台班折旧定额

(3)折旧基金主要使用范围：

①设备更新。

②结合技术改造，采用新技术、新工艺。

③新产品试制技术措施。

④综合利用和治理三废等措施。

⑤劳动安全保护措施。

⑥零星固定资产购置和零星土建工程。

(4)利用折旧费衡量损耗。机械设备原值的减少、累计折旧额的增加反映了机械设备的损耗程度,一般用机械设备的净值表示。

净值 = 原值 - 累计折旧额

在实际工作中,已到使用年限,但还能使用的机械设备,可根据尚能使用的年限,报上级批准后,重新估价,增加净值,继续提取折旧费。对机械设备进行技术改造(改变机型、增加功能等)所需费用开支后,应增加净值。一般机械使用年限见表6-0-3。

机械使用年限与周期表

表6-0-3

机械名称	使用年限	使用周期	机械名称	使用年限	使用周期
履带式推土机(中型)	13	4	自卸汽车	11	3
履带式推土机(大型)	15	4	载重汽车	12	3
铲运机	16	4	洒水车	13	4
平地机	15	4	机动翻斗车	9	3
轮式装载机	16	4	水泥混凝土搅拌机	4	3
挖掘机	16	4	稳定土拌和机	16	4
拖式羊足压路机	19	3	沥青洒布机	10	3
光轮压路机	15	4	沥青混合料拌和机	15	3
振动压路机	14	4	水泥混凝土摊铺机	16	4
汽车式沥青洒布车	12	4	沥青混合料摊铺机	16	4

在按年、月提取的费用中,除了折旧费外,还有一项机械设备的大修理费。机械设备大修理的特点是:范围大、费用高、周期长、次数少。有时大型设备的一个大修间隔期往往可以跨越好几个工程项目;如果把大修理费用直接摊入当时的工程成本,必然会造成工程成本的不合理波动及丰欠不均的不合理现象。所以,为了保证大修理的资金来源,国家规定必须仿照固定资产提取折旧基金的办法,按月从成本中提存机械设备的大修理基金,作为实际发生的机械设备大修理费用的开支来源。

公路养护部门应按月提取大修理基金,用于本部门机械设备大修理费用的开支,做到专户存储、专款专用。经过综合经济分析,对根本没有大修理价值的机械设备,经过主管部门批准,可将大修理资金和折旧资金合并使用,进行更新。对机械设备进行局部技术改造所需费用在大修理资金中开支不足时,可以在生产发展基金和折旧费内开支。这是大修理基金除了支付大修理费用以外的其他两项用途。

8.机械设备的封存保管

封存保管系指由于养护任务的不均匀或养护机械的不配套,机务部门对部分停用的机械采取的技术保护措施。封存设备一般要求能集中停放,防雨、防水,专人负责进行定期保养。

可予封存条件为:

(1)凡半年以上不需要使用的机械设备,且技术状况完好者;

(2)耗能高的机械设备,停用待技术改造者;

(3)损坏与待修机械应先行修理然后封存。

封存是机械管理一种临时性的权宜措施,并不能解决实质性的问题。随着管理体制的改

革和管理水平的不断提高,封存的机械设备将逐渐减少,以致最后停止实行封存措施。

9. 机械的更新和改造

用较先进的、经济适用的机械设备,来替换实际上不能继续使用或者经济上不宜继续使用的机械设备称为设备更新。为提高机械技术性能和生产率、降低能源消耗,结合机械检修时机械局部进行的现代化改装称为设备改造。

1)机械设备的更新

主要考虑机械设备的自然寿命,又考虑其经济寿命,并制定相应的更新技术条件,凡达到更新技术条件之一者均应予以更新。

(1)养护机械更新技术条件

①机械损耗严重,大修后性能仍不能满足经济技术规定要求者;

②机械损耗虽在允许范围之内,但技术上已陈旧落后,技术经济效益很差者;

③机械役龄长,维修虽能恢复性能,但经济上不如更新合算者。

(2)汽车更新技术条件

①各种载重汽车,经过长期使用,虽已修理,燃耗高于原厂定额20%者;

②凡行驶50万km或经过3次以上大修者;

③一次大修费用达到新车出厂价1/2者;

④车型老旧,又无配件来源者。

2)机械设备的技术改造

技术改造根据技术可靠、经济合理的原则,按机械隶属关系报批后进行。改装时,应有改装方案、计算资料和实施图纸,并经本部门技术负责人审核,上级同意后进行。车辆改造应经公安交警部门批准。改造工作完毕后,需经主管部门组织试验、鉴定,重新办理机械验收手续和建立技术档案。所需费用可以在大修理基金、生产发展基金和更新改造基金内列支,其增值部分,由机务与财务部门按规定办理增值手续。其中设备的技术改造宜结合大修理进行,改造所需资金不超过设备大修理费用30%时,可以列入大修理费用开支。若超出时,应将改造内容列入技术措施、技术改造计划,所需要费用从折旧基金或技术改造资金安排解决,设备改造后新增的价值,属大修理基金开支的不办理增值,属折旧基金等开支的应办理增值。

10. 机械设备的报废

机械设备的报废是资产管理的最后一个环节。机械设备一经报废,就终止其作为固定资产的全部历程,在设备账卡上予以注销。设备的报废是“设备退役,销账除名”的意思。

1)机械设备报废分类

根据不同的原因,报废分类见表6-0-4。

表6-0-4中,凡属第3、4两项的报废设备,假如国家未明文规定不准流入社会继续使用,那么可以允许以优惠的条件向需用对象或集体企业转让,不一定就成为废品。

2)机械设备报废条件

一般情况下属于下列情况之一的设备,应当报废更新。

①经过预测,若大修理后技术性能仍不能满足工艺要求和保证产品质量者;

②因事故造成设备严重损坏,无法修复使用者;

机械设备报废分类　表6-0-4

序号	报废类别	报废原因
1	事故报废	重大设备事故或自然灾害等原因,损坏至无法修复或不值得修理而报废
2	损蚀报废	长期使用以及自然力的作用使其主体部位遭受磨损、腐蚀、变质、变形,劣化至不能保证安全生产或基本丧失使用价值而报废,一般情况下也不能采用修理方法来解决。此类型的报废基本上也就是自然寿命终了的象征
3	技术报废	技术寿命终了而形成的报废。这种类型的报废也就是设备更新的前提
4	经济报废	经济寿命终了而退役。社会上已有更先进的同类设备可供选用。报废也应成为实现设备更新的一种机会。在社会技术更新步伐较快的国家,这已经是一种正常现象
5	特种报废	不属于前述几种原因而造成的设备报废 。例如某些小批量的进口机械,当随机配件用完后,往往长期处于停机待件状态。这种配件国内不生产,进口无渠道,最后不得不予以报废。又如国家采取行政干预手段对某些设备进行强制性淘汰

③经大修理后虽能恢复技术性能,但不如报废后更新经济者;

④已超过规定使用年限,其技术性能已达到国家规范和安全操作规程要求者;

⑤技术性能差,能耗高,效率低、经济效益差者;

⑥危害人身健康,严重污染环境,进行修理改造又不经济者;

⑦自制的非标准设备,经生产验证不能使用无法改造者;

⑧国家或有关部门规定淘汰者。

3)报废程序及有关规定

①由机械建制单位机管部门主持,吸收有关人员组成“三结合”小组对报废机械设备做出详细、正确、全面的技术鉴定,确认符合报废条件后,填写“机械设备报废申请表”,经机械技术负责人和当地建设银行签署意见后,报上级主管部门审批。

②批准报废的机械设备,除汽车按国家已有规定处理外,凡能改制、利用的材料、零部件及辅机,应充分利用,并作价入账,作为残值的一部分。

③机械设备必须提足折旧费后才能批准报废。

④审批报废的权限以单机原值为依据。

⑤经批准报废的机械设备,应根据批文按台销账。批准报废后应及时清理,务使做到账销物清,物尽其用的地步。

二、工程机械的合理使用

公路施工与养护机械是完成公路施工与养护任务的重要工具,是实现公路施工与养护工程机械化的重要保证。对工程机械的科学管理最终体现在工程机械的使用上,因此,合理使用工程机械是工程机械管理的最终目的。

1. 合理使用机械设备的三个标志

机械使用管理的总目标是要达到“合理使用”的目的。所谓合理使用主要有下列三个标志:经济性、高效率与无异常损耗。

(1)高效率　机械使用必须使其生产技术性能得以充分发挥。机械设备如果长时间处于

一种低效运行的状态,那就是一种不合理使用的主要表现。

(2)经济性　要求在可能的条件下使单位实物工程量的机械使用费成本为最低。

(3)无异常损耗　避免或杜绝不正常的损耗现象。所谓异常损耗主要是指由于使用不正当或缺乏应有措施而导致机械设备的早期磨损、过度磨损、事故损坏以及各种使原机技术性能受到损害或缩短使用寿命等不合理使用现象。

以上便是考查或衡量施工机械设备是否做到合理使用的主要标志或条件,也只有在这三个条件全部满足以后才可认为已经达到合理使用的较高水平,否则就不能认为其使用情况已完全合理。需要说明的是,以上只是从机械管理角度出发而言的,若由于其他施工干扰(如工序矛盾、待料、工作面不足、质量问题等)而造成的低效率、不经济等现象,则不属于管理上的不合理使用问题。

要达到上述要求,必须考虑施工组织设计方面的因素、人的因素、各种技术服务措施方面的因素等。为了明确地表达三者之间的关系,列成表 6-0-5 说明。

机械设备合理使用三项指标的关系　　表 6-0-5

合理使用三项指标	主要因素	
1. 经济 2. 高效	施工设计因素	1. 在可能的条件下(指立足于企业现有的机械设备及通过租赁能获得经济使用的机械设备而言),经过技术经济比较,应采用最经济的施工方案,使单位实物工程量的机械使用费成本为最低; 2. 在既定的施工方案内,应使机械选择及配套组合为充分发挥机械效率提供先天的条件
	人的因素	1. 精神因素:加强政治思想教育,开展社会主义劳动竞赛,树立和主人翁责任感,发扬爱机思想,做到精心操作,细致维护,遵守各项章程; 2. 组织因素:制定合理的劳动组织形式,贯彻人机固定原则,组织设备大检查等; 3. 技术因素:实行全员培训,大力提高机械人员合理使用机械的能力与水平,对工人加强技术培训,提高安全操作技术水平,严格执行技术考核制度及操作技术等等
3. 设备异常损耗防护	运行管理因素	1. 合理运行工况之一{避免低载、低负荷使用(大马拉小车)；避免降低性能范围使用(精机粗用等)} 2. 合理运行工况之二{避免超载、超负荷使用(小马拉大车)；避免降低性能范围使用} 3. 正确使用油料,注意润滑油与液压油的正确使用,要符合一般用油规定及原厂的规定要求; 4. 应按照规定的维修制度要求,得到及时的保养与检修。杜绝失保失修,带病运转等现象; 5. 禁止违章作业,避免机械事故; 6. 其他技术服务措施、走合保养、换季保养、供电质量等应符合规定要求

由表 6-0-5 可以看出:机械设备的合理使用是各阶段、各方面一系列工作的最后综合成果:首先在施工方案阶段就应该选择好最佳的方案、机型、配套组合,为机械设备的合理使用奠定先天的基础,再由技术熟练、爱机遵章的工人操纵驾驶,各方面的技术服务措施及实际运行

工况符合规定的要求，最后才能全面地达到三项标志（经济、高效、无异常）所提出的目标，才能称为完善合理使用。

2. 公路施工与养护机械使用的特点

（1）公路养护作业内容繁杂琐碎，养护机械种类、型号相应增多，且以中小型机具为主，易使机械完好率不高。

（2）公路养护作业线长、点多、面广、量大。大部分养路机械分散在道班里，基础资料、原始记录的收集不容易及时、准确，给机务管理工作带来困难。

（3）养路机械的工作条件恶劣：

①养路机械露天作业日晒雨淋，工地尘土飞扬，待修路面颠簸不平，冷却水源不清洁等，使机械的零部件易产生早期损坏。

②受施工作业地点的限制，机械设备失修失保，拼设备的情况还相当普遍。

（4）养护机械应急能力强，利用率低。主要表现在公路养护机械受季节影响使用天数较少、负荷率较低、养护作业运距较短。

3. 公路养护机械使用的三定制度

三定制度是指在机械设备使用中定人、定机、定岗位责任的制度。三定制度把机械设备使用、维护、保养各环节的要求都落实到具体人身上，是行之有效的一项基本管理制度。

三定制度的主要内容包括坚持人机固定的原则、实行机长负责制和贯彻岗位责任制，人机固定就是把每台机械设备和它的操作者相对固定下来，无特殊情况不得随意变动。当机械设备在企业内部调拨时，原则上人随机走。机长负责制，对于机械设备按规定需要配备2个以上操作人员的，应任命一人为机长并全面负责机械设备的使用、维护、保养和安全。若一人使用一台或多台机械设备，该人就是这些机械设备的机长。对于无法固定使用人员的小型机械，应明确机械所在班组长为机长，即企业中每一台机械设备，都应明确对其负责的人员。岗位责任制包括机长责任制和机组人员责任制，并对机长和机组人员的职责作出详细和明确的规定，做到责任到人。机长是机组的领导者和组织者。全体机组人员都应听从其指挥，服从其领导。

实行三定制度的优越性是：

（1）有利于保持机械设备良好的技术状况，有利于落实奖罚制度。

（2）有利于熟练掌握操作技术和全面了解机械设备的性能、特点，便于预防和及时排除机械故障，避免事故发生。充分发挥机械设备的效能。

（3）便于做好企业定编定员工作，有利于加强劳动管理。

（4）有利于原始资料的积累，便于提高各种原始资料的准确性、完整性和连续性，便于对资料的统计、分析和研究。

（5）便于推广单机经济核算工作和设备竞赛活动的开展。

4. 公路养护机械的经济使用

1）施工方案的经济选择

从各个可行的施工方案中选择单位实物工程量成本费用最低的方案称为施工方案的经济选择。在选择时先分别计算出不同方案的单位实物工程量成本最低的方案予以采用。有时由于长期实践积累了比较丰富的资料。则可不必进行计算也能确定出最佳的施工方案。比如挖掘机斗容量与载重汽车吨位的匹配，一般以3～4斗装满一车为好。载重汽车的数量应根据运

土往返的距离和装车时间来确定,保证实现连续挖掘和运输。

在编制施工方案时除进行经济分析外,还应充分发挥每台机械设备的效率。为此,还应注意以下问题:

①施工顺序和机械设备的运行路线。应保证机械设备最大效率的发挥。如在确定吊装过程的施工方案时,就应对施工的总平面布置、构件堆放位置、吊装顺序、吊车运动路线等作出合理的安排,避免重复行驶或运转不开的现象发生。

②避免机械设备不合理运行工况的发生。不合理的运行工况一般指低载、低负荷使用,降低功能使用,超载、超负荷、超过功能使用等。

③认真安排机械设备施工中的配套,充分发挥机械化施工的优越性。

2)机械设备使用的过程管理

机械设备使用的过程管理对充分发挥机械设备的效能具有十分重要的意义,也是机械管理人员最主要的日常性业务工作。机械没备使用的过程管理的一般程序为:

①施工企业机械管理部门每月月末根据机械设备的运转台时和技术状况编制出下月机械设备使用、保养、修理计划,列出每台机械设备可用台日和停修台日,提供给生产部门。

②生产部门根据机械设备月度使用、保养、修理计划编制施工生产计划,如机械设备可用台日不能满足生产需要,应与机械管理部门协商,采取缩短停修期或增加作业班次等办法妥善解决,以满足施工生产的需要。

③当月施工生产计划确定后,机械管理部门应将与施工生产计划协调、平衡后的修理、保养计划下达给修理车间执行。

④在施工过程中,机械管理部门应经常深入到施工现场检查机械设备的使用和运转情况,并及时安排施工现场机械设备的检修。

⑤对于影响施工生产的关键性设备应作为重点加以密切注意,一旦发生问题应立即组织力量利用施工间隙昼夜抢修。确保施工生产顺利进行。

⑥工程结束后,应充分利用转移工地的时间,抓紧机械设备的检查和修整。

⑦机械管理部门应参与新开工程的施工组织设计的编制与审查工作,并提供机械设备的有关情况。

5. 机械设备的技术使用

机械设备的技术使用指严格按照机械设备的使用规定和技术要求来使用机械设备。其目的是减少机械磨损、充分发挥机械效率、延长机械使用寿命、降低机械使用成本。带有普遍性的使用规定和技术要求包括机械设备走合期的使用要求和冬季使用要求等。

1)机械设备走合期的使用要求

走合也称为磨合,新机械设备和刚大修后的机械施工时,其使用寿命和大修间隔期的延长及其工作的可靠性和经济性,在很大程度上取决于机械设备使用初期的正常走合。为延长机械设备使用寿命,减少机械磨损,必须严格执行机械设备走合期的使用规定。走合期内使用机械设备应遵守以下规定:

(1)操作方面的规定。有关操作方面的规定有减载、限速和平稳操作的规定。一般机械设备在走合期内应减载20%运行。一般机械设备应减速30%;汽车在公路上行驶,速度应控制在30~40km/h,在工地不良路面上行驶,速度不得超过20km/h;平稳操作要求为:避免突然增加转速和负荷,避免传功机构承受剧烈冲击,起动内燃机时严禁猛轰油门等。

(2)保养方面的规定。有关保养方面的规定有走合前、走合中、走合后的保养。机械设备走合前,要进行一次全面的检查和保养,包括清洗全机,检查各部润滑油质量和数量数量,紧固螺栓、螺母、锁销等紧固件,调整各处间隙,检查轮胎气压、蓄电池电解液密度和制动系统制功效果。在走合期内要密切注意机械设备各部机构运转情况,如发现异响、过热等应及时查明原因,予以排除。在走合期内还应认真例保和"十字作业"(清洁、紧固、润滑、调整、防腐)。机械设备走合结束后,应对全机进行一次全面的检查和保养,彻底清洗各部润滑系统,并按说明书规定更换和添加润滑油,做好投入正常使用的准备。

(3)管理程序方面的规定。机械管理部门应指定专人负责机械设备的走合,并在走合开始前,把有关注意事项和具体要求向操作人员交底。在走合的过程中,应随时检查机械设备的使用情况,并填写机械设备走合记录。走合结束后,在主管技术人员的主持下检查走合情况,拆除限速铅封,在走合记录上签章。并将走合记录纳入技术档案。

2)机械设备的冬季使用要求

机械设备冬季使用要求包括做好冬季使用的准备工作,落实机械设备冷却系统的防冻措施,做好机械设备的换季保养与油液更换。严格遵守机械设备冬季操作四个方面的要求。

(1)入冬前应进行机械设备冬季使用的安全和技术业务教育,制定出具体措施并逐项落实;在单位主管领导带领下进行机械设备入冬准备工作落实情况的检查,发现问题及时处理;对冬季不用的设备进行检查,清除存水,将向上的进、排气口盖严,电瓶、轮胎拆下存库保管;做好冬季物资供应,如防冻液、发动机保温罩等;增设必要的防火设施。

(2)冬季施工必须落实机械设备冷却系统的防冻措施,从气温降至5℃时起,就应对具有冷却系统的机械设备采取每日放水或更换防冻液的措施。同时应将节温器装好,机械要加盖保温套。在加防冻液前,应对机械设备冷却系统彻底清洗,根据当地可能达到的最低温度选用和配制防冻液,在天气转暖无冰冻危险时,应及时将防冻液放出改用净水。

(3)对冬季使用的机械设备要进行一次季节性保养,同时换用冬季用燃油、润滑油、液压油、润滑脂,并调整蓄电池电解液的密度。

(4)在冬季操作机械设备时应注意:

①禁止用硬拖和硬顶的方法起动发动机,发动机起动后严禁立即加大油门,应怠速运转10~20min后再逐渐加速。

②根据路面积雪冻冰的情况,降低行驶速度,避免使用紧急制动,必要时安装防滑链,防止事故发生。

③轮胎气压不应过高,以减少打滑。

④严禁在发动机温度过高时立即加入冷水,以防缸体炸裂。

6. 公路施工与养护机械的合理选用

科学合理地选用机械设备,可以充分发挥机械效率,减少磨损,延长使用寿命,降低使用费用。合理使用机械必须贯彻管用结合的原则,机械管理部门和施工、养护部门密切配合,协同做好公路施工与养护机械的选用工作。

1)合理选用公路施工与养护机械的要点

合理选用工程机械应按"管"、"用"结合的原则做好以下几项工作:

①工程机械的合理配套

工程机械的合理配套包括三项内容,即施工中工序的机械配套;机械的规格配套和保修配套。施工工序的机械配套是指在各项工程的工序中,机械应配套使用。例如,石方工程中,不仅要有开采石方的机械,像空气压缩机、凿岩机等,而且还必须有清理石方的机械;土方工程中不仅有推土机、铲运机等运土机械,还要有平整、压实机械,等等。只有这样才能更好的发挥机械效率。机械规格配套,就是在选用某种规格的主要机械时,还要选用与之相应规格的配套机械。如自卸汽车和装载机或挖掘机的配合使用,容量要基本相适应,用小型装载机或挖掘机装大吨位汽车,不但产量低,而且费用也高。反之用大容量的装载机或挖掘机装小吨位汽车,同样费用也高,而且对汽车的安全使用不利。保修配套是指为了保证机械正常运转,使机械更好的发挥作用,保修人员和保修设备也必须配套。

②工程机械的合理选用

任何一种工程机械的性能、结构参数等特性,决定着该种机械只能在一定的使用条件下,完成一种或数种工作,超越其使用条件,机械就无法发挥其作用,或勉强可以工作,但是其经济效益、工作效率都很低,而且对安全使用和机械本身都不利。机械合理选用的依据应是:在施工任务下达之后,根据机械的特性结合作业内容、土壤性质、运距长短、气候条件及经济效益等因素综合考虑,统筹兼顾。既要避免小工程量用多种机械,或大机小用,造成不必要的浪费,也应避免超过机械能力,拼设备吃老本。

③加强施工人员和机械人员的密切配合

施工人员要正确的选用机械,合理的组织施工,充分发挥机械的效能。在编制施工总平面布置进行施工准备时,必须为机械施工创造条件,合理安排工序,修好机械、车辆的进出场路线。

2)合理选用公路施工与养护机械的方法

①按作业内容选用筑养路机械(表6-0-6)。不同阶段、不同的施工形式应该选择相应的机械,如在路面面层施工选择静作用压路机时,要视铺筑形式选择压路机。

按作业内容选用筑养路机械　　表6-0-6

养护工程项目		作业内容	机械与设备名称
施工准备		1.清理现场	自动平地机、小型推土机、除草机、灌木清除机、气(电)带锯、履带式拖拉机
		2.翻松土壤	松土机、大型推土机(带裂土器)
		3.备料	空压机、凿岩机、装岩机、装载机、推土机、碎石－筛分设备、输送机、自卸汽车
路基养护		1.铲(挖)运卸土和整平	铲运机、挖掘机、推土机、装载机、平地机、冲泥、吸泥机、水力挖掘机组、自卸汽车、小型运输车
		2.压实	羊足碾、轮胎压路机、振动压路机、静作用压路机
		3.挖掘路槽和修坡	冲击夯、振动板夯
路面养护	土路稳定土层的养护	1.破碎筛分石块	平地机、铲运机、推土机、羊足碾
		2.稳定基层和改善土路	稳定土拌和机、石屑撒布机、洒水车
		3.压实	压路机、冲击夯

续上表

养护工程项目		作业内容	机械与设备名称
路面养护	水结碎石路面和砾石路面养护	1. 破碎筛分石块 2. 撒铺砾石碎石料和结合料 3. 翻松旧路面 4. 撒水、分层压实	碎石设备、筛分机、皮带运输机 石屑撒布机、撒砂机、回砂机、砂浆拌和机、自卸汽车、小型运输车 平地机、处理翻浆机、扫浆机 洒水车、压路机
	沥青路面和简易沥青路面养护	1. 沥青的储运、加热熔化 2. 喷洒结合料 3. 砾石料运输、撒铺 4. 压实、撒水 5. 修补	沥青储存罐、加热设备、沥青乳化机、沥青保温油罐车 沥青洒布机(车)、稀浆封层机 装载机、自卸汽车、路拌机、石屑撒布机、砂浆拌和机 压路机、洒水车 沥青路面加热器、综合养护车、冲击夯、空压机、风镐、小型运输车
	沥青混凝土路面养护	1. 沥青混合料拌和运输 2. 沥青混合料摊铺 3. 压实 4. 撒水、清扫 5. 修补	沥青混合料拌和机、自卸汽车 沥青混合料摊铺机、路缘石机、稀浆封层机 压路机 洒水车、吸尘清扫车 综合养护车、液压镐、冲击夯、铣刨机、砂浆拌和机、振动板夯、砂浆喷射机
	水泥混凝土路面养护	1. 混凝土的拌和运输 2. 摊铺 3. 捣实、光面 4. 撒水、清扫 5. 修补	混凝土拌和机、自卸汽车、混凝土泵 水泥混凝土摊铺机、钢模、路缘石机 振动捣实机械、真空吸水机、抹平机、切缝机 洒水车、吸尘清扫机、灌缝机 空压机、风镐、液压冲击碎石器、砂浆拌和机、清缝机、小型运输车、砂浆喷射机
公路其他养护		1. 划线 2. 绿化 3. 除雪 4. 清障 5. 标志牌及人工构造物 6. 巡视检查	划线机 除草机、剪草机、挖坑机、杀虫喷药车、气(电)锯、电剪 除雪机、推土机、装载机、平地机 推土机、装载机 清洗机、升降机 巡逻车
桥梁养护		1. 挖基坑(降低地下水位) 2. 修筑桩基、钻桩孔 3. 桥基础及钢筋混凝土上层结构 4. 其他	打桩机、抽水机、钻孔机、泥浆泵、起重机、钢筋加工设备(弯曲机、切断机、对焊机、点焊机) 混凝土拌和机、混凝土振捣器 吊梁设备、混凝土输送泵、卷扬机、发电机组、自卸汽车 桥梁检查车
隧道养护		1. 岩石开凿运输 2. 通风 3. 混凝土拌和运输 4. 照明 5. 清洗	空压机、凿岩机、轧石机、筛分设备、装载机、自卸汽车 通风机 混凝土拌和机、混凝土输送泵 发电机组 清洗机、升降机

②根据运距合理选用机械:例如,在铲土运输机械中,推土机的经济运距为 30 ~ 45m,一般不大于 100m。铲运机按斗容量分,斗容量小于 $6m^3$ 时,经济运距为 200 ~ 350m,一般不小于 100m;斗容量在 10 ~ $30m^3$ 时,经济运距为 800 ~ 1000m,一般不超过 1500m。

③根据公路施工与养护特点选择机械:公路养护特点是忙闲不均,在选用机械时要考虑这个特点。如选择沥青拌和设备时多采用中、小机型,可进行养护工程,也可进行日常养护,同时注意整个作业各工序之间机械能力的配套,以使设备充分发挥效能。

④根据当地使用条件选择机械:我国地域辽阔,选择的机械也应有所区别。例如,对于低温地区、高温地区、高原山区等不同地区,应该根据其特殊的使用要求选择适应性强、有一定功率储备的机械。同样,对于不同的季节、不同的气候条件,也应制订相应的机械选用计划。如干燥季节施工多选用轮胎式加强机动性,雨季选用履带式以加强抗滑性;季节抢修路段选用大吨位、大功率机械以增强突击性;北方冬季养护要考虑除雪设备等等。

7. 公路施工与养护机械的安全使用

1)机械设备安全使用要点

(1)建立健全安全生产责任制。机械设备的安全使用应列入施工企业领导、项目经理的任期目标。根据管生产必须管安全的原则,对企业各级领导、各职能部门、生产岗位上的职工,都要按其工作性质和要求,明确规定对机械安全的责任。坚持三定制度、机长负责制制度和操作证制度,将各项安全要求和责任明文写进各项规定中,落实到每个人身上,以保证安全责任制的贯彻执行。

(2)健全、完善、落实安全技术操作规程。安全技术操作规程是确保机械设备安全使用的法规性技术文件,是机械安全运行、安全作业的重要保障,是安全交底和安全教育的基本教材,也是分析事故原因、查清事故责任的基本依据。完善的安全技术操作规程应包括三个方面的内容:

①有关纪律性规定:主要包括一般应遵守的劳动纪律和安全知识。

②有关通用技术性规定:主要包括机械设备通用部分的安全操作要点。

③有关专业技术性规定:主要针对机械设备的特殊结构或性能而制定的安全使用要点。

在编制机械设备的安全技术操作规程时,应严格按照建设部颁发的《建筑机械使用安全技术规程》(JGJ 33—86)部颁标准,并认真贯彻劳动安全部门颁发的安全技术文件和规范。

(3)积极采用安全装置。随着安全技术的发展,在机械设备上安装自动报警、自动显示、自动连锁、自动停车等安全装置,当出现问题时自动动作,具有人所不及的安全保护作用。因此,只要技术上可能和条件上许可,都应积极采用,同时要定期对安全装置进行性能检测,以防失灵误事。

(4)对职工经常进行安全教育。

(5)认真开展机械安全检查活动。机械安全检查的内容,一是机械本身的故障和安全装置的检查,主要是消除机械故障和隐患,确保安全装置灵敏可靠;二是机械安全施工生产的检查,主要检查施工条件、施工方案、措施是否能确保机械安全施工生产。同时,还应开展百日无事故、安全运行标兵等竞赛活动。

2)机械事故的分类与处理

(1)机械事故的分类。凡由于使用、保养、维修不当、保管不善或其他原因,引起机械设备

非正常损坏、造成机械技术性能下降、使用寿命缩短等均称为机械事故。机械事故按其发生的原因和性质,可分为责任事故和非责任事故。操作不当、违章作业、超速超载运行,施工条件恶劣又未采取有效措施,维修保养不善、修理质量不合格、机械技术状况恶化、带故障运转,管理不严、非司机操作、指挥失误等,属于人为原因造成的事故,均属于责任事故。非责任事故指由于自然灾害或不可抗拒的外界原因引起的事故。

机械事故根据机械损坏程度和损失价值分为一般事故、大事故和重大事故三类。一般事故:机械直接损失价值在1000~5000元者;大事故:机械直接损失价值在5000~20000元者;重大事故:机械直接损失价值在20000元以上者。

(2)机械事故的调查和分析。机械事故发生后,如涉及人身伤亡或有扩大事故损失等情况,应首先组织抢救。同时应立即停机,保持事故现场,并向单位领导和机械主管人员报告。单位领导和机械主管人员会同有关人员立即前往事故现场。事故处理的关键在于正确分析事故的原因,在分析事故时首先应进行现场检查和周密的调查,听取当事人和旁证人的申述,完整记录真实的情况,作为事故分析的依据。

事故分析的结果应包括:确定事故原因、性质、责任者;确定事故造成的损失价值、后果和事故等级;提出对事故的处理意见和改进的措施。事故分析后应填写事故报告单,将事故分析结果填报上级单位。

(3)机械事故的处理。事故发生单位应在10日内填写事故报告单逐级上报。重大事故应在24h内报告上级主管部门。对于隐瞒不报或弄虚作假者要严肃处理。

事故处理要按三不放过的原则认真严肃地进行,即事故原因不清不放过;责任者未经处理,干部、群众没有受到教育不放过;没有切实可行的防范措施不放过。

对违章作业、玩忽职守的事故责任人,应根据情节轻重、事故造成的损失和产生的后果严肃处理,除赔偿经济损失外,严重的应给予行政处分,构成违反法律的要追究刑事责任。如果单位领导忽视安全生产,瞎指挥,迫使或纵容他人违章操作而造成事故的,也应受到严肃处理。

对长期坚持安全生产和采取有效措施消除隐患、避免机械事故发生的单位或个人,要给予表扬和奖励,并及时推广安全生产的经验。机械管理部门要建立事故台账,积累事故的各项资料,应用全面质量管理的方法,进行定期分析,掌握事故规律,提出改进措施,以降低事故频率。

三、工程机械的保养管理

1.机械保养的作用

养护机械在作业过程中的技术使用性能是否经常保持良好,在很大程度上决定于对它的合理使用。但养护机械在长期作业过程中,随着机械的运转时间或行驶里程的增加,其技术使用性能亦不可避免的要发生变化,这是由于机械各机件和零件间的自然磨损,以及某些由于未遵守机械的技术使用和保养规程而引起的。如果不对这些机械的各机件进行及时润滑、调整、检查以及其他的技术保养作业,那么各机构零件的磨损将会急剧增加,从而导致养护机械的动力性能恶化,燃料消耗量增加,工作可靠性能降低,甚至因故障和损伤而使整个机械失去工作能力,影响养护机械的正常使用。

减少和防止机械零件磨损的主要办法是及时进行技术保养。所谓技术保养,就是定期地

对机械各部分进行清洁、润滑、紧固、检查、调整或更换某些零件，因此，技术保养可以理解为保证养护机械的技术完好状况而进行的各种技术作业的总称。对养护机械进行技术保养的目的在于保证：

（1）使养护机械经常保持完好状态，以便随时可以起动运转或出车。

（2）在合理运用的条件下，不致因中途损坏机件而停歇。

（3）在作业过程或行驶中不致因机件事故而影响安全生产或行车。

（4）在整个养护机械及其各个总成的技术状态保持均衡状态，以达到最高的大修间隔期。

（5）在运用过程中使燃润料、轮胎及零件达到最低消耗。

各级施工与养护单位必须贯彻养修并重、预防为主的方针，认真做好机械保养与修理。

2. 机械保养的作业内容

机械保养的作业内容主要是清洁、紧固、调整、润滑、防腐，称为“十字作业”。这是根据机械技术状况变化的规律，并经过多年实践得出的，都是必不可少的。此外，还有检查、加添等辅助作业内容。

1）清洁

机械在工作中，必然引起机械内外及各系统、各部位的脏污，有些关键部位脏污将使机械不能正常工作。为此，进行清洁作业不仅是保持机容整洁卫生的需要，更重要的是保证机械安全和正常工作的需要。

清洁作业中要特别注意做好发动机“三滤”和电气部分的清洁作业。发动机“三滤”的清洁对发动机的工作和寿命都有很大影响。

清洁作业的内容包括：空气滤清器的清洁、机油滤清器清洁、柴油滤清器的清洁、冷却系的清洁和电气设备的清洁。

2）紧固

机械上有许多用螺钉固定的部位，由于机械工作是不断振动和交变负荷等影响，有些螺钉可能松动，必须及时检查，予以紧固。

3）调整

调整的内容和部位见表6-0-7。

施工与养护机械保养调整的内容　　表6-0-7

序号	调整部位	调整的内容
1	间隙方面	各齿轮间隙、气门间隙、制动带间隙、火花塞间隙、分电器白金间隙
2	行程方面	离合器踏板行程、制动器踏板行程
3	角度方面	提前点火角度、提前供油角度
4	压力方面	燃料喷油压力、机油压力、空压机压力、液压装置工作压力、蒸汽压力
5	流量方面	供油量
6	松紧方面	风扇皮带、履带松紧度
7	轮胎换位	
8	发动机方面	电压、电流、发动机怠速、化油器油平面

4)润滑

机械上的润滑点是相当多的,检查、加添和更换润滑油脂的时间也不相同,因此,润滑是保养作业中一项重要、繁重和细致的工作。有些国家把机械的润滑划为保养以外的一项单独的作业,可见其对润滑的重视。

5)防腐

机械在使用中,不可避免的造成一些金属制品的保护层脱落,为此必须进行补漆或涂上油脂等防腐涂料。对一些非金属制品也应采取必要的防腐措施,如洗净橡胶制品上的油污等,加以保护。

3.机械保养制度

机械的各级保养计划,应以保养间隔周期为主要依据编制,报上级管理部门审批下达。计划一经批准下达,使用单位和保养单位必须按计划执行,不得漏保。

机械的一级保养作业可由操作或驾驶人员按规定进行。其他级别的保养应由专业保养工人或在具有保养能力的保养场(厂)或车间进行。各单位应配制相应的保修力量。

机械保养制度的内容包括:保养分类、作业范围和项目、技术要求和质量要求、间隔期、停工日以及工时、消耗材料、费用定额等。一般机械的保养如图6-0-4所示。

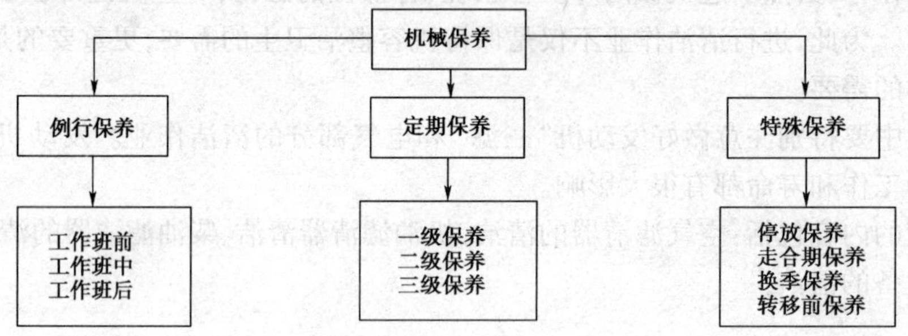

图6-0-4　机械保养分类

1)例行保养

指在机械开工前,班内工作暂停时期以及一般工作结束后进行的检查保养。中心内容是检查,主要检查要害部位和易损部位。如机械和部件的完整情况;油、水数量;操纵和安全装置(如转向、制动等)的完好和工作情况;关键部位的紧固情况;以及有无漏油、水、气、电等情况,必要时加添燃料、润滑油脂和冷却水,以确保机械的正常运行和安全生产。

例行保养由操作人员按规定进行。

2)定期保养

具体保养内容见表6-0-8。

对机械定期分级保养应做到:

按时:按照规定时间进行保养,一般延后或提前的时间不应超过保养周期的10%。

按级:按规定运转小时(或运行公里)间隔进行分级保养,不应跨越保养级别。

按项:各级保养必须按规定的项目逐条进行,保养结束前应认真检查,以防遗漏。

按质:必须按规定的保养要求与程序进行保养,保证保养质量,杜绝保养事故。

此外,对每台机械应进行日常保养(例保)。做好例保和一保是使机械经常处理完好状态

的重要保证，必须严格要求，认真做好。

定期保养的内容　　表6-0-8

保养类别	保养目的	保养要求	工 作 内 容	实施人员
一级保养	维护机械完好状况，确保两次一保间隔期中正常运行	普遍进行清洁、紧固和润滑作业，以清洁、紧固、润滑为中心	检查紧固各部螺钉；按规定检查和加添润滑油脂；清洗各滤清器	操作人员
二级保养	保持机械各个总成、机构、零件具有良好的工作性能，确保两次二保间隔期的正常运行	以检查调整为中心	除进行一保的全部内容外，还要从外部检查发动机、燃料系、润滑系、离合器、变速箱、传动轴、主减速器、转向和制动机构、液压和工作装置、电动机、发电机等工作情况，必要时进行调整，并排除所发现的故障	保修人员为主，操作人员参加
三级保养	除进行必要的保养外，重点进行彻底的检查，发现和消除隐患，确保机械在两次三保间隔期的正常运行	以解体检查、消除隐患为中心	除进行二级保养的全部作业内容外，对主要部位进行解体检查，发现隐患及时消除。但三保的解体与大、中修的解体不同，三保时只打开有关总成的箱盖，检查内部零件的紧固、间隙和磨损等情况，消除隐患，按保养范围的作业内容进行，不大拆大卸	保修人员为主，操作人员参加配合

3）特殊保养

包括停放保养、走合期保养、换季保养和转移前保养等，是在特定情况下进行的保养。

①停放保养：指停人及封存机械的保养，重点是清洁、防腐，每月最少一次，内燃机应定期发动，在特别潮湿的情况下，每半月发动一次。停放保养由操作或保管人员进行，库存机械由机务部门指定保修人员进行保养。

②走合期保养：指机械在走合期内和走合期完毕后的保养，以润滑、检查、限制使用为重点，一般结合一级保养进行。必须加强检查，选用优质润滑油和提前更换润滑油。

③换季保养：指进入夏季或冬季前的保养，主要是更换燃滑油料、调整蓄电池电解液比重、采取降温或防寒措施、清洗冷却系等。

④转移前保养：根据施工特点，在一工程用完后，虽未到规定的保养周期，但为使机械能迅速投入新的施工生产而进行的保养。作业项目除按二级或三级保养进行外，可增加防腐及喷漆等项目。

四、工程机械的维修管理

维修是机械设备维护和修理的合称，维修管理是对机械设备保养和修理工作的计划、组织、监督、控制和协调，其目的是减缓和消除机械设备在运行过程中所产生的损耗，提高机械设备使用的可靠性，延长机械设备的使用寿命，提高机械设备使用与维修的经济效益。

1. 机械设备损坏的规律

机械设备的正常损坏是由于机械零件的自然磨损或物理化学变化使之产生原始尺寸、形状、表面质量等的变化，破坏了零件间的配合特性和几何位置而造成的。机械零件的损伤可以分为摩擦造成的损伤、机械性损伤、疲劳性损伤和热损伤四类。在以上四类损伤中，最主要的损伤是磨损，因此，零件的磨损是造成机械设备技术状况变坏的主要原因。如果能够掌握零件磨损的规律，适时采取相应的措施，就可以降低零件的磨损速度，延长机械使用寿命。深入研究零件磨损规律，对制定科学的保养规程和修理制度具有重要的意义。

1）典型磨损曲线

机械零件在工作过程中的磨损具有一定的规律性。在正常情况下磨损量随工作时间而变化。如图6-0-5所示给出了以机械零件磨损间隙为纵坐标、以运转时间为横坐标的机械零件磨损与时间的关系曲线，称之为典型磨损曲线。机械零件磨损分为如下三个磨损阶段：

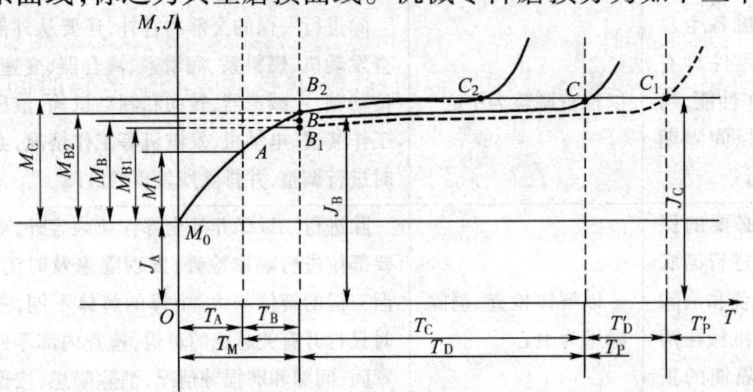

图6-0-5　典型磨损曲线

（1）第一阶段为磨合阶段：机械加工表面必然存在一定的微观不平度，所以，在磨合开始时，磨损量增长非常迅速，曲线斜率很大。当零件表面加工的凸峰逐渐磨平时，磨损量的增长率逐渐降低，达到某一程度后趋向稳定，这时的磨损量称为初期磨损量。正确使用和维护在走合期的机械设备，可以减少初期磨损量，从而延长了机械的使用寿命。

（2）第二阶段为正常工作阶段：由于零件已经磨合，其工作表面达到相当光洁的程度，润滑条件已有相当改善，因此，磨损量增长缓慢，而且在较长的时间内均匀增长，但到后期，磨损量增长率又会逐渐增大。在此期间内，合理地使用、认真地进行维护与修理，就能降低磨损量的增长率，进一步延长机械使用寿命 。

（3）第三阶段为事故性磨损阶段（达到极限磨损点以后段）：因零件的磨损增加到极限磨损量时，间隙增大而使冲击载荷增加，同时润滑条件恶化，使零件的磨损急剧增加，甚至导致零件损坏，还可能引起其他零件或总成的损坏。

上述零件的磨损规律是机械在使用中技术状况变化的主要原因，零件的磨损规律客观地反映了机械技术状况变化的规律。机械零件磨损规律作用于机械从初期走合、使用直到大修的全过程，对机械的自然寿命和经济寿命起到决定性的作用。掌握零件磨损的规律可作为制定机械设备技术保养规程和修理技术标准的依据，是维修管理的重要任务。

2）机械设备故障率曲线

机械设备在单位时间内发生故障的次数称为故障频率。以时间为横坐标，以故障率为纵坐标，将机械设备整个使用期中故障率随时间的变化情况描述出来便得到了机械设备的故障曲线。如图6-0-6所示为典型故障率曲线，由于其图形很像浴盆，所以又称为浴盆曲线。机械的故障率随时间的变化大致分为三个阶段：早期故障期、偶发故障期和耗损故障期。

早期故障期：早期故障期出现在机械使用的早期，其特点是故障率较高，但故障率随时间的增加而迅速下降。它一般是由于设计、制造上的缺陷等原因引起的。机械进行大修理或改

造后再次使用时，也会出现这种情况。机械使用初期经过运转磨合和调整，原有的缺陷逐步消除，运转趋于正常，从而故障逐渐减少。

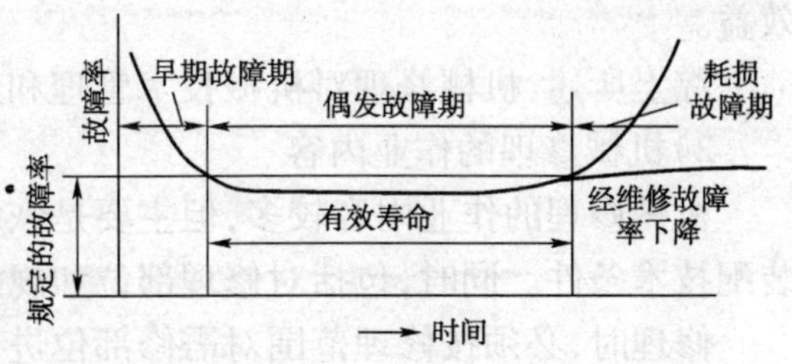

图 6-0-6　典型故障率曲线——浴盆曲线

偶发故障期：偶发故障期是机械的有效寿命期，在这个阶段故障率低而稳定，近似为常数。偶发故障是由于使用不当、维护不良等偶然因素引起的，故障不能预测，也不能通过延长磨合期来消除。设计缺点、零部件缺陷、操作不当、维护不良都会造成偶发故障。

耗损故障期：耗损故障期是机械使用的后期，其特点是故障率随运转时间的增加而增高。它是由于机械零部件的磨损、疲劳、老化、腐蚀等造成的。这类故障是机械部件接近寿命末期的预兆。如果事先进行预防性维修，可经济而有效地降低故障率。

对机械故障的规律与过程进行分析，可以探索出减少机械故障的相应措施。

2. 机械修理的作用和作业内容

1) 机械修理的作用

(1) 保证机械正常工作

任何机械，即使在正确使用、保养的情况下，也不可能永远保持正常工作状态。由于内部矛盾的发展和外界因素的影响，各部零件必然要发生磨损或其他变化。当一些零件的磨损或变化超过了使用允许的限度时，就会导致机械不能正常工作，就必须进行修理。通过修理，恢复零件的几何尺寸、光洁度、理化性能和装配间隙等，使已经不能正常工作的零件、部件、总成恢复正常工作状况，才能使机械继续正常工作，达到规定的性能。

修理质量是合理使用和定期保养的基础。如果修理质量不好，机械在使用中必然要不断发生故障甚至损坏，就破坏了机械合理使用和定期保养的正常进行。只有修理质量达到标准，才能为机械的合理使用和定期保养创造条件，从而保证机械正常的工作。

(2) 延长机械使用寿命

任何机械都不能无限期地使用，都有规定的修理标志和修理间隔期，达到修理标志就必须进行修理，只有通过修理才能取得继续工作的能力，延长机械使用寿命。一般情况下，在机械整个寿命周期中，可进行四次大修，加上新机出厂后的间隔期，共有 5 个修理间隔期的寿命。除第一个修理间隔期是由制造取得和由制造质量所决定外，其余的修理间隔寿命都是通过大修取得，其寿命的长短在同样使用、保养情况下主要是由大修质量所决定。一般情况下，把机械设备从完好到需要彻底修理最多分为 7 个维修等级：即日常保养、一级保养、二级保养、三级保养、小修、中修与大修。如图 6-0-7 所示为机械保养修理间隔期的示意图。

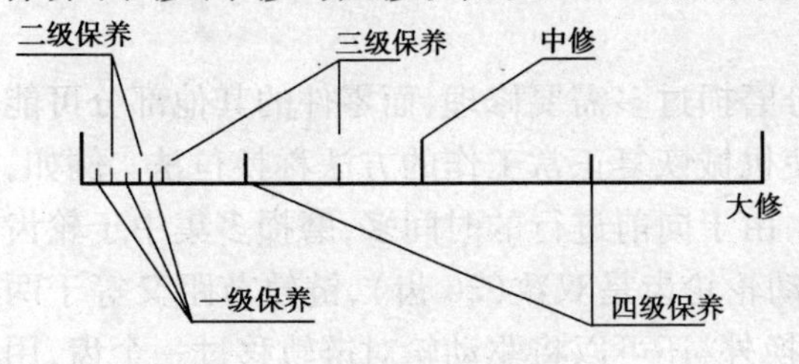

图 6-0-7　机械保养修理间隔期示意图

(3) 降低机械使用成本

一台机械如果不经过大修就报废，只能使用一个修理间隔期，只达到规定使用寿命的四分之一左右。但一台机械的一次大修费用只占新机原值的 10% ~30%，所需费用不超过新机原值，而可获得相当于新机 3 倍的使用寿命，因此可以降低机械使用费的成本，节约物资，提高机械的经济效益。

综上所述,机械修理对机械技术管理和经济管理都有着很重要的作用。

2)机械修理的作业内容

机械修理的作业内容较多,但主要是恢复零件的几何形状、几何尺寸、光洁度、理化性能和装配技术条件。同时,包括对修理部位和规定的部位进行保养作业的全部内容。

修理时,必须按修理范围对需修部位进行解体、清洗和鉴定,保留免修范围的零件,修复可修零件,更换不可修的报废零件,按技术标准重新进行装配,然后试运和整体检验,达到规定的性能参数后,方为修理完毕。

对可修零件进行修复的工艺有"焊、补、喷、镀、铆、镶、配、涨、缩、校、粘、改"十二字修旧作业法。

3)机械修理和保养的区别

①性质不同:机械保养是在机械零件没有达到极限磨损前进行的预防性的技术保障作业,以保持机械经常处于正常工作状况。而机械修理是在机械零件达到极限磨损后不能正常工作时进行的恢复性的技术保障作业,以使机械重新达到正常工作状况。

②作业内容不同:机械保养的作业内容是不改变零件几何尺寸和理化性能的清洁、紧固、润滑、调整、防腐"十字作业"。而机械修理的主要作业内容是改变零件的几何尺寸、理化性能和装配间隙。虽然机械修理作业也包括保养的作业,但不作为主要的内容,而且和定期保养的范围也不同。定期保养是对机械全面范围进行规定的保养作业,而在机械修理时只对规定的局部范围(如小修部位和中修时不进行大修的部位)进行保养作业。

③工艺不同:机械修理工艺是将机械或总成全部进行解体,对所有零件进行鉴定并按规定修复或更换。机械保养只进行局部的解体,并不进行零件的鉴定和修复。

④组织进行的原则不同:机械保养实行定期保养、强制进行的原则。机械修理实行计划修理、按需进行的原则。

3. 机械修理的作业方法

在机械修理中常用的有7种作业方法。

1)调整法

很多机械在设计制造时就考虑到一些部位的调整问题。如发动机的气门挺杆、高压柴油泵的油泵挺杆都可用改变螺钉和螺帽的相对位置维持挺杆规定的长度。又如轴和滑动轴承在径向磨损后,可用减薄或抽去轴承间垫片的方法调整;在轴向磨损后可用加厚或增加垫片的方法调整。但是,用抽去(减薄)或增加(加厚)垫片的调整方法,对滑动轴承来说,并不能完全恢复原有工作状态。

2)换位法

机械零件磨损有些是不均匀的,零件工作部分磨损过多需要修理,而零件的其他部分可能并未磨损,将零件没有磨损的部位换到工作部位使机械恢复正常工作的方法称换位法。例如,履带式拖拉机的驱动轮和转向离合器的驱动齿轮,由于向前进行的时间多,磨损多集中于轮齿的一侧,修理时可左右倒换使用;C—80拖拉机驱动轮轮齿是双数(26齿),链轨节距又等于两个齿距,只有一半轮齿工作。磨损后,除可左右倒换外,还可以将驱动轮对链轨移过一个齿,用另一半轮齿工作。

3)修理尺寸法

用修理尺寸法恢复磨损的配合件,是对配合中的一个零件进行加工,使它具有正确的几何形状,而根据加工后零件的尺寸更换另一个零件,以恢复配合件的工作能力。修理后配合件的尺寸与原来不同,这个新尺寸称为修理尺寸。通常进行加工的零件是较复杂而贵重的零件。例如,发动机缸磨损后可按修理尺寸搪大,更换加大活塞;曲轴磨损后,可按修理尺寸磨小,更换相应尺寸的轴瓦。

修理尺寸法可以充分利用零件的金属,延长复杂而贵重的零件寿命,修理质量高,修理工作可靠。但零件尺寸变化较大,相对地削弱了零件的强度,也增加了配件的贮备。各种机械对有关零件的修理尺寸有一定的技术要求。因此,必须按照有关技术规定的修理尺寸进行修理。

4)附加零件法

当配合零件磨损时,将配合零件分别进行机械加工,使得到正确的几何形状,然后在配合中增加一个附加零件,以恢复原配合,称为附加零件法。例如:当轴颈与零件孔的磨损很大时,可将轴加工到最小尺寸,在孔中镶套或在轴颈上压上轴套。

附加零件法有一定的优点:可以修复磨损很重的配合体,零件加工时不受高温影响,材质不发生变化,修理质量较好,而且再磨损时可以再次更换附加零件,延长基本零件寿命。但是,只有在零件构造、强度允许的条件下方可采用,因为加工对零件强度削弱较多。

5)局部更换法

局部更换法是只更换零件上损坏部分的修理方法。例如齿轮组中某一齿轮磨损严重,可将磨损部分退火后切去,更换新齿圈后,在接缝外进行焊接,使齿轮得到修复。这种方法能够节约优质钢材,修复质量较高。但是往往工艺复杂,有时对硬度高的零件加工困难。

6)恢复尺寸法

使磨损的零件恢复到原来的形状和尺寸,以恢复配合的作用,称为恢复尺寸法。根据增补到磨损或损伤零件上的金属与原零件的结合关系,可分为以下几类:

①机械结合:

如金属喷镀、嵌丝补裂纹等。

②电沉积结合:依靠离子在金属表面沉积上去,如电镀、涂镀等。

③熔焊:如气焊、电焊、锻接等。

④胶合:以化学胶将金属、木材等连接起来。

⑤挤压:用压力加工的方法,如气门头的扩展,活塞销直径的扩大等。

(7)更换新零件法

已经磨损不可修复或不值得修复的零件,可以用新的零件替换。

4.机械修理制度

1)机械修理制度确定的依据和内容(表6-0-9)

2)机械修理分类

机械修理根据其损坏原因和情况划分为正常修理和事故修理。正常修理又划分为:

(1)大修:是有计划进行的全面恢复性修理。机械使用到大修理间隔期后,其大部分零件甚至有些基础件达到极限磨损程度,使机械各方面性能显著下降,为此,必须进行一次全面、彻底的修理，全部解体检查每个零件，修复或更换不符合大修要求或免修的零件，按大修技术条件重新装配，基本上恢复原有的动力性能、经济性能和机件的坚固性能，全面恢复机械状况。

机械修理制度确定的依据和内容　表 6-0-9

确定机械修理制度主要依据	机械修理制度的内容
机械技术状况变化规律	修理分类
计划修理	修理间隔期，包括不同机型、不同使用条件下的修理间隔期
质量第一	机械需修标志和技术鉴定制度
定期检查和按需修理	各种机械的修理规范和质量检验标准
机械的类别和复杂程度	机械送修和修竣出厂验收规定
机械的运行条件	修理定额，包括人工、配件和消耗材料的定额以及费用定额
机械保养和修理的质量	收费标准和保修制度

(2)中修：是对以内燃机为动力的机械，在两次大修之间，有计划进行的平衡性修理。新机或大修后的机械，经过一定时间的使用，有的总成磨损较快，有的总成磨损较慢，这种技术状况的不平衡，使机械不能协调一致的正常工作，为此，对发动机和另外 1～2 个总成进行大修，对其他各总成全面进行三级保养并排除发现的一切故障（不按零件分类检验的大修工艺进行修理，也不更换基础件，但主要零件应有一定的使用寿命和装配调整余量），以调整各总成之间的不平衡状态，恢复机械正常工作状态，尽可能地延长大修间隔期。

(3)小修：是一种运转性修理，主要是消除机械在运转中发生的临时故障和局部损伤。有些按自然磨损规律或根据总成的外部现象能预选估计到的小修项目，可集中组织计划性的小修作业，结合相应的二、三级保养进行。

3)修理标志与送修条件

1)确定机械设备进行修理的基本条件（表 6-0-10）

机械设备进行修理的基本条件　表 6-0-10

部位	发动机	底盘传动系统及工作装置
基本条件	动力性能低，经调整后仍觉无力，负荷量显著减少； 润滑油和燃料消耗量显著超过正常消耗； 运转时有不正常的杂音； 汽缸压力降低达不到规定标准 60%	传动系统、齿轮和轴承磨蚀变形过量，运转中有偏摆、歪斜、异响 转向和操作机械磨损、间隙过大、操作不灵 变速箱齿轮换档困难和跳档 主要铆焊件松裂 履带行走机构磨损，继续使用将引起断裂 工作装置磨蚀、操作失灵、调整无效 制动机构出现故障、制动失效 机身弯扭、主梁开裂，继续使用将引起严重事故

2)确定机械设备应进行总成大修或大修的标志

(1)整机大修标志

以发动机总成为主,结合车架总成或者其他两个总成符合大修条件时可安排大修。在新机到大修及大修与大修之间,原则上不允许进行发动机大修。但如发动机总成与底盘和车身各总成之间的技术状况很不平衡时,可以例外地安排发动机大修

(2)总成的大修标志

发动机总成:最大功率标准降低25%以上,或气缸压力达不到标准压力的75%(在发动机发热,水温在70℃以上,转速在稳定怠速时测量),燃料和机油耗量显著增加者。

机架总成:主梁断裂、锈蚀、弯曲、扭曲变形逾限,大部分铆钉松动或铆孔磨损,主要焊缝开裂,必须拆卸其他各总成后才能进行校正、修理或重铆方能修复者。

变速器总成:壳体破裂、轴承孔磨损逾限,或齿轮及轴出现恶性磨损,需彻底修理者。

驱动桥总成:桥壳破裂、变形、半轴套管座孔磨损逾限,主减速齿轮恶性磨损,需要校正或彻底修理者。

前轴总成:前梁裂纹、变形、主销孔磨损逾限,需要校正或彻底修理者。

工作机构:主要零部件裂纹、变形、铰接孔磨损逾限,需要校正或彻底修理者。

5. 机械设备大修理流程

大修设备的工艺流程如图6-0-8所示。

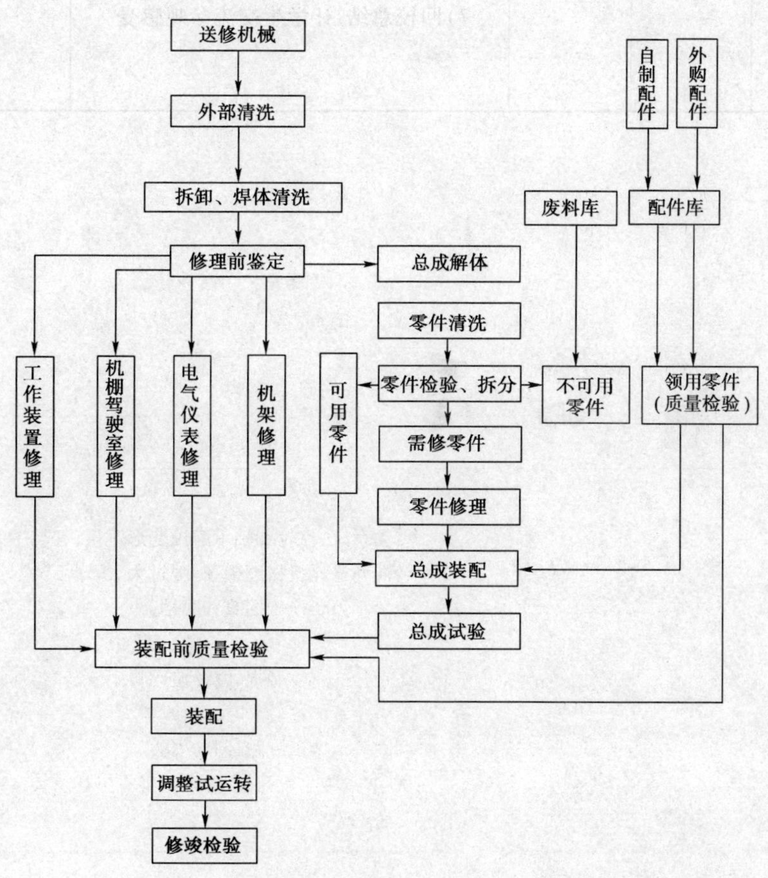

图6-0-8　大修工艺流程图

技能实训18 了解机械管理的程序及方法

实训目的	实训设施	实训方法	实训工艺步骤	技术要求及注意事项
使学生了解和掌握公路施工与养护机械管理的基本知识,为今后走向工作岗位后从事管理工作打下基础,克服以往学施工的人不懂机械管理知识的弊端	联系若干个管理规范的施工单位(或公路局)机械管理部门	现场参观讲解查阅相关资料	1)由实习指导教师联系机务部门,让其提供机械技术档案、机械设备台账、机械管理相关技术文件等; 2)编成若干小组轮流参观; 3)学习技术档案整理办法、设备验收方法; 4)了解和咨询设备购置过程、技术论证等具体做法; 5)学习机械保养计划的制定和组织实施经验; 6)了解机械大修理的计划制定、实施过程、工艺流程; 7)回校总结,让学生交流参观感受	1)要求学生爱护机械设备技术档案,不得撕页和毁损; 2)学会签订机械设备购置合同; 3)参观和咨询结合进行

参考文献

1 张铁,朱明才主编.工程建设机械机电液一体化.东营:石油大学出版社,2001
2 周永春主编.公路施工与养护机械.北京:人民交通出版社,2001
3 朱保达主编.工程机械.北京:人民交通出版社,2000
4 何挺继,展朝勇主编.现代公路施工机械.北京:人民交通出版社,1999
5 张铁主编.工程建设机械管理.东营:石油大学出版社,2000
6 周萼秋,易小刚,汤汉辉主编.现代压实机械.北京:人民交通出版社,2003
7 吴国进主编.公路养护机械设备与管理.北京:人民交通出版社,2003
8 田流主编.现代高等级公路养护机械.北京:人民交通出版社,2003
9 陆盈主编.工程机械管理.北京:人民交通出版社,2003
10 高忠民主编.工程机械使用与维修.北京:金盾出版社,2002
11 贯长海主编.公路养护机械与养护机械化.北京:人民交通出版社,2004
12 高为群主编.筑路机械驾驶与故障排除.北京:人民交通出版社,2001
13 戴强民主编.公路施工机械.北京:人民交通出版社,2000
14 邹小民主编.发动机构造与维修.北京:人民交通出版社,2002
15 石香宾主编.筑路机械构造与修理.北京:人民交通出版社,2001
16 周燕主编.汽车材料.北京:人民交通出版社,2002
17 周萼秋等编著.现代工程机械.北京:人民交通出版社,1997
18 张劲,卢毅非主编.现代起重机械.北京:人民交通出版社,2003
19 符颖示主编,机械基础知识.北京:高等教育出版社,1992
20 劳动部培训司编.机械基础.北京:中国劳动出版社,1997
21 上海市教育局等编.机械基础.上海:上海科学技术出版社,1991
22 许福玲,陈尧明主编.液压与气压传动.北京:机械工业出版社,2001
23 顾志坤主编.机械基础.北京:物资出版社,1983
24 何挺继,展朝勇主编.现代公路施工机械.北京:人民交通出版社,1999
25 何挺继,朱文天,邓世新主编.筑路机械手册.北京:人民交通出版社
26 李自光编著.桥梁施工成套机械设备.北京:人民交通出版社,2003
27 赵琳主编.汽车概论.北京:人民交通出版社,2002
28 王启瑞主编.汽车电气及电子设备.合肥:安徽科技出版社,2000
29 陈渝光主编.汽车电气与电子设备.北京:机械工业出版社,1998
30 李春明主编.汽车电气与电路.北京:高等教育出版社,2002
31 赵福堂主编.汽车电气与电子设备.北京:北京理工大学出版社,1997
32 段书国主编.现代桥隧机械.北京:人民交通出版社,2003